Peeckel, Grundlagen der Marktwirtschaft und Unternehmensführung

Die Deutsche Bibliothek — CIP-Einheitsaufnahme

Peeckel, Aribert:
Grundlagen der Marktwirtschaft und Unternehmensführung:
eine Einführung in die Betriebswirtschaft und das kaufmännische Rechnungs-
wesen/von Aribert Peeckel. — Freiburg i. Br.; Berlin: Haufe, 1991

ISBN 3-448-02412-0

ISBN 3-448-02412-0   Best.-Nr. 09.33

© Rudolf Haufe Verlag GmbH & Co. KG, Freiburg i. Br. 1991

Einband-Entwurf: Werbe-Service Wartenberg, Staufen

Satz: Kesselring GmbH, Emmendingen

Druck: F. X. Stückle, Ettenheim

Grundlagen der Marktwirtschaft und Unternehmensführung

Eine Einführung
in die
Betriebswirtschaft
und das
kaufmännische
Rechnungswesen

von

Dr. rer. pol. Aribert Peeckel

Rudolf Haufe Verlag · Freiburg i. Br./Berlin

Vorwort

Eine um Vollständigkeit bemühte Einführung in die Marktwirtschaft müßte enthalten, was Praktiker und Studenten in vielen Jahren erlernen müssen. Sie hätte den Umfang zahlreicher voluminöser Bände. Deshalb mußte für die heutige Situation in den neuen Bundesländern eine Auswahl aus Theorie und Praxis zusammengestellt werden, die der Leser in vertretbarer Zeit aufnehmen kann, die aber dennoch ein geschlossenes Bild ergibt. Langjährige Erfahrung in der Wirtschaft und in der Bearbeitung von Lehrstoffen lassen den Autor hoffen, daß ihm dies gelungen ist.

Nach Möglichkeit werden Erkenntnisse und Verständnis durch Überblicke und Systemdarstellungen vermittelt. Schwierige und wichtige Gebiete werden dagegen auch in Einzelheiten dargelegt. Ein wesentlicher Teil der Ausführungen betrifft z. B. die Besonderheiten des kaufmännischen Rechnungswesens der privaten Unternehmen.

Das Buch soll allgemeinverständlich sein, Begriffe, Zusammenhänge und Abläufe erklären und dabei praktische Beispiele zeigen. Es soll den Leser in die Lage versetzen, von einer fundierten Wissensgrundlage aus die verschiedenen Aufgabengebiete betriebswirtschaftlich richtig zu bewerten und anzugehen. Es wendet sich an jeden, der Verantwortung in einem Betrieb tragen will, und ist nicht zuletzt auch als eine Einführung für die Studenten der Betriebswirtschaftslehre gedacht.

Berlin im Juli 1991   *Aribert Peeckel*

Inhaltsverzeichnis   Seite

Abbildungsverzeichnis

Abb. Titel der Abbildung **Seite**

1 Einführung

1.1 Zielsetzung

Ziel des vorliegenden Buches ist es, unter Vermeidung vorbelasteter Begriffe das komplizierte System, das in der sogenannten „Sozialen Marktwirtschaft" zu wirtschaftlichem Wohlstand führte, leicht verständlich zu machen, ferner die Aufgaben einer erfolgreichen Unternehmensführung systematisch darzulegen und durch Beispiele die Mittel und Wege zu zeigen, die Voraussetzung für betriebswirtschaftlichen Erfolg sind.

Zu zeigen, daß überall auf der Welt nur mit Wasser gekocht wird und daß die Kochrezepte keine Mysterien, sondern erlernbar sind, dazu will dieses Buch beitragen.

Wer nur einzelne Spezialgebiete kennt, kann nur innerhalb dieser tätig sein. Wer aber damit rechnen muß, als Selbständiger oder als Mitverantwortlicher in einem Betrieb eine Tätigkeit auszuüben, kann nicht ohne das nötige Grundwissen ein sachgerechtes Urteil oder zumindest sachliches Verständnis für die Aufgaben der Unternehmensführung haben. Selbst die Teilnahme an fachübergreifenden Besprechungen erfordert Überblick und Kenntnisse der Aufgaben der Teilbereiche und der betrieblichen und gesamtwirtschaftlichen Zusammenhänge. Diese Grundlagen werden hier vermittelt. Dazu gehören, leicht verständlich dargestellt, die volkswirtschaftlichen Voraussetzungen, die Kenntnis der betrieblichen Rechtsformen und deren praktische Auswirkungen sowie die besondere Denkweise zum Verständnis des betrieblichen Rechnungswesens, das Unterschiede z. B. zwischen Ausgaben und Kosten macht, und vieles mehr.

Entscheidungsfähigkeit zur Erfüllung der Aufgaben der Unternehmensführung kann nur durch Systemverständnis erreicht werden. Dieses zu entwickeln, unter Verwendung von praxisorientierten Beispielen, ist das Ziel.

1.2 Volkswirtschaft und Betriebswirtschaft

Die tiefgreifenden gesellschaftlichen Umwandlungen im 18. Jahrhundert hatten nach der vorangehenden patriarchalisch begründeten Einheit von Staats- und Wirtschaftsordnung zu einer **Zweiteilung der Aufgaben** in „Res Publica" (öffentliche Aufgaben) und „Civilsozietät" (bürgerliche Gesellschaft) geführt.

Die Ergründung der Gesetzmäßigkeiten dieser neuen Wirtschaftsgesellschaft wurde Gegenstand der Wirtschaftswissenschaften. Sie entwickelten sich im 19. Jahrhundert im deutschsprachigen Raum unter Bezeichnungen wie „Nationalökonomie", „Kameralwissenschaft", „Handelswissenschaft" und ähnlichen. Nach dem ersten Viertel unseres Jahrhunderts bürgerten sich immer mehr die Begriffe „Volkswirtschaftslehre", bezogen auf die Wissenschaft der staatlichen Wirtschaftsführung, und „Betriebswirtschaftslehre", bezogen auf die Wissenschaft der Betriebs- und Unternehmensführung, ein.

Die **Volkswirtschaftslehre** befaßt sich mit „makroökonomischen", die Gesamtwirtschaft eines Landes betreffenden Untersuchungen. Man sieht dabei die Wirtschaft gewissermaßen vom Standpunkt eines Wirtschaftsministers, der größtes Interesse an einer blühenden Wirtschaft hat. Die Aufgliederung der Wirtschaftswissenschaften in Volks- und Betriebswirtschaftslehre teilt auch die Zuständigkeiten auf. Beim Staat liegt die Verantwortung für den gesetzlichen Ordnungsrahmen. In Deutschland hat er das vorrangige Ziel, den wirtschaftlichen Wettbewerb zu gewährleisten, damit im Interesse der privaten Haushalte ein vielfältiges, preisgünstiges Güterangebot verfügbar ist. Der Staat braucht dafür die wissenschaftlichen Erkenntnisse der Volkswirtschaftslehre.

Der Volkswirt

- sammelt zuerst Tatsachen des Wirtschaftsgeschehens,
- ordnet sie und
- wertet sie aus.

Aus dem Ergebnis kann er unter Umständen Gesetzmäßigkeiten erkennen und aus diesen eine Theorie ableiten, wie man einer volkswirtschaftlich ungünstigen Entwicklung entgegenwirken kann.

Die **Betriebswirtschaftslehre** befaßt sich mit der „Mikroökonomie", mit den Zielen und Aufgaben, die von Betrieben, zumeist in Form von Unternehmungen, im Rahmen einer Volkswirtschaft wahrzunehmen sind. Daraus ergeben sich Aufgaben der Unternehmensführung, die bei uns im marktwirtschaftlichen Leistungs- und Preiswettbewerb erfüllt werden sollen.

Wettbewerb der Unternehmungen in einer lebendigen, vielfältigen, anpassungsfähigen Marktwirtschaft setzt grundsätzlich Privatleute als Unternehmer voraus. Der Staat hat nur für bestimmte, wettbewerbsfreie Bereiche Wirtschaftsaufgaben. (Wertmäßig ist der wettbewerbsfreie Sektor auch in der Bundesrepublik nicht gering).

Die Betriebswirtschaftslehre betrachtet die Wirtschaft vom Standpunkt des einzelnen Unternehmers, der für einen weitgehend eigenständigen „Organismus", eine Unternehmung, in allen grundlegenden Fragen Entscheidungen zu treffen hat und Verantwortung vor den Mitarbeitern, der Öffentlichkeit und dem geltenden Recht trägt. Innerhalb des gesetzlichen Ordnungsrahmens obliegen ihm völlig selbständige Entscheidungen über

- den Markt, an den er verkaufen will,
- das Produktionsprogramm, in das kein Außenstehender, also auch keine Behörde hineinzureden hat,
- die Produktionstechnik (natürlich unter Einhaltung geltender Arbeitsschutz- und Umweltschutzgesetze),
- den Produktionsapparat (erforderliches Grundstück, Gebäude, Maschinen),
- die erforderlichen Roh-, Hilfs- und Betriebsstoffe,
- die geeigneten Arbeitskräfte für die Bereiche Einkauf, Lagerhaltung, Fertigungsvorbereitung, Produktion, Verwaltung und Verkauf, gegebenenfalls auch für Forschung und Entwicklung,
- die Finanzierung (aus Eigenkapital und Fremdkapital) und
- die Organisation und Kontrolle der Unternehmung.

Die gewachsene Untergliederung der Wirtschaftswissenschaften in Volks- und Betriebswirtschaftslehre war bis zum Jahre 1950 auch an den Wirtschaftswissenschaftlichen Fakultäten im Osten Deutschlands selbstverständlich. Gelehrt wurden auch dort

- Volkswirtschaftslehre und
- Betriebswirtschaftslehre, ergänzt durch
- Bürgerliches Recht und Handelsrecht.

Dann trat die „Politische Ökonomie des Sozialismus", wie sie in Berlin besonders von Jürgen Kuczinski vorangebracht wurde, an die Stelle der vielfältigen Wirtschaftswissenschaften. Die Wirtschaft mit allen wichtigen Betrieben wurde nun wieder weitgehend wie ein einziger öffentlicher Haushalt mit einem Rechnungswesen geführt, das mit dem Bilanzieren von Ziel und Zielerreichung in der **volkswirtschaftlichen, der**

kameralistischen Buchführung wurzelt. Sie ermöglicht keine Wirtschaftlichkeitskontrolle an den Stellen der Kostenentstehung im Betrieb.

Die in den zwanziger, dreißiger und vierziger Jahren in Deutschland entstandenen Lehrbücher über Techniken moderner kaufmännischer Rechungslegung verschwanden in den betroffenen Gebieten in den Bibliothekskellern, sind aber gleichwohl greifbar. Nicht vorhanden ist auf dem betriebswirtschaftlichen Gebiet die Weiterentwicklung der Kostenrechnung zum Direct Costing und zur stufenweisen Fixkostendeckungsrechnung, die seit den fünfziger Jahren eingetreten ist.

Bevor hier die wichtigsten betriebswirtschaftlichen Gebiete behandelt werden, werden im zweiten Kapitel diejenigen Grundlagen aus der Volkswirtschaftslehre auszugsweise dargestellt, die man als volkswirtschaftliches Allgemeinwissen kennen sollte.

1.3 Begriffsprobleme

Die Wirtschaftswissenschaften nehmen insoweit, als sie nach **Gesetzmäßigkeiten** forschen, eine Zwischenstellung zwischen den exakten Wissenschaften (Naturwissenschaften: Physik, Chemie, Astronomie, Biologie usw.) und den Geisteswissenschaften (Philosophie, Religions-, Rechts-, Literatur- und ähnlichen Wissenschaften) ein. Exakte Wissenschaften sind die Naturwissenschaften wegen ihrer naturgesetzlichen Zusammenhänge und der darauf beruhenden gesetzmäßigen Reproduzierbarkeit ihrer Untersuchungsergebnisse. Die Geisteswissenschaften können ihre Problemlösungen nicht durch naturwissenschaftliche Experimente, sondern nur mit Hilfe der Regeln der formalen Logik angehen.

Im Unterschied zur zwingenden Wirkung von Naturgesetzen, durch die die natürlichen Vorgänge im Experiment wiederholbar sind, lassen **Gesetzmäßigkeiten** nur **der Tendenz nach** eine bestimmte Wirkung von Ursachen erwarten. Zugleich gewinnen die unterschiedlichsten philosophischen, also geisteswissenschaftlichen Argumente wechselnden Einfluß. Die Wissenschaft von der Volkswirtschaft ist deshalb besonders schwer zu beherrschen. Der Mediziner kann sein Untersuchungsobjekt zumeist konkret fassen, der Volkswirt nicht.

Etwas zweites macht die Wirtschaftswissenschaften weniger eindeutig, als es die Naturwissenschaften sind: die weniger eindeutig definierten Begriffe.

Im **betriebswirtschaftlichen Bereich** ist die Vielfalt der Begriffe besonders unerfreulich. Eine Wissenschaft, die sich aus einer unendlich vielfältigen Praxis heraus für die Praxis entwickelt hat, enthält Einflüsse aus verschiedenen Landstrichen, aus verschiedenen Zeiten und aus verschiedenen Branchen. Hinzu kommen Veränderungen dieser Begriffe im Zeitablauf und ihre inhaltliche Weiterentwicklung an Universitäten. Deshalb kann sich der Betriebswirt weniger auf eindeutige Begriffsdefinitionen berufen als die Mitarbeiter im technischen Bereich. Nur wo der Gesetzgeber Regelungen trifft, z.B. im Steuerrecht, werden Begriffe einheitlich definiert. Vereinzelt wird aber auch dabei auf geltende Bräuche verwiesen, wie etwa bei den Buchführungsvorschriften auf die kaufmännischen Grundsätze ordnungsmäßiger Buchführung (GoB).

Deshalb werden hier Funktionssysteme logisch verständlich gemacht, so daß der Leser schließlich Zusammenhänge auch versteht, wenn in verschiedenen Betrieben für denselben Sachverhalt verschiedene Begriffe verwendet werden. Die gängigsten Begriffe werden hier nebeneinander verwendet und erläutert. Die Verwendung unterschiedlicher Begriffe im Text ist keine Inkonsequenz, sondern Absicht.

2 Volkswirtschaftliche Grundlagen der Marktwirtschaft

2.1 Bedürfnisse

Was ist es, was die gewaltigen volkswirtschaftlichen Aktivitäten in aller Welt auslöst? Die Antwort: „Es geht ums Geldverdienen!" trifft nicht den Kern der Frage, denn gewirtschaftet wurde bereits in frühester Menschheitsgeschichte, als es noch kein Geld gab. Das Motiv für das Wirtschaften liegt tiefer.

Die Volkswirtschaftslehre geht davon aus, daß zuerst Mangel empfunden wird, der ein Bedürfnis auslöst. **Bedürfnisse** führen zur Nachfrage nach Gütern.

Selbst heute, da man Geld als Tauschmittel kennt, ist Geld eben nur ein Tauschmittel, mit dem man bei Bedarf Güter erwirbt, um Bedürfnisse zu befriedigen, **Bedürfnisse sind der Anlaß allen Wirtschaftens.**

Sind nun die Bedürfnisse nicht durch eine gezielte, vorübergehende Anstrengung zu befriedigen? Können sie wirklich Anlaß geben zu immerwährender, ja ständig umfangreicher werdender volkswirtschaftlicher Tätigkeit?

Leider muß diese Frage bejaht werden, zumal die Antwort nicht nach Wunschdenken oder vom Standpunkt des Lesers zu beantworten ist, sondern nur auf Grund von Tatsachen, die man durch Beobachtung des Verhaltens der Menschen feststellen kann. Und daraus folgt die Erkenntnis:

Die Bedürfnisse sind unbegrenzt und unterliegen ständigem Wandel.

Vom Wandel der Bedürfnisse im Leben eines Menschen zeugt eine Selbstprüfung. Als Säugling wird man kaum Verlangen nach einem Schnitzel, einem Glas Bier oder einer Zigarre haben. Was man im Kindesalter haben möchte, vielleicht eine Puppe oder Spielzeugautos, ist in späteren Lebensphasen kaum noch ein Bedürfnis usw.

Man kann einwenden, daß es volkswirtschaftlich gesehen ständig Menschen jeden Alters gibt, so daß, von Mengenschwankungen abgesehen, die Bedürfnisstruktur einer Volkswirtschaft etwa gleich bleibt.

Selbst wenn es so wäre, könnte man doch höchstens einen Teil der Gebrauchsgüter weitergeben, ein Großteil muß neu erwirtschaftet werden; die Verbrauchsgüter sind nach einmaliger Nutzung sowieso verbraucht und müssen erneut erzeugt werden. Die Bedürfnisse zwingen also immerfort zum Wirtschaften.

Wesentlichen Einfluß auf die Bedürfnisse eines Volkes haben die Bedingungen, unter denen es lebt: die Umwelt, wie Klima und Ortsverhältnisse, und seine kulturellen Bedingungen.

Hinzu kommen **Veränderungen** der Lebensbedingungen. Besonders die technische Entwicklung bringt neuartige Bedürfnisse mit sich. Teils geht es um Bedürfnisse zur Erleichterung des Lebens (Medikamente, Hausgeräte, Fahrzeuge), teils um Moden (Kleidung, Sport, Kultur).

Erheblichen Einfluß haben auch Veränderungen der sozialen Bedingungen: Anfängliche Luxusbedürfnisse werden im Laufe der Zeit allgemeine Kulturbedürfnisse (Kraftfahrzeuge, Wohnkomfort).

Selbst bei großer Genügsamkeit einzelner Menschen sind die **Bedürfnisse insgesamt unbegrenzt.** Sobald ein Bedürfnis befriedigt ist, entsteht das nächste.

Zu den bisher erwähnten **Individualbedürfnissen** (Bedürfnisse einzelner) kommen die **Kollektivbedürfnisse** (Gemeinschaftsbedürfnisse). Beide zusammen ergeben erst alle Bedürfnisse, die von einer Volkswirtschaft befriedigt werden müssen.

Kollektivbedürfnisse, etwa eines Volkes oder einer Dorfgemeinde oder der Bewohner einer Stadt, sind zum Beispiel Straßen, öffentliche Beleuchtung, Schulen, Kanäle, Eisenbahnen, Flugplätze, Badeanstalten usw.

Die zunehmend schnellere technische Entwicklung und die damit verbundenen Möglichkeiten verändern unablässig die Individual- und die Kollektivbedürfnisse.

Neben den wirtschaftlichen Bedürfnissen gibt es andere Bedürfnisse des Menschen, die seiner Natur entspringen und die nicht durch Wirtschaften befriedigt werden können. Von solchen ist hier nicht die Rede.

Wirtschaftliche Bedürfnisse sind alle diejenigen, die durch Güter befriedigt werden könnten.

Was bedeuten diese theoretischen Erkenntnisse nun praktisch?

Sie besagen, daß Wirtschaften nur den einen Zweck hat, wirtschaftliche Bedürfnisse zu befriedigen. Zwei Beispiele sollen verdeutlichen, was **nicht** Aufgabe der Wirtschaft ist.

Erstes Beispiel:
Die Wirtschaft wird **nicht** betrieben, um Arbeitsplätze zu schaffen, **Arbeit** ist ein Produktionsfaktor, **ein Mittel, nicht aber Ziel des Wirtschaftens.** Beweis: Würde sich der Mensch Maschinen schaffen, die ihm die Arbeit abnehmen, wenn die Arbeit selbst das Ziel wäre? Und wieviel wäre wohl ein Arbeitnehmer bereit, dafür zu zahlen, daß er arbeiten darf? Stets sind die Güter zur Bedürfnisbefriedigung das Ziel und nicht die Arbeit. Wenn der Mensch Maschinen schaffen kann, die dieselbe Arbeit billiger erledigen als er selbst, dann überläßt er der Maschine das Arbeiten.

Wird Arbeit nur „zur Selbstverwirklichung" betrieben, dann ist es ein Hobby, Spielerei, nicht einmal ein Mittel (Produktionsfaktor) der Wirtschaft.

Friedrich Engels bezeichnete Arbeit als unerläßliche Existenzbedingung und „erste Grundbedingung alles menschlichen Lebens, und zwar in einem solchen Grade, daß wir in gewissem Sinne sagen müssen: Sie hat den Menschen selbst geschaffen." Das zeigt, daß der Mitverfasser des „Kommunistischen Manifests" seine Lehre als eine philosophisch geprägte Soziologie (Gesellschaftslehre) verstand, aber nicht als Wirtschaftswissenschaft. Das zeigt zugleich, daß es ein Fehler war, danach **wirtschaftspolitische** Maßnahmen zu treffen, wie es in der „Einheit von Wirtschafts- und Sozialpolitik" der staatlichen Planwirtschaft zum Ausdruck kam.

Wirtschaftlich gesehen kann man Arbeit anstreben, um Geld als eine Art Bezugschein für einen möglichst großen Anteil an den erzeugten Gütern zu erlangen. Da Geld aber auch auf andere Art verteilt werden kann, z.B. in Form von Renten, kommt es nicht auf die Arbeit an, sondern darauf, daß das **Verteilungsverfahren** der „Anteilsrechte" an den erzeugten Gütern als gerecht empfunden wird.

Ob Arbeit als Selbstzweck angestrebt wird — vielleicht aus Angst vor sozialer Abwertung als Arbeitsloser — oder um viel Geld und damit einen relativ großen Anteil an Gütern zu erwerben, Aufgabe der Wirtschaft ist nicht der Verbrauch von Arbeit; **Aufgabe der Wirtschaft ist allein wirtschaftliche Gütererzeugung zur Bedürfnisbefriedigung.**

Heute deutet alles darauf hin, daß die immer schnellere technische Entwicklung es ermöglichen wird, daß wir immer mehr Güter zur Verfügung haben werden, bei abnehmender Notwendigkeit, menschliche Arbeitskraft aufzuwenden. Ob man es begrüßt oder ablehnt, die technisch bedingte Entwicklung, an deren Anfang wir stehen, ist weder umkehrbar noch aufzuhalten.

Zweites Beispiel:
Die Wirtschaft wird **nicht** betrieben, um Geld zu erzeugen. Würde die Wirtschaft nur Geld erzeugen, wäre sie nutzlos. Geld kann man nicht essen. **Geld** betrifft den nächsten Schritt: Durch seine „Bezugsschein-Funktion" bestimmt es die **Verteilung der zuvor erzeugten Güter.** Je mehr Geld man hat, desto mehr von den erzeugten Gütern kann man dafür bekommen. Das Geld erhält seinen Sinn, soweit man es als Tauschmittel verwenden kann, um dafür Güter zur Bedürfnisbefriedigung zu erlangen. Hat man mehr Geld als man zu seiner Bedürfnisbefriedigung braucht, so wird man es investieren oder verleihen (z.B. bei der Sparkasse einzahlen). Andere, denen es mehr wert ist, als sie die zu zahlenden Zinsen belasten, werden sich das Geld ausleihen, um damit etwas zu unternehmen.
Die Frage nach der Gerechtigkeit der Einkommensverteilung verliert an Gewicht mit der Erkenntnis, daß hohe Geldeinkommen verhältnismäßig geringen Vorteil bringen. Hohe Geldeinkommen wirken sich lediglich auf die Befriedigung persönlichen Bedarfs aus, während der Überschuß an Geld möglichst rentabel investiert wird. Das führt im Wettbewerb zur Erweiterung und Verbilligung des Güterangebots. Deshalb muß jeder Konsument – das sind wir alle – ein Interesse daran haben, daß Geldanreiz und Gestaltungsfreiheit genügend Mitmenschen dazu animieren, als Unternehmer tätig zu sein.
Wer vorrangig Interesse daran hat, sein Leben um des Geldes willen in den Dienst der Wirtschaft zu stellen, kann dies tun. Wer seine Interessen anders gewichtet, kann mit einer sozialen Marktwirtschaft gut leben. Da mit zunehmender Technisierung der Warenproduktion die Leistungsbezogenheit der Arbeitsentgelte immer fragwürdiger wird, ergibt sich daraus eine **sozialpolitische Verteilungsaufgabe.** In der Zukunft muß durch neue Prinzipien der Einkommensverteilung (z.B. bei den Renten) dem Bedürfnis nach Gerechtigkeit so entsprochen werden, wie es den heute in hochindustrialisierten Volkswirtschaften gegebenen Möglichkeiten angemessen ist, ohne aber erfolgreichen Unternehmern den geldlichen Anreiz zu nehmen.

2.2 Güter

Im volkswirtschaftlichen Sinne sind Güter **Waren und Dienstleistungen.** Als **Waren** werden alle Sachgüter bezeichnet, auch flüssige und gasförmige.
Es gibt aber auch Rechte, Patente, Lizenzen, Geschäftswerte u.ä. Diese werden mitunter als „ideele Güter" und in Gesetzestexten als **„immaterielle Vermögensgegenstände"** bezeichnet. Volkswirtschaftlich zählen sie zu den Sachgütern, weil sie in den Unternehmen Sachgütern ähnlich behandelt werden. Wenn ein Preis für sie bezahlt wurde und sie über einen gewissen Zeitraum genutzt werden, dürfen sie entsprechend in den Jahresabschlüssen als Vermögensgegenstände aufgeführt werden.
Durch **Dienstleistungen** werden keine marktreifen Waren zum Verkauf hergestellt. Die Dienstleistung kann auch nicht als Vorrat aufbewahrt werden; nur ihr Ergebnis kann beständig sein (z.B. das Ergebnis einer Reparatur). Beispiele für Dienstleistungen sind Beratungen, ärztliche Leistungen, die Tätigkeiten des Handels, des Bank- oder Versicherungsgewerbes, des Hotel- oder Gaststättengewerbes, des Verkehrsgewerbes, des Dienstleistungshandwerks (Reparaturarbeiten, Friseurleistungen) usw.
Güter, die man zur Bedürfnisbefriedigung in beliebiger Menge kostenlos verwenden kann, heißen **freie Güter.** Es hängt nicht von der Art des Gutes ab, ob es ein freies Gut ist. So ist z.B. die Luft zum Atmen zumeist ein freies Gut, in einem U-Boot,

einem Raumschiff oder in der Tiefe eines Bergwerksstollens, der belüftet werden muß, ist sie aber ein knappes Gut, das nur mit Kosten beschaffbar ist. Alle Güter zur Bedürfnisbefriedigung, die keine freien Güter sind, sind **knappe Güter**; sie heißen in der Volkswirtschaftslehre **wirtschaftliche Güter.**

Volkswirtschaftlich wichtig ist die Gliederung der wirtschaftlichen Güter in **Produktions- und Konsumgüter. Produktionsgüter** sind in der volkswirtschaftlichen Statistik alle Güter im Produktionsbereich (den Betrieben). Sind die Güter den Konsumenten (also den Haushalten) zugeflossen, dann sind es **Konsumgüter** (der Begriff ist vom lateinischen cons<u>u</u>mere [verzehren, verbrauchen] abgeleitet).

Beispiele: Wird ein Pkw privat genutzt, ist er Konsumgut, dient er einem Betrieb, dann ist er Produktionsgut. Gleiches gilt für den Kühlschrank, die Schreibmaschine usw. Ausschlaggebend für die volkswirtschaftliche Zuordnung ist nicht die Art des Gutes, sondern hier der Bereich, in dem sich das Gut befindet. Ein drastisches, aber einprägsames Beispiel ist das Salami-Beispiel: Solange die Salami im Fleischerladen hängt, ist sie Produktionsgut; sowie sie ein Verbraucher gekauft hat, ist sie Konsumgut.

Bei den Konsumgütern sind **Gebrauchsgüter** und **Verbrauchsgüter** zu unterscheiden. Kennzeichen der **Verbrauchsgüter** ist, daß man sie nur einmal nutzen kann (Lebensmittel, Schreibpapier, Zement). **Gebrauchsgüter** kann man dagegen mehr als einmal nutzen.

Es ergibt sich folgendes Gliederungsschema:

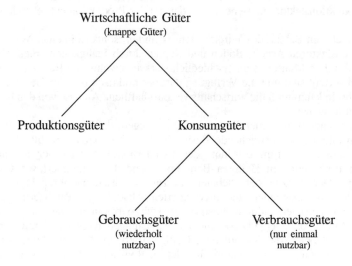

Abb. 1: Gliederung der wirtschaftlichen Güter

Der Bedürfnisbefriedigung dienen unmittelbar nur die Gebrauchs- und Verbrauchsgüter. Ein in den Unternehmungen verbliebener Bestand an Gütern zeigt, daß mehr produziert wurde, als zur unmittelbaren Bedürfnisbefriedigung (Konsum) gebraucht wurde. Die dem Konsum noch nicht zugeflossenen Güter, die **Produktionsgüter** genannt werden, bilden das **volkswirtschaftliche Kapital**. Wird in einem Jahr − nach

Ersatz des produktionsbedingten Kapitalverschleißes — mehr produziert als dem Konsum zufließt, so nimmt das volkswirtschaftliche Kapital zu. Darauf bezieht sich der Begriff Wirtschaftswachstum.

2.3 Produktionsfaktoren und Produktionsprozeß

Im Jahre 1775 veröffentlichte der Engländer Adam Smith sein zu den Klassikern der Nationalökonomie zählendes Werk „Inquiry into the Nature and the Causes of the Wealth of Nations", auf deutsch „Untersuchung über die Natur und die Ursachen des Reichtums der Nationen". Arbeitslohn, Kapitalgewinn und Grundrente (Pachteinnahmen) sind danach die Quellen des Wohlstands. Dementsprechend wurden Arbeit, Kapital und Boden als die Faktoren bezeichnet, aus denen sich der Wohlstand entwickeln läßt. Spätere Systematiker haben die Reihenfolge geändert und Arbeit und Boden (Boden im weitesten Sinne) als die ursprünglichen (originären) Produktionsfaktoren vorangestellt und das **Kapital** den **abgeleiteten Produktionsfaktor** genannt; abgeleitet, weil er erst durch Kombination der originären Faktoren Arbeit und Boden entsteht. Kapital in diesem Sinne sind Sachgüter, die nicht für Konsumzwecke verbraucht wurden.

Die **klassischen volkswirtschaftlichen Produktionsfaktoren** sind daher **Arbeit, Boden und Kapital.**

Der **Mensch** stellt den **Produktionsfaktor Arbeit.** Ohne die primäre Tätigkeit des Menschen gäbe es keine Gütererzeugung. Dies veranlaßte Karl Marx, Arbeit als den einzigen Produktionsfaktor anzusehen, dem der bei der Produktion entstehende Mehrwert zusteht.

Da wir uns nicht am Beginn des Wirtschaftens befinden, sondern in einer Welt, in der die Produktionsfaktoren Arbeit, Boden und Kapital durch Fähigkeiten, Fleiß, Glück, auch durch das dem Menschen unterschiedlich stark innewohnende Besitzstreben, unterschiedlich verteilt sind und die Verfügung darüber praktisch in jeder Generation erheblich wechseln kann, muß die wirtschaftswissenschaftliche Analyse von den heutigen Bedingungen ausgehen.

Von den praktischen historischen Beispielen, die belegen, daß keiner der drei Produktionsfaktoren allein eine ausreichende Basis für das Wirtschaftsleben bildet, sei die secessio in montem sacrum erwähnt, der (wiederholte) Auszug der arbeitenden Bevölkerung Roms auf den Heiligen Berg im 5. und 4. Jahrhundert vor Christus (Ständekrieg). Der Auszug der Plebejer hat zur Durchsetzung ihrer Forderungen gegenüber dem wohlhabenden und privilegierten Altadel, den Patriziern, gedient. Ebenso wie die Patrizier dadurch drastisch zu spüren bekamen, daß sie mit ihrem Boden und Kapital ohne Handwerk und Dienstleistungen nicht existieren konnten, bemerkten die Plebejer, daß sie auf dem Heiligen Berg im Norden Roms ohne die städtischen Einrichtungen und ohne die Kunden in Rom ihrerseits nicht gut bestehen konnten.

Die Tatsache, daß der Produktionsfaktor Arbeit nichts bewirkt ohne den Faktor Boden und wenig bewirkt ohne den Faktor Kapital, veranlaßt die praxisorientierte Wirtschaftstheorie dazu, von der Kombination dieser drei Faktoren auszugehen. Um die Faktoren wirtschaftlich nutzen zu können, muß denen, die durch Leistung oder Zufall über Produktionsfaktoren verfügen, ein Anreiz für ihren Einsatz gegeben werden.

Der Mensch findet den **Boden als Produktionsfaktor** vor, der in seiner umfassendsten Bedeutung Abbau-, Anbau- und Bebauungsboden ist.

Abbauboden umfaßt alle natürlichen Ressourcen (Quellen), die der Boden bietet, also alle Bodenschätze im weitesten Sinne. Als solcher dient er z. B.
– dem Bergbau (Gewinnung von Erzen, Erden, Kohle, Erdöl, Erdgas),
– der Trinkwassergewinnung,
– der Energieerzeugung durch Wasserkraft und andere Energiequellen,
– der Holzgewinnung aus Urwäldern oder
– der Fischerei aus natürlichen Gewässern.

Anbauboden ist Boden z. B.
– für die Landwirtschaft, einschließlich der Tiererzeugung (wie Schaf-, Schweine-, Rinder-, Fischzucht),
– für die Forstwirtschaft und
– für Baumschulen.

Bebauungsboden ist der Boden als Standort für alle Haushalte und Unternehmungen.

Den **dritten Produktionsfaktor**, das **Kapital**, kann der Produktionsfaktor Arbeit, der Mensch, allein nicht schaffen. Arbeit allein kann nur Dienstleistungen erzeugen. Erst durch Kombination der beiden Produktionsfaktoren Arbeit und Boden entstehen auch Sachgüter.

Produziert der Mensch in einer Periode mehr Sachgüter, als er in der Produktionsperiode als Konsumgüter zur Bedürfnisbefriedigung dem Produktionsbereich entnimmt, dann schafft er bekanntlich **Produktionsgüter,** sei es in Form von Vorräten oder als Produktionsmittel zur Verbesserung von Produktionsprozessen. Aus den ursprünglichen Produktionsfaktoren Arbeit und Boden entsteht der Faktor Kapital. Nur die **vorproduzierten Güter,** nicht etwa Geldkapital, **bilden den volkswirtschaftlichen Produktionsfaktor Kapital.**

Seine Bedeutung zeigte sich bereits am Ende des 18. und im 19. Jahrhundert, als sich die im Mittelalter gewachsenen, durch Handwerk und Handel geprägten, wirtschaftlichen und sozialen Strukturen im Zuge der beginnenden neuzeitlichen technischen Entwicklung schwerwiegend veränderten. Das Handwerk wurde durch die entstehenden Manufakturen wirtschaftlich erheblich getroffen. Die Industrialisierung lockte Arbeiter an. Landflucht setzte ein. Die entwurzelten Industriearbeiter bildeten in den schnell wachsenden Industriegebieten ein sozial ungesichertes Proletariat. Die alten Zunftordnungen des Handwerks boten für diese Verhältnisse keine schützenden Rechtsgrundlagen. Die wirtschaftliche Kluft zwischen Fabrikbesitzern und Arbeitern führte zur „Sozialen Frage". Hungerlöhne, Kinderarbeit, Wohnen als Schlafburschen, fehlendes Geld für ärztliche Versorgung usw. waren Ausdruck dieser Situation. Als Reaktion auf die katastrophalen sozialen Verhältnisse, die sich aus der zunehmenden Abwertung des Faktors Arbeit durch den Faktor Kapital ergeben hatten, entstand der Begriff vom „Klassenkampf" zwischen „Kapitalisten" und dem „Proletariat". Marx lieferte den „wissenschaftlichen Beweis" für den historisch unabwendbaren „Niedergang des Kapitalismus". Die Begründung des Anspruchs auf soziale und wirtschaftliche Vorrangstellung des Arbeiters gegenüber dem Kapitalisten entstand aus der Reduzierung der Produktionsfaktoren auf den Faktor Arbeit. Wenn allein die Arbeit den Mehrwert schafft, dann steht auch allein dem Träger dieses Produktionsfaktors, dem Arbeiter, der Mehrwert, also das Produktionsergebnis zu.

Diese Grundlage verschaffte dem „Klassenkampf" eine moralische Begründung, mit der im politischen Kampf schlimmste Verfolgungen gerechtfertigt wurden.

Ursache war ein wissenschaftlicher Methodenfehler. Die volkswirtschaftlich korrekte Methode besteht im Sammeln, Ordnen, Beschreiben und Analysieren von Tatbeständen, um Gesetzmäßigkeiten aufzuspüren, durch die man dann der Tendenz nach mit Hilfe politischer Maßnahmen die Hebung des Wohlstands anstreben kann. Marx wies aber der Realität, die gerade zu seiner Zeit entscheidend vom Produktionsfaktor Kapital geprägt wurde, nach, daß sie falsch sei, weil sie Kapital als Produktionsfaktor honorierte.

Wo Meinungs- und Redefreiheit herrschten, konnte diese Theorie als politisches Argument verwendet werden, wurde aber nicht allgemein akzeptiert. Sie baute zudem auf Vorraussetzungen auf, die es nicht gab („Arbeiterklasse", „Kapitalistenklasse", „sozialistische Moral"). Durchsetzbar als Staatsdoktrin wurde die wirklichkeitsfremde Theorie nur durch gewaltsame Ausschaltung anderer Denker, die ohne Eigennutz einer sozial gerechten Ordnung in einer sich verändernden Welt dienen wollten.

Industriewirtschaft setzt immer Kapital als Produktionsfaktor voraus. Sind Privatleute Eigentümer der Produktionsgüter, dann wird Privatkapital investiert. Ist der Staat Eigentümer, dann handelt es sich um staatliches Kapital. Eine Industriewirtschaft ist somit immer eine kapitalistische Wirtschaft. Im ersten Falle ist das Kapital verteilt vorhanden in privaten Händen (Privatkapitalismus), im anderen Fall ist es monopolisiert in Staatshand (Staatskapitalismus).

Die wissenschaftliche Analyse von Marx, die mit vereinfachenden Begriffen (Arbeiterklasse usw.) ein Denkmodell lieferte, wurde politisch als Soll-Vorgabe genutzt. Dieser methodische Fehler hat viele Menschen dazu gebracht, ständig wirklichkeitsfremde Soll-Ziele vor Augen zu haben, die angeblich mit wissenschaftlicher Notwendigkeit erreicht würden.

Die wirtschaftswissenschaftliche Analyse muß untersuchen, welche der beiden Organisationsformen, Privat- oder Staatskapitalismus, oder welche Zwischenform den insgesamt größeren Wohlstand ermöglicht. Erst die anschließende sozialpolitische Aufgabe besteht darin, den Wohlstand gerecht zu verteilen.

Auf den Märkten kommt es auf Wettbewerb an. Er setzt offenkundig breit gestreutes privates Eigentum an Boden und an Kapital voraus. Ist das gegeben, dann hat Privateigentum zweierlei sehr nützliche Wirkungen: den Wettbewerb der Eigentümer von Produktionsmitteln (während der Staat sie in Monopolbetrieben konzentriert) und das wirtschaftsfördernde Eigeninteresse am Erfolg (das bei staatlicher Wirtschaftsführung bürokratisch erlahmt).

In der heutigen Industriegesellschaft hat Kapital, das nun einmal da ist, entscheidende Bedeutung. Denn beim Faktor Arbeit läßt sich die Menge (Mannstunden pro Jahr) kaum vergrößern, nur die Qualität durch Ausbildung verbessern. Der Faktor Boden ist als Abbau- oder Anbauboden und als Standort nicht vermehrbar. Er wird immer knapper, sogar für Wohngebiete, Bewegungsflächen und Abfallbeseitigung. Kapital ist dagegen der Produktionsfaktor, bei dem sich Quantität und Qualität (Hochleistungsmaschinen, Roboter, Computer) steigern lassen.

Kapital gibt Nutzungen ab, durch deren Kombination mit den ursprünglichen Faktoren Arbeit und Boden sich deren Ergiebigkeit erhöhen läßt.

War es das Kapital, das zur sozialen Frage führte, weil es unerwartete soziale Veränderungen bewirkte, so ist heute, nach Entwicklung eines entsprechenden sozialen und wirtschaftlichen Ordnungsrahmens, das Kapital die Voraussetzung für Wohlstand und sozialen Frieden durch schnelle wirtschaftliche Umsetzung der technischen Entwicklung.

Quantität und Qualität des Kapitals (der Produktionsgüter) bestimmen die Leistungsfähigkeit der Industriewirtschaft. Selbst viele Dienstleistungen (z. B. Transport) setzen Kapitalgüter voraus.

Die Bedeutung des Kapitals als Produktionsfaktor hat jedoch in der Industriegesellschaft zwei Seiten. Die eine ist die **Humanisierung der Arbeitswelt** dadurch, daß Maschinen dem Menschen Schwerarbeit und die Monotonie repetitiven Arbeitsvollzugs abnehmen. Gleichzeitig fließen dem Konsumenten mehr Güter ohne mehr menschliche Arbeitsleistung zu. Die andere Seite ist die **starre Bindung der Produktionsmittel** in industriellen Produktionsapparaten, die eine Anpassung an Nachfrageveränderungen erschwert. Da das Ausscheiden unwirtschaftlicher Produktionskapazitäten durch Wettbewerb der Leistungsfähigkeit der Wirtschaft dient, können sich hieraus soziale Probleme für die dort tätigen Menschen ergeben. Diese Probleme müssen als Gemeinschaftsaufgabe gelöst werden (soziales Netz).

In den drei **Wirtschaftssektoren**
- Primärer Sektor: Urproduktion (Rohstoffgewinnungsbetriebe),
- Sekundärer Sektor: Gewerbliche Produktion (Be- und Verarbeitungsbetriebe),
- Tertiärer Sektor: Dienstleistungen (Dienstleistungsbetriebe)
sind die drei Produktionsfaktoren unterschiedlich stark vertreten.

In allen drei Sektoren ist der Boden als Standort wichtig.

Im **primären Sektor** ist er vorrangig Abbau- und Anbauboden, der in abnehmendem Umfang mit dem Faktor Arbeit und in zunehmendem Umfang mit dem Faktor Kapital kombiniert wird. Kapitalintensive Erzeugung führt besonders in der Landwirtschaft zu höherer Wirtschaftlichkeit bei gleichzeitiger Freisetzung von Arbeitskräften. In einem Marktfruchtbetrieb werden heute 100 ha landwirtschaftlicher Nutzfläche von nur noch 0,7 bis 1 Arbeitskraft bearbeitet.

Im **zweiten Sektor,** zu dem neben dem produzierenden Handwerk vor allem die be- und verarbeitenden Industrien gehören, ist der Faktor Boden weder als Abbau- noch als Anbauboden, sondern nur als Standort von Bedeutung. In den Produktionsprozessen werden vor allem die Produktionsfaktoren Arbeit und Kapital kombiniert. Auch in diesem Sektor nimmt der Faktor Kapital deutlich zu und der Produktionsfaktor Arbeit inzwischen ab. Aus Manufakturen wurden Industriebetriebe, aus lohnintensiven Industrien mehr und mehr mechanisierte und heute z. T. bereits automatisierte, kapitalkostenintensive Produktionsbetriebe.

Der **dritte Sektor,** der Dienstleistungssektor, ist und bleibt in hohem Maße vom Produktionsfaktor Arbeit abhängig; obgleich auch hier durch erhebliche Zunahme des Produktionsfaktors Kapital in manchen Branchen eine erhebliche Änderung der Kostenstruktur eingetreten ist, wie im Transportwesen (Hochseeschiffahrt, Flug-, Bahn- und Lkw-Verkehr, betriebliches Transport- und Lagerwesen) und im Banken- und Versicherungsgewerbe (Computereinsatz, Selbstbedienungsautomaten). Im Vergleich zu den anderen Wirtschaftssektoren wächst aber im Dienstleistungssektor der Anteil des Faktors Arbeit, während er in den anderen Sektoren abnimmt. Das gilt besonders in den hochentwickelten Industrieländern mit gehobenem Wohlstand. Dort hat die Zahl der Arbeitskräfte in der Landwirtschaft und im Bergbau stark abgenommen. Sie nimmt infolge zunehmender Automation auch in der Warenerzeugung ab.

Das bedeutet, daß sich bei Zuwachs des Produktionsfaktors Kapital in allen drei Wirtschaftssektoren der Produktionsfaktor Arbeit vom primären über den sekundären Wirtschaftssektor zunehmend in den dritten Sektor, den Dienstleistungssektor, verschiebt.

In der Bundesrepublik Deutschland betrug der **Anteil** aller Erwerbstätigen, also **des Produktionsfaktors Arbeit**

im Jahre	1800	1950	1970	1985
am primären Sektor	80 %	22 %	9 %	5 %
am sekundären Sektor	8 %	45 %	49 %	41 %
am tertiären Sektor	12 %	33 %	42 %	54 %

Im sekundären Sektor (Be- und Verarbeitung) ist der Anteil des Produktionsfaktors Arbeit seit etwa 1970 rückläufig, im tertiären Sektor seit ca 1950 stark zunehmend. Daß sich die Leistungsfähigkeit des sekundären Sektors ständig erhöht und dies trotz Abnahme des Produktionsfaktors Arbeit, heißt auch, daß die technische Entwicklung eine zunehmende Warenproduktion bei abnehmender Arbeitsnotwendigkeit ermöglicht.

2.4 Der Wirtschaftskreislauf

Theoretisch kann man sich drei Entwicklungsstufen der Wirtschaft vorstellen:
– die **geschlossene Hauswirtschaft**, in der eine Familie ohne wirtschaftliche Beziehungen zur Außenwelt alle Güter, die sie zur Bedürfnisbefriedigung braucht, selbst erzeugt,
– die **Tauschwirtschaft**, in der man mit anderen Witschaften Güter tauscht, und
– die **Geldwirtschaft**, bei der der Tauschakt Gut gegen Gut in zwei unabhängige Tauschakte zerlegt wird: Güter gegen Geld und Geld gegen Güter. Dadurch entsteht größte Freiheit hinsichtlich der Art und des Zeitpunktes der Güterauswahl.
Der Versuch, ein System zu erkennen, nach dem die gesamtwirtschaftlichen Beziehungen in einer Geldwirtschaft ablaufen, hat François Quesnay um 1758 zu der Feststellung geführt, daß in der gesamten Volkswirtschaft Geld- und Güterströme erstens kreislaufähnlich verlaufen, und zweitens, daß diese Kreisläufe voneinander abhängig (interdependent) sind. Das heißt auch, daß eine Änderung an einem Kreislauf Änderungen bei allen anderen Kreisläufen bewirkt.
Das einfachste Modell eines solchen volkswirtschaftlichen Kreislaufprozesses hat zwei Teilnehmergruppen: die Haushalte und die Unternehmungen.

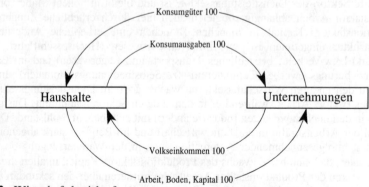

Abb. 2: Wirtschaftskreislauf

Private Haushalte benötigen Konsumgüter (Gebrauchs- und Verbrauchsgüter) und stellen die Produktionsfaktoren (Arbeit, Boden, Kapitalgüter) zur Verfügung. **Unternehmungen** stellen Güter her und benötigen dazu Produktionsfaktoren. Für diese zahlen die Unternehmungen den Haushalten **Einkommen**:

- Arbeitseinkommen,
- Bodenrente und
- Zinsen.

Die Arbeitseinkommen bestehen aus Löhnen, Gehältern u. ä.; hinzu kommen Unternehmergewinne aus Einzelunternehmungen und Personengesellschaften.

Die Bodenrenten setzen sich aus Mieten, Pachten, Deputaten oder dergleichen für genutzten Grund und Boden zusammen.

Als Zinsen werden hier vereinfachend alle Entgelte bezeichnet, die den Haushalten von den Unternehmen für den Produktionsfaktor Kapital gezahlt werden (Dividenden für Aktien, Einlagenverzinsung, Kreditzinsen).

Daß die Haushalte den Unternehmen den Produktionsfaktor Kapital(güter) zur Verfügung stellen, ist nicht sogleich erkennbar. Die Haushalte investieren Geld gegen Verzinsung in eine Unternehmung; die benötigten Güter muß diese nach wirtschaftlichen Gesichtspunkten selbst beschaffen. Es wird aber für das Denkmodell systemvereinfachend unterstellt und führt rechnerisch zum selben Ergebnis, daß die Haushalte Kapitalgüter erwerben, diese den Unternehmen zur wirtschaftlichen Nutzung überlassen und dafür ein Entgelt bekommen, das hier Zinsen genannt wird.

Zusammenfassend kann gesagt werden: **Dem Strom der Produktionsfaktoren fließt ein Einkommensstrom entgegen, das Volkseinkommen.** Vom Volkseinkommen bestreiten die Haushalte ihre **Konsumausgaben.** Diese fließen wiederum als Geldstrom den **Konsumgütern** entgegen. **Der Wirtschaftskreislauf besteht demnach aus einem Güter- und einem gegenläufigen Geldkreislauf.**

In den Unternehmungen werden im Gegenwert der eingesetzten Produktionsfaktoren Güter produziert. Es entsteht das sog. **Nettosozialprodukt zu Faktorkosten.** Wenn nichts anderes gesagt ist, bezieht sich diese Rechnung jeweils auf ein Kalenderjahr. Das Nettosozialprodukt zu Faktorkosten, das in einem Jahr erwirtschaftet wird, ist gleich dem **Volkseinkommen** desselben Jahres. Wird ohne nähere Angaben vom „Sozialprodukt" gesprochen, dann ist üblicherweise dieses Nettosozialprodukt zu Faktorkosten gemeint.

Man unterscheidet Entstehung, Verteilung, Aufteilung und Verwendung des Volkseinkommens.

Der **Entstehung** des Volkseinkommens durch Zahlungen der Unternehmen für Produktionsfaktoren entspricht die **Verteilung** des Volkseinkommens auf die Haushalte, denen die Zahlungen zugehen.

Die von den Haushalten nicht für Konsumgüter ausgegebenen Einkommen werden gespart, nicht verbraucht. Diese **Aufteilung** der Einkommen durch die Haushalte auf Konsumausgaben und Ersparnisse hat als **Verwendung** des Volkseinkommens Auswirkungen auf die Güterseite.

Durch Konsumverzicht nicht in den Konsum geflossene Güter bilden zwangsläufig in gleichem Unfang in den Unternehmen einen Zuwachs an Kapital: die Nettoinvestition des Jahres.

Demnach ist Konsumverzicht der Haushalte = Ersparnis = Investition. Dies ist nicht die Folge eines geplanten Vorgehens. Die Zahlen ergeben sich nach Ende eines Kalenderjahres durch statistische Ermittlung für das abgelaufene Jahr (Ex-post-Daten).

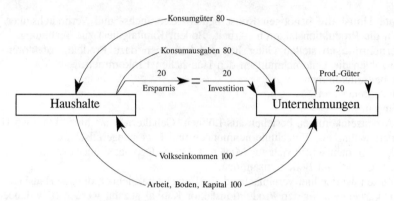

Konsumgüter 80

Konsumausgaben 80

20 = 20
Ersparnis   Investition

Prod.-Güter
20

Haushalte   Unternehmungen

Volkseinkommen 100

Arbeit, Boden, Kapital 100

Abb. 3: Wirtschaftskreislauf mit Ersparnis und Investition

In Formeln ausgedrückt ergibt sich die **Aufteilung**:

Volkseinkommen = Konsumausgaben + Ersparnis

und zwangsläufig die **Verwendung**:

Volkseinkommen = Konsumausgaben + Investition

Einkommensteile, die gespart und folglich investiert wurden, führen in derselben Periode zum Anwachsen des Güterbestandes im Unternehmensbereich der Volkswirtschaft.

Die Investition durch Konsumverzicht ergibt die Nettoinvestition der Unternehmungen. Als Bruttoinvestition wird die Gesamtinvestition bezeichnet, die in einem Jahr erfolgt. Maschinen und Werkzeuge verbrauchen sich leider zu einem Teil während der Produktionsprozesse durch ihre Nutzung. Man schreibt sie entsprechend wertmäßig ab. Um diesen produktionsbedingten Verschleiß zu ersetzen, muß ein Teil der Bruttoinvestition, nämlich in Höhe der Abschreibungen, verwendet werden. Erst die Mehrinvestition, die einen Überschuß an Gütern im Unternehmensbereich ergibt, ist die Nettoinvestition. Reicht die Bruttoinvestition gerade aus, um den Verschleiß zu ersetzen (also Bruttoinvestition = Abschreibung), dann gibt es keine Nettoinvestition. Das Produktionskapital der Volkswirtschaft bleibt unverändert, die Wirtschaft stagniert (Nullwachstum). Ist die Bruttoinvestition sogar zu gering, um den Verschleiß zu ersetzen (Bruttoinvestition kleiner als Abschreibung), dann schrumpft die Wirtschaft. Ermöglicht dagegen die Bruttoinvestition wertmäßig den Ersatz der Abschreibungen und darüber hinaus eine Nettoinvestition, dann haben sich die Produktionsgüter der Volkswirtschaft vermehrt; Wirtschaftswachstum wurde erreicht.

Um das Bild des oben dargestellten Wirtschaftskreislaufs etwas realistischer zu machen, müssen noch zwei Teilnehmergruppen hinzugefügt werden: der **Staat** und das **Ausland**.

Besteht eine Volkswirtschaft nur aus den drei Bereichen private Haushalte, Unternehmen und Staat, dann wird sie „geschlossene Volkswirtschaft" genannt. Kommen wirtschaftliche Auslandsbeziehungen hinzu, dann ist es eine „offene Volkswirtschaft".

Mit dem Begriff **Staat** werden die **öffentlichen Haushalte** bezeichnet. Das sind die Behörden der Gemeinden und Gemeindeverbände, der Länder, des Bundes sowie die Sozialversicherungen (Renten-, Unfall-, Kranken-, Arbeitslosenversicherung).

Neben den gegenläufigen Geld- und Güterströmen zwischen Teilnehmergruppen fließen auch reine Geldströme. Es sind **Steuern** und **Transferzahlungen**. **Steuern sind Zwangsabgaben zur Finanzierung der allgemeinen Staatstätigkeit.** Etwas anderes sind Gebühren und Beiträge. Sie werden für individuelle Gegenleistungen der Behörden erhoben.

Die etwa 50 Steuerarten, die es in Deutschland gibt, können nach verschiedenen Gesichtspunkten gruppiert werden. Beispielsweise nach dem Steuerobjekt in

- Besitzsteuern (z. B. Vermögen-, Einkommen-, Grund-, Gewerbesteuer),
- Verkehrsteuern (z. B. Umsatz-, Grunderwerb-, Kapitalverkehr-, Kraftfahrzeugsteuer) und
- Verbrauchsteuern (z. B. Zölle, Mineralöl-, Getränke-, Tabak-, Zuckersteuer).

Für die volkswirtschaftliche Gesamtrechnung ist eine Unterscheidung nach der Überwälzbarkeit der Steuern von Bedeutung. Danach unterscheidet man

- direkte Steuern (Steuerpflichtiger und Steuerträger sind identisch, wie bei der Einkommen- und Vermögensteuer) und
- indirekte Steuern (der Steuerpflichtige [z. B. Händler] wälzt die Steuer über den Preis auf einen Steuerträger [Endverbraucher] ab, wie bei der Umsatz- und bei Verbrauchsteuern).

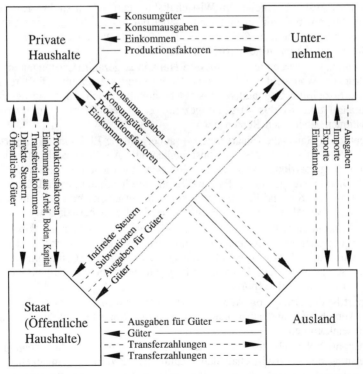

Die dargestellten Ströme sind nur Beispiele (——— = Güterstrom; - - - = Geldstrom)

Abb. 4: Kreislaufmodell einer offenen Volkswirtschaft

27

Direkte Steuern (Lohn- und Einkommensteuer, Körperschaftsteuer, mit der der Gewinn aller Körperschaften (z.B. Kapitalgesellschaften) besteuert wird, Erbschaft- und Schenkungsteuer, Vermögensteuer u.a.) werden vom Finanzamt direkt veranlagt. Die direkten Steuern sind neben Konsum und Sparen eine dritte ‚Verwendungsart‘ der Einkommen. Daraus ergibt sich:

Volkseinkommen = Konsum + Ersparnis + direkte Steuern.

Die gegenläufigen Ströme zu den Steuerzahlungen bestehen aus „öffentlichen Gütern" zur Befriedigung von Kollektivbedürfnissen und aus Transferzahlungen.

Als **öffentliche Güter** können die Leistungen **aller Einrichtungen der Vorsorgeverwaltung** verstanden werden. Sie ergeben die sog. Infrastruktur eines Landes. Der Begriff Infrastruktur ist jedoch nicht eindeutig, weil er inhaltlich von manchen Wissenschaftlern über die Einrichtungen der Vorsorgeverwaltung hinaus ausgedehnt wird. Er wird deshalb je nach dem Zweck seiner Anwendung definiert.

Öffentliche Güter sind die Behörden selbst, sind Straßen, Kanäle, öffentliche Ver- und Entsorgungssysteme (Be- und Entwässerung, Stromnetz, Straßenbeleuchtung), Kommunikationsnetze, Schulen, Krankenhäuser, kurz alle öffentlichen Einrichtungen mit ihren Leistungen.

Der Begriff **Transferzahlungen** ist mehrdeutig. Im allgemeinen sind damit Geldübertragungen ins Ausland gemeint. Im Wirtschaftskreislauf jedoch sind es Einkommens- oder ganz allgemein Geldübertragungen. Dabei handelt es sich um eine Umlenkung bzw. Umverteilung einiger Geldströme. Die Transferzahlungen in der bildlichen Darstellung sind demnach kein ‚zusätzliches Geld‘.

Transferzahlungen werden teils **an private Haushalte** gezahlt (Leistungen aus Sozialversicherungen, Wohngeld, Zahlungen nach dem Bundes-Ausbildungsförderungsgesetz (BAFöG), Sozialhilfe und anderes); sie werden aber auch **an Unternehmen** (als Subventionen) und **an das Ausland** gezahlt (besonders Beiträge an internationale Organisationen, aber auch Renten u.a.).

Die öffentlichen Haushalte (Staat) treten − außer daß sie Einkommen umverteilen − teils als Produzenten und teils als Konsumenten auf. Als Produzenten fungieren sie, wenn sie in Regiebetrieben oder verselbständigten öffentlichen Betrieben Güter erzeugen, z.B. Dienstleistungen durch Post und Bahn, durch Schulen, öffentliche Klärwerke und vieles andere. Sie sind Konsumenten mit dem gesamten Verbrauch für öffentliche Verwaltungen, Sozial- und Gesundheitsfürsorge, innere Sicherheit usw.

Mit dem **Ausland** als teilnehmendem Wirtschaftsbereich verbinden die Volkswirtschaft sowohl wechselseitige Faktorleistungen und Faktoreinkommen der beiderseits der Grenzen wohnenden Bevölkerung, als auch Transferzahlungen (Renten und Alimentenzahlungen sowie in großem Umfang Beiträge an internationale Organisationen) und besonders **Importe und Exporte.**

Der Import ist der Bezug von Waren und Dienstleistungen aus dem Ausland, der Export ihre Veräußerung an das Ausland. Export minus Import ergibt den **Außenbeitrag** zum Volkseinkommen.

Ist der Export höher als der Import des gleichen Jahres, dann übersteigt die Wirtschaftsleistung der Volkswirtschaft den inländischen Bedarf und umgekehrt.

Fügt man dem Nettosozialprodukt zu Faktorkosten die indirekten Steuern (Mehrwertsteuer, Verbrauchsteuern) hinzu und rechnet die vom Staat gezahlten Subventionen dagegen auf, dann ergibt sich das **Nettosozialprodukt zu Marktpreisen.**

Einige Zahlen aus der volkswirtschaftlichen Gesamtrechnung der Bundesrepublik Deutschland für das Jahr 1989 sollen die Größenordnungen verdeutlichen und die Beziehung zum **Bruttosozialprodukt** verständlich machen:

Einkommen aus unselbständiger Arbeit	1.176,1 Mrd. DM
Einkommen aus Unternehmertätigkeit und Vermögen	575,0 Mrd. DM
= Volkseinkommen (= Nettosozialprodukt zu Faktorkosten)	1.751,1 Mrd. DM
+ indirekte Steuern	278,4 Mrd. DM
− Subventionen	45,8 Mrd. DM
= Nettosozialprodukt zu Marktpreisen	1.983,7 Mrd. DM

Rechnet man zum Nettosozialprodukt zu Marktpreisen den Wert der Güter hinzu, die im Kalenderjahr zum Ersatz des produktionsbedingten Anlagenverschleißes im Unternehmensbereich benötigt wurden, dann ergibt sich die Bruttoproduktionsleistung des Jahres, das **Bruttosozialprodukt zu Marktpreisen**:

Nettosozialprodukt zu Marktpreisen	1.983,7 Mrd. DM
+ Abschreibungen	276,7 Mrd. DM
= Bruttosozialprodukt zu Marktpreisen	2.260,4 Mrd. DM

Rund 40% des gesamten Steueraufkommens erbringen die Einkommen- und Körperschaftsteuer, ein weiteres Viertel die Mehrwertsteuer.

Der Anteil der Staatsausgaben für Verbrauch und Transferzahlungen, bezogen auf das Bruttosozialprodukt (die Staatsquote), war bis 1982 auf 49,8 % angestiegen und konnte seitdem nur wenig gesenkt werden. Er betrug

1950 31,1 %,	1980 48,6 %,	1987 46,9 %,
1960 32,9 %,	1982 49,8 %,	1988 46,6 %.
1970 39,1 %,	1986 46,8 %,	

Der größte Teil der Ausgaben des Bundes betraf die soziale Sicherung, gefolgt von Verteidigungsausgaben.

2.5 Die Rolle des Geldes

2.5.1 Begriff und Funktion des Geldes

Geld stellt verfügbare Kaufkraft dar. Mit Hilfe des Geldes ist es möglich, Bedürfnisse am Markt als Nachfrage wirksam, d.h. zu Bedarf werden zu lassen. Dadurch entsteht jeweils ein kleiner Teil der gegenläufigen volkswirtschaftlichen Geld- und Güterkreisläufe.

Geld − im Sinne verfügbarer Kaufkraft − erfüllt verschiedene Funktionen:

- als Tauschmittel (Zahlungsmittelfunktion),
- als Wertmaßstab (Rechnungseinheit) und
- als Wertaufbewahrungsmittel (Vermögensanlage).

Das Geld ist als Tauschmittel und als Wertaufbewahrungsmittel zugleich Werttransportmittel.

Im Wirtschaftsleben ist die **Wertstabilität des Geldes** als Rechnungseinheit nicht nur für den internationalen Handel, sondern auch für die Substanzerhaltung der Unternehmungen und als Wertaufbewahrungsmittel für Sparer (Vermögensanlage) äußerst wichtig.

Wie muß Geld beschaffen sein, damit es die verschiedenen Aufgaben erfüllen kann?

Aus der Übergangszeit von der Tausch- zur Geldwirtschaft ist bekannt, daß verschiedene Waren (Schmuckgeld, Vieh) zur Bezahlung verwendet wurden. Die Römer hatten für ihr Münzgeld die Bezeichnung ‚pecunia‘, was wörtlich übersetzt ‚Vieh‘ bedeutet.

Da Geld nur wertvoll bleibt, solange es knapp ist, wurde es stets aus wertvollem Material hergestellt. In vielen Jahrhunderten hatten sich immer wieder Goldmünzen bewährt. Sie waren wertstabil und leicht handhabbar. Dennoch ließen sich metallene Zahlungsmittel vermehren, indem sie aus unterwertigen Legierungen geprägt wurden. Die Wertstabilität wird deshalb heute statt durch den inneren Wert der Geldeinheit durch seine kontrollierte Menge gesichert.

Münzen und Banknoten haben sich infolge der **leichten Handhabbarkeit** dieser Form des Geldes durchgesetzt; in Deutschland seit der Abschaffung der Goldwährung am 2. August 1914.

Die Geldmenge wird nunmehr gesetzlich begrenzt. Die Zentralbank muß einen Deckungsfonds in Gold halten, der es ermöglicht, den durch die Banknote verbrieften Gegenwert jederzeit in Feingold auszuzahlen.

In den USA hat diesen Zweck der berühmte Goldschatz in Fort Knox. Als sich herausstellte, daß der Deckungsfonds in Fort Knox nicht mehr ausgereicht hätte, um die gesamte ausgegebene Geldmenge an amerikanischen Dollars in Gold einzulösen, wurde auch dort seit 1976 eine Teildeckung als ausreichend angesehen.

Obwohl der Deckungsfonds der Deutschen Bundesbank, der aus Gold und Devisen besteht, seit vielen Jahren erheblich größer als finanzwirtschaftlich notwendig ist, ist doch unsere Geldwertstabilität im Inland nicht dadurch bedingt. Sie beruht auf der Stabilität des Preisniveaus. Dazu trägt entscheidend die Abstimmung der Geldmenge mit dem Güterangebot bei.

In der Verkehrswirtschaft kommt Geld in zwei Formen vor:
- als gesetzliches Zahlungsmittel und
- als Sichtguthaben.

Gesetzliche Zahlungsmittel sind Bargeld. Dabei handelt es sich um Zentralbanknoten, die zur Begleichung von Zahlungsverpflichtungen in unbeschränkter Höhe angenommen werden müssen, sowie um Scheidemünzen, die in DM-Münzen bis zum Betrag von 20 DM und in kleineren Münzwerten bis zum Betrag von 5 DM angenommen werden müssen.

Sichtguthaben sind „Buchgeld", auch „Giralgeld" genannt. Man läßt sie bei einer Bank auf ein Konto buchen (Girokonto). Sie heißen Sichtguthaben, weil sie „bei Sicht", also sofort, wie Bargeld, verfügbar sind.

Giralgeld kann durch Bankkredite vermehrt werden. Die dadurch entstehende Vermehrung der Geldmenge heißt Geldschöpfung. Damit die Geschäftsbanken die Geldmenge nicht beliebig durch Kredite erhöhen können, hat die Deutsche Bundesbank verschiedene gesetzliche Möglichkeiten zum Eingreifen.

2.5.2 Die Bundesbank – Hüterin der Währung

Im engeren Sinne ist **Währung** die allgemeine Bezeichnung für das Geld einer bestimmten Volkswirtschaft, statt eines speziellen Geldnamens (Dollar, Rubel, Gulden usw.).

Im weiteren Sinne versteht man unter Währung die Verfassung des Geldwesens eines Landes bezüglich des in- und ausländischen Zahlungsverkehrs und seiner Wertbeziehungen.

Das Bundesbank-Gesetz (BBankG) vom 26.7.1957 bestimmte die Deutsche Bundesbank in Frankfurt am Mai zum selbständigen Träger der Geldpolitik (Hoheitsrecht). Sie allein hat das Recht, Banknoten auszugeben. Sie regelt „den Geldumlauf und die Kreditversorgung der Wirtschaft mit dem Ziel, die Währung zu sichern" (§ 3 BBankG).

Sicherung der Währung heißt: nach innen Erhaltung der Preisniveaustabilität, nach außen Stabilisierung des Außenwertes der DM.

Durch **Preisniveaustabilität** behält der Teil des Vokseinkommens, der als Wertaufbewahrungsmittel verwendet (gespart) wird, seinen Wert. Ein Wertverlust träfe Sparer, besonders Kleinsparer, die ihr Geld nicht spekulativ in Sachwerten anlegen können.

Ein **stabiler Außenwert** (Wechselkurs) ist bedeutsam für Export und Import, weil dabei das Geld als Wertmaßstab, Tauschmittel und zum Teil auch als Wertaufbewahrungsmittel verwendet wird. Ein stabiles, frei konvertierbares (frei in andere Währungen umtauschbares) Zahlungsmittel ist zudem eine Grundlage für den Zugang zum Weltmarkt der Güter.

Der Lebensstandard der Bezieher von Transfereinkommen (Renten, Alimente) aus dem Ausland und der der Grenzgänger verändert sich mit dem Wechselkurs.

Welche Mittel hat die Bundesbank, um die Preisniveaustabilität und die Wechselkursstabilität zu sichern?

Die **Preisniveaustabilität** im Inland ist für den Konsumenten gleichbedeutend mit Geldwertstabilität. Es liegt auf der Hand, daß sich nicht alle Preise parallel entwickeln. Einige Güter werden teurer, andere billiger, je nach Angebot und Nachfrage. Die Preisentwicklung aller umgesetzten Güter durch eine Indexermittlung zu erfassen, ist praktisch unmöglich. Deshalb wählt das Statistische Bundesamt in Wiesbaden seit 1962 bestimmte repräsentative Güter aus, die es für fünf verschiedene Haushaltstypen zu fünf „Warenkörben" zusammenfaßt. Man setzt die Geldausgaben, die im Basismonat, in dem man mit dem Vergleichen anfängt, für einen Warenkorb nötig sind, gleich 100. Steigen die monatlichen Lebenshaltungskosten einer repräsentativen Familie z. B. um insgesamt 3 Prozent, dann ist der Lebenshaltungskostenindex von 100 auf 103 gestiegen.

Die statistische Durchschnittsfamilie der Bundesrepublik Deutschland wurde 1980 mit 2,4 Personen und 1985 mit 2,3 Personen ermittelt. Auch für sie kann ein durchschnittlicher Lebenshaltungskostenindex errechnet werden.

Da sich die Verbrauchsgewohnheiten ändern, wird auch die Zusammensetzung des statistischen Warenkorbes von Zeit zu Zeit aktualisiert.

Ähnlich, wenngleich unter Einbeziehung vieler anderer Güter, wird das Preisniveau der Volkswirtschaft errechnet. Sein Ansteigen wie sein Absinken kann zahlreiche Gründe haben.

Wesentlichen Einfluß auf das Preisniveau hat das Verhältnis der Geld- zur Gütermenge.

31

Stehen insgesamt wenig Geldeinheiten zur Verfügung, dann wird das Preisniveau niedrig, der Geldwert hoch sein. Steht eine große Geldmenge zur Verfügung, dann werden höhere Preise bezahlt werden. Das präzisiert ein Denkmodell, das diese Beziehungen darstellt. Es ist die **volkswirtschaftliche Verkehrsgleichung**:

$$G \times U = P \times H$$

G = Geldmenge. Sie setzt sich zusammen aus Bargeld und Buchgeld (Giralgeld).
U = Umlaufgeschwindigkeit. Sie gibt an, wie oft eine Geldeinheit im Jahr kaufend am Markt auftritt (Handwechsel).
P = Preisniveau. Es ist der gewogene Durchschnitt der Preise aller im Jahr umgesetzten Güter.
H = Handelsvolumen. Damit bezeichnet man die Menge der im Jahr umgesetzten Güter.

Geldmenge mal Umlaufgeschwindigkeit ergibt das Geldvolumen, das bei unverändertem Handelsvolumen (H) zum Preisniveau (P) führt.

Während die von der Zentralbank ausgegebene Geldmenge aus Banknoten besteht (das Münzregal liegt bei der Bundesregierung), entsteht Giralgeld durch Geldschöpfung auf Bankkonten bei den Geschäftsbanken. Die Geldschöpfung ist eine teils passive, teils aktive Geldvermehrung.

Passive Geldschöpfung findet bei jeder Einzahlung von Bargeld auf ein Bankkonto statt. Über denselben Betrag, den man eingezahlt hat, kann man bargeldlos (z.B. durch Überweisungen) verfügen, während die Bank das eingezahlte Bargeld nicht in den Geldschrank legt, sondern es gegen Zinsen an Dritte ausleiht.

Aktive Geldschöpfung erfolgt durch Kreditvergabe. In Höhe des durch die Bank eingeräumten Kreditbetrages kann man über Geld verfügen. Soweit man es nicht bar abhebt, sondern mit Überweisungen arbeitet, verwendet man neu geschöpftes Buchgeld.

Auf den Faktor Handelsvolumen hat die Bundesbank keinen unmittelbaren Einfluß. Auch die Umlaufgeschwindigkeit der Geldmenge ist eine kontinuierlich gewachsene Erfahrungsgröße, die nicht ohne weiteres beeinflußbar ist. Um, wenn nötig, stabilisierend auf das Preisniveau einzuwirken, bleibt der Bundesbank im wesentlichen die Einflußnahme auf die Geldmenge.

Hierfür stehen ihr verschiedene Instrumente zur Verfügung. Neben der unmittelbaren
− Veränderung der Bargeldmenge sind
− die Mindestreservenpolitik,
− die Diskontpolitik,
− die Lombardpolitik und
− die Offenmarktpolitik
zu nennen.

Jede Geschäftsbank hat die gesetzliche Pflicht, einen bestimmten Prozentsatz der kurzfristigen Einlagen, die sie von Kunden erhalten hat, als sog. **Mindestreserve** bei der Bundesbank einzuzahlen. Die Geschäftsbanken werden dadurch in ihrer Liquidität (Zahlungsfähigkeit) beschnitten, so daß sie nur begrenzt Kredite − die auch bar abgefordert werden können − vergeben können. Beabsichtigt die Bundesbank, die Buchgeldmenge der privaten Kunden bei den Geschäftsbanken weiter zu verringern, so setzt sie den Mindestreservesatz z.B. von 10 auf 12 % herauf. Die Geschäftsbanken verlieren weitere 2 % an freien Zahlungsmitteln und müssen die Kreditvergabe entsprechend reduzieren. Sie werden einerseits die Zinsen für Geldeinlagen erhöhen, um Bargeld zu bekommen, und andererseits die Kreditzinsen so erhöhen, daß die Nachfrage und die Vergabemöglichkeiten der Banken sich decken.

Die Erhöhung der Mindestreserven hat eine **Preiswirkung** (Geldverknappung bewirkt Zinserhöhung) und eine **Mengenwirkung** (Geld wird knapper, Preisniveauanstieg für Güter wird gebremst).

Von den Mitteln der Geldpolitik ist die **Diskontpolitik** zur Beeinflussung des Zinsniveaus durch die Bundesbank am bekanntesten. Sie vollzieht sich folgendermaßen: Bankkunden, die Bar- oder Buchgeld brauchen, verkaufen den Geschäftsbanken Wechsel und andere Wertpapiere gegen Bargeld. Um diese Wertpapiere ihrerseits zu Geld zu machen, verkaufen die Geschäftsbanken diese Papiere weiter an die Bundesbank, die dafür einen Zinsabzug vornimmt, denn diese Papiere werden von den Schuldnern erst später, je nach Laufzeit der Wechsel und anderen Wertpapiere, gegen Bargeld ausgelöst. Der Zinsabschlag heißt Diskont. Erhöht die Bundesbank den Diskontsatz, dann werden auch die Geschäftsbanken ihren Kunden einen höheren Zins in Rechnung stellen; und ein höherer Preis reduziert bekanntlich die Nachfrage. Die umlaufende Geldmenge wird abnehmen.

Ein anderes Mittel zur Geldmengenbeeinflussung ist die **Lombardpolitik.** Geschäftsbanken verkaufen nicht nur in Zahlung genommene Wertpapiere an die Bundesbank, sie hinterlegen auch Wertpapiere als Sicherheit bei der Bundesbank, um Bargeld zu bekommen. Für das Risiko nimmt die Bundesbank einen Abschlag vom gegebenen Barkredit vor, den Lombard. Der Lombardsatz liegt in der Regel 1 bis 1½ % über dem Diskontsatz. Seine Erhöhung verknappt die Geldmenge; seine Herabsetzung erhöht sie.

Des weiteren beeinflußt die Bundesbank die umlaufende Geldmenge durch den An- und Verkauf von Wertpapieren am offenen Markt. Sie betreibt damit **Offenmarkt-politik.** Kauft die Bundesbank Wertpapiere am offenen Markt, dann bringt sie mehr Geld in Umlauf. Das allgemeine Preisniveau wird tendenziell steigen. Verkauft sie Wertpapiere, dann wird Geld, also Kaufkraft abgezogen. Die Maßnahme drückt das Preisniveau.

Das andere wichtige Gebiet der Sicherung der Währung betrifft den **Außenwert** der D-Mark. Diese Sicherung der **Wechselkursstabilität** geht von der Erkenntnis aus, daß eine große Nachfrage preiserhöhend und ein großes Angebot preissenkend wirkt.

Sinkt der Kurs der DM gegenüber anderen Leitwährungen der Weltwirtschaft (amerikanischer Dollar, japanischer Yen, englisches Pfund), werden also beim Verkauf von DM z.B. weniger amerikanische Dollars als bisher bezahlt, dann geht es darum, den Kurs auf dem gewünschten Niveau zu stabilisieren bzw. ihn wieder anzuheben. Die Deutsche Mark muß verknappt, d.h. von der Bundesbank am Weltmarkt aufgekauft werden. Sie wird mit Dollars, u.U. auch mit Devisen derjenigen Währung bezahlen, deren Kurs (Tauschwert) am Weltmarkt besonders stark angestiegen ist.

Steigt der Kurs der DM gegenüber dem Dollar (was ebensowenig Stabilität bedeutet), sinkt also der Kurs des Dollars, so wird die Bundesbank Stützungskäufe vornehmen. Sie wird Dollars kaufen (verknappen) gegen DM, die dadurch am Weltmarkt vermehrt wird, so daß ihr Kurswert in Richtung des angestrebten stabilen Austauschverhältnisses sinkt.

2.5.3 Stabilitätsprobleme

Stabile Währungsverhältnisse, also ein bei freier Konvertierbarkeit stabiler Wechselkurs nach außen, wie auch ein stabiles Preisniveau im Innern werden als Zeichen einer gesunden Wirtschaft angesehen. Eine Währung, die sich über lange Zeit als stabil erwiesen hat, wird als harte Währung bezeichnet. Eine solche Währung gibt Vertrauen, auch für ausländische Anleger von Geldkapital. Ein stabiles Außenwertverhältnis ist zudem eine wichtige Grundlage für eine internationale Arbeitsteilung und internationalen Handel. Beide sind für den Konsumenten äußerst wichtig. Sie tragen zur Vielfalt des Güterangebots bei und wirken preissenkend. Stabile Wechselkurse ermöglichen den Geschäftspartnern, zuverlässig zu disponieren und nicht nur kurzfristige Verträge abzuschließen. Wichtig ist jedoch, daß die Wechselkurse nicht staatlich festgesetzte Austauschsätze sind, sondern Kurse, die durch Angebot und Nachfrage am Geld- und Kapitalmarkt entstehen.

Inflation herrscht, wenn die Kaufkraft der Geldeinheit abnimmt, das Preisniveau also steigt. Der umgekehrte Prozeß − Zunahme der Kaufkraft des Geldes (Sinken des Preisniveaus) − heißt **Deflation**. Wie kommt es zu solchen Änderungen des Geldwertes?

Da die Bundesbank die Aufgabe der Preisniveaustabilisierung hat und zu diesem Zweck bestimmte geldpolitische Instrumente anwenden soll, kann ein Steigen oder Sinken des Preisniveaus darauf zurückführen sein, daß die Zentralbank ihre Geldpolitik unzulänglich betreibt. Es kann aber auch politische Absicht sein, z.B. durch zinsbilliges Geld Investitionsanreize zu geben und dadurch Wirtschaftskrisen entgegenzuwirken. Selbst wenn dies nicht eine unmittelbare Aufgabe der Bundesbank ist, so sind doch die Stabilität des Preisniveaus und des Außenwertes der Währung nicht mit einer krisengeschüttelten Wirtschaft zu erreichen. Es sei an die wechselseitige Abhängigkeit von Geld- und Güterseite der volkswirtschaftlichen Verkehrsgleichung erinnert.

Im Laufe der Jahre hat es sich als wirtschaftsstabilisierender Kompromiß erwiesen, eine Inflationsrate von 2 bis 3 Prozent zuzulassen. Das bedeutet zugleich eine entsprechende jährliche Geldwertminderung von 2 bis 3 Prozent. Der geringen Geldwertabnahme steht durch den leichten Geldüberhang ein ständiger, leichter Investitions- und Kaufanreiz gegenüber. In Verbindung mit der technischen Entwicklung und der abnehmenden Notwendigkeit menschlicher Arbeit im sekundären Sektor der Wirtschaft (Be- und Verarbeitungsbetriebe) sowie unter Berücksichtigung der gegenseitigen Abhängigkeit aller Güter- und Geldströme sind die Erwartungen und Zielsetzungen der Wirtschaftssubjekte insgesamt offenbar einigermaßen im Gleichgewicht.

Große Verdienste in der Erkenntnis volkswirtschaftlich bedeutsamer Einflußgrößen hat der Engländer John Meynard Keynes erworben. Neben Formeln für die Erklärung des volkswirtschaftlichen Kreislaufprozesses hat er 1936 die **Erwartungen der Menschen** als einen wesentlichen Faktor hervorgehoben, der Entwicklungsprozesse in Gang bringen oder hemmen kann.

Das trifft z.B. auch auf die Verwendung des Volkseinkommens zu. Je nach der allgemeinen politischen Lage, nennenswerten technischen Neuerungen oder aus sonstigen Gründen können sich die Anteile von Konsumausgaben und Sparen ändern. Das wirkt sich auf Angebot und Nachfrage von Konsumgütern aus und damit auf das Preisniveau. So kann bei einem Nachfrageansturm eine **nachfrageinduzierte Inflation** (Steigerung des Preisniveaus) entstehen.

Werden hohe Preise bezahlt, dann vergrößert sich die angebotene Menge dadurch, daß auch noch Betriebe zur Bedarfsdeckung beitragen können, deren Kosten so hoch sind, daß sie bei niedrigeren Preisen als Anbieter ausscheiden.

Wie die Nachfragesteigerung zur **nachfrageinduzierten** (durch Nachfrage eingeleiteten) **Inflation** führt, kann ein Steigen der Angebotskurve (Anstieg des Preisniveaus
bei gleicher Erzeugnismenge bzw. Minderung der Angebotsmenge bei hohem Preisniveau) zur **angebotsinduzierten Inflation** führen.

Besteht die Ursache von Inflation oder Deflation in einer Änderung des Geldvolumens
gegenüber der verfügbaren Gütermenge, dann spricht man von **monetär induzierter
Inflation** bzw. **Deflation.** In diesem Fall ist es Aufgabe der Bundesbank, das Preisniveau mit Hilfe der Währungspolitik zu stabilisieren.

Infolge der Interdependenz aller Geld- und Güterströme kann die unbedingte Preisniveaustabilisierung die Beschäftigung und die Wirtschaftsleistung hemmen.

2.6 Wirtschaftssysteme

2.6.1 Idealtypen und Realtypen

Man unterscheidet zwei **Idealtypen** von Wirtschaftssystemen: die **Verkehrswirtschaft,**
die im allgemeinen Sprachgebrauch „Marktwirtschaft" genannt wird, und die **Zentralverwaltungswirtschaft,** volkstümlich „Planwirtschaft" genannt. Geplant wird zwar
auch in der Marktwirtschaft, aber selbständig von jedem Betrieb. In der Marktwirtschaft gibt es keine Zentrale für die Wirtschaftsplanung einzelner Unternehmungen.

Die **Verkehrswirtschaft** ist durch arbeitsteilige Produktion gekennzeichnet, deren
Güteraustausch über Märkte mit Hilfe des Geldes erfolgt. Der Gütertausch wird in
zwei selbständige Tauschakte zerlegt: Gut A wird gegen Geld und Geld gegen Gut B
getauscht. Ein Markt ist jedes Zusammentreffen von Angebot und Nachfrage, nicht nur
ein bestimmter Ort, wie ein Wochenmarkt oder ähnliches.

Bei dem Idealtyp der Verkehrswirtschaft werden alle Pläne für Gütererzeugung und
Konsum von den einzelnen Teilnehmern am Wirtschaftsprozeß (den einzelnen Haushalten und Unternehmungen) gemacht. Jedes dieser Wirtschaftssubjekte macht sich
seinen eigenen Wirtschaftsplan. Es besteht individuelle Freiheit der Arbeitsplatz- und
Konsumwahl und individuelle Entscheidungsfreiheit im Produktionsbereich bezüglich
des Produktionsprogramms und des Produktionsverfahrens. Die Produktionsgüter sind
Privateigentum der Wirtschaftssubjekte.

Die **Preise bilden sich im Wettbewerb am Markt,** wo **Angebotswettbewerb** und
Nachfragewettbewerb zusammentreffen. Der Marktmechanismus bringt die Einzel-
pläne der Wirtschaftenden durch den Wettbewerb von Angebot und Nachfrage beim
Marktpreis zur Abstimmung.

Das Zusammenwirken von Märkten, Wettbewerb und Preisen ergibt einen **Lenkungs-
mechanismus** für die Produktionsfaktoren und Güter, der eine nicht funktionierende
und zudem teure Lenkungsbürokratie überflüssig macht.

Die dargelegte Funktion des **Idealtyps** setzt Bedingungen voraus, die real nicht in der
Reinheit zu erwarten sind, wie sie das Denkmodell unterstellt. Zwei wichtige Bedingungen als Voraussetzung für das Funktionieren des Denkmodells sind:

- eine atomistische Marktstruktur (d.h. minimale Marktanteile der einzelnen Nachfrager und minimale Marktanteile der einzelnen Anbieter);
- eine vollständige Markttransparenz (d.h. jeder Nachfrager kennt jedes Angebot,
  jeder Anbieter kennt jede Nachfrage).

Wenn diese (und einige weitere) Bedingungen erfüllt sind, dann lenkt am Markt der
Preis die Nachfrage zum wirtschaftlich günstigsten Angebot. Da umgekehrt der An-

bieter den höchsten Preis nimmt, zu dem er seine Produkte gerade noch verkaufen kann, wird durch den Eigennutz der Wettbewerber der Preis die Güter an den Ort des höchsten Preisgebots lenken bzw. die Aktivierung von billigeren Konkurrenten bewirken und so die Produktionsfaktoren zur günstigsten Bedürfnisbefriedigung führen.

Der Preis, bei dem Anbieter und Nachfrager den Tausch Ware gegen Geld vornehmen (Marktpreis), bildet sich im Schnittpunkt der Angebots- und der Nachfragekurve.

Diesem Idealtyp steht der Idealtyp der **Zentralverwaltungswirtschaft** gegenüber.

Hier werden **Produktion und Konsum zentral geplant.** Die erforderlichen Kapitalgüter (Maschinen, Werkzeuge, Werkstoffe usw.) werden den Betrieben zugeteilt (Kontingente), die Konsumgüter den Konsumenten (z.B. durch Lebensmittelkarten, Kohlenkarten, Punktekarten für Textilien, Bezugscheine). Die Produktionsgüter sind Staatseigentum.

Märkte mit Angebots- oder Nachfragewettbewerb sind verboten. Sie würden das Zuteilungssystem stören. Preise werden zentral festgesetzt und haben keine ökonomische Lenkungsfunktion. Dafür können Kollektivbedürfnisse nach rein politischer Entscheidung befriedigt werden. Wirtschaftliche Fehlsteuerungen werden mangels einer an Wirtschaftlichkeit orientierten Kontrollautomatik in Kauf genommen.

Dem Ziel der **Gerechtigkeit der Güterverteilung** wird Vorrang vor dem Ziel der Wirtschaftlichkeit eingeräumt, um „Klassenunterschiede" zu vermeiden. Die **Gleichmäßigkeit** der Güterverteilung läßt sich bei zentral geplanter Güterzuteilung am ehesten erreichen, jedoch um den Preis der Nivellierung auf dem niedrigsten, für alle erreichbaren Niveau.

Idealtypen ▶ Kriterien ▼	Verkehrswirtschaft	Zentralverwaltungs-wirtschaft
Eigentum	privat (Privatkapitalismus)	staatlich (Staatskapitalismus)
Planung von Produktion und Konsum	Einzelpläne der Wirtschaftssubjekte	Einheitliche Gesamtplanung
Preise	bilden sich am Markt durch Angebot und Nachfrage	werden zentral festgesetzt

Abb. 5: Wesentliche Unterschiede der Idealtypen Verkehrs- und Zentralverwaltungswirtschaft

Die **Idealtypen** sind Denkmodelle, die es in der Wirklichkeit nicht gibt. Es entwickelten sich jedoch in der Praxis zwischen diesen beiden reinen Typen sehr unterschiedliche Wirtschaftsordnungen als Zwischenstufen oder Mischformen. Sie werden als **Realtypen** bezeichnet.

Die **politischen Bedingungen** können für das Wirtschaftssystem von ausschlaggebender Bedeutung sein. Schon allein die Abschaffung des Privateigentums zur Durchsetzung der Zentralverwaltungswirtschaft setzt die Diktatur des Staates voraus **(Befehlswirtschaft)**. Eine Marktwirtschaft kann dagegen nur existieren, wenn die drei in der Übersicht genannten Systemgrundlagen politisch unberührt bleiben.

Bezüglich der freien Marktwirtschaft zeigte sich, daß das vor 200 Jahren in Frankreich erprobte „Laissez faire, laissez aller" – das Machen-lassen, Laufen-lassen, ohne ordnenden Eingriff des Staates **(Nachtwächterstaat)** – zu schwerwiegenden Ungleichheiten führt; zu wirtschaftlichen Vorteilen für die einen, die daraus schnell weiteren Nutzen ziehen können, und zu wirtschaftlichen Nachteilen bis zu sozialem Elend für die anderen.

Auf der anderen Seite hat sich gezeigt, daß auch die Zentralverwaltungswirtschaft in einer dem Idealtyp angenäherten Form keine optimale Lösung bringt.

Die zentrale Entscheidung über Produktion und Konsum nimmt dem Menschen die individuelle Freiheit. Eine solche Situation ist nur vorübergehend durchzuhalten und nur dann, wenn genügend Menschen Zweck und Ziel dieser Zwangssituation akzeptieren.

Planungsprobleme ergeben sich aus der Vielzahl unterschiedlicher Produkte. Je nach dem Feinheitsgrad der Planung muß man u.U. eine Million verschiedener Güter in die Planung einbeziehen.

Eine integrierte Planung, die auf den Konsumenten ausgerichtet ist, muß bei der **Bedarfsplanung** ansetzen. Ihr steht das vorhandene volkswirtschaftliche Leistungsvermögen gegenüber, innerhalb dessen, ausgehend von der Arten- und Mengenplanung der Produkte, die Detailplanung bezüglich der Arbeitskräfte, der Betriebsmittel und Werkstoffe, der Finanzmittel, der Lager- und Transportwirtschaft usw. erfolgen muß.

Die günstigste Beschaffung der Produktionsfaktoren und eine Minimalkostenkombination bei allen Produktionsprozessen muß dabei vernachlässigt werden, zumal dies nicht nur auf einen Zeitpunkt bezogen (statisch), sondern dynamisch nötig wäre, um jeden Monat, jede Woche, jeden Tag die Minimalkostenkombination der Produktionsfaktoren zu erreichen.

Eine solche Planung der gesamten Volkswirtschaft überfordert jede Zentralverwaltung. Das ist nicht nur eine Frage der Planungskapazität, die sich eventuell mit moderner elektronischer Datenverarbeitung erreichen ließe, sondern eine Frage des ständigen Bedürfniswandels in Verbindung mit der technischen Entwicklung. Es ist unmöglich, die unvorhersehbare technische Entwicklung und den Wandel der Bedürfnisse vorherzusehen. Eine Minimalkostenkombination der Produktionsfaktoren ist zudem schon ausgeschlossen, weil es keine freien Preise als Orientierungsmittel gibt.

Unwirtschaftlichkeit ist daher Wesensbestandteil jeder Zentralverwaltungswirtschaft.

Die Größe des in einen Plan gebundenen Gesamtsystems und die gegenseitige Abhängigkeit aller geplanten Einzeldaten macht das System fehlerhaft und schwerfälliger als ein System, dessen einzelne Wirtschaftseinheiten (Haushalte und Unternehmen) selbständig entscheiden und sich veränderten Konsumwünschen und technischen Möglichkeiten in der Regel schnell anpassen können. Bedenkt man, daß infolge der technischen Starrheit spezialisierter Produktionsanlagen selbst in einer Marktwirtschaft manche Betriebe dem durch schnelle technische Entwicklung oder Nachfrageänderung bedingten Wandel nicht folgen können und ausscheiden müssen, dann wird offenkundig, daß jede zusätzliche bürokratische Einflußnahme die wirtschaftliche Anpassungsfähigkeit an unvorhergesehene Veränderungen noch mehr mindert. Die Unwirtschaftlichkeit der vom Steuerzahler gestützen Betriebe kann nicht gemessen werden. Sie geht unbemerkt zu Lasten aller Konsumenten.

Die jährliche **Offenlegung eines Jahresabschlusses** mit
1. einer Gewinn- und Verlustrechnung,
2. einer Bilanz über das eingesetzte Eigen- und Fremdkapital und die dafür erwirtschafteten Bestände an Kapitalgütern,

wie sie in der Marktwirtschaft der Bundesrepublik für große Unternehmungen vorgeschrieben ist, gibt es in Zentralverwaltungswirtschaften nicht.

Die grundsätzlichen Mängel des bürokratischen Planungssystems lassen sich teilweise und vorübergehend durch Dezentralisierung und gröbere Planungsformen minimal abschwächen, aber nicht beheben.

Versuche, die Verwaltungswirtschaft durch marktwirtschaftliche Elemente wirtschaftlicher zu machen, hatte bereits Lenin unternommen. In neuerer Zeit versuchten es Jugoslawien und Ungarn. Man kann „real" eine ganze Reihe von Varianten einer abgeschwächten Zentralverwaltungswirtschaft gegenüber dem Idealtyp zentraler Produktions- und Konsumplanung unterscheiden:

- Zentrale Produktionsplanung; freie Konsumplanung,
- Freie Arbeitsplatzwahl,
- Dezentralisierung der staatlichen Produktionsplanung,
- Staatliche Produktionssollvorgabe nur nach Produktgruppen,
- Staatliche Produktionssollvorgaben nur nach Branchen,
- Betriebliche Investitionsfreiheiten („Marktsozialismus").

Keine dieser Möglichkeiten hat wirtschaftlich befriedigende Ergebnisse gebracht. Nicht nur, daß im Endergebnis kein nennenswerter Wohlstandszuwachs eintrat; die Verfügbarkeit von Gütern reduzierte sich für den Durchschnittsbürger immer mehr auf Güter kurzfristigen Bedarfs. Güter längerfristigen Bedarfs − sieht man von Prestigeobjekten ab − wurden immer knapper. Geld war da, aber keine erstrebenswerten Güter. Statt Mehrwerte zu schaffen, hat die sozialistische Wirtschaft umgekehrt übernommene Substanz verbraucht. Wo längerlebige Güter existierten, wurden Arbeitskräfte sogar von deren Instandhaltung abgezogen, weil die unproduktive Organisation und Ausstattung der Wirtschaft zu wenig arbeitsparende Kapitalgüter hervorbrachte, so daß jede Hand gebraucht wurde. Und selbst diese Hände griffen oft ins Leere, weil es an Materialnachschub fehlte.

Die Frage der bestmöglichen Wirtschaftslenkung ist ein **Optimierungsproblem,** da nicht nur wirtschaftliche, sondern auch soziale Wünsche berührt werden und sich nicht alle Wünsche zugleich erfüllen lassen.

In den marktwirtschaftlich orientierten Ländern wird versucht, die Mängel der ursprünglichen, freien Marktwirtschaft − Konzentration wirtschaftlicher Macht mit Einschränkung des Wettbewerbs und soziale Mängel der Einkommensverteilung − durch die Bekämpfung einer wettbewerbshemmenden Konzentration und durch eine soziale Gesetzgebung zu beheben.

2.6.2 Soziale Marktwirtschaft

Die Frage ist heute nicht mehr, ob der Staat regelnd in die Wirtschaft eingreifen soll, sondern wie. Wie erreicht man es, daß eine möglichst effiziente Volkswirtschaft entsteht, die Wohlstand schafft, und daß die Verteilung des Wohlstands als gerecht empfunden wird?

Auf der Skala realer Wirtschaftssysteme zwischen wirtschaftspolitischer Gesetzlosigkeit (Freie Marktwirtschaft) bis zu zentraler staatlicher Wirtschaftsführung (Befehlswirtschaft) befindet sich die Soziale Marktwirtschaft der Bundesrepublik Deutschland etwa im Mittelfeld marktwirtschaftlicher Ordnungen.

Die Wirtschaftsordnung der Bundesrepublik hat folgende Grundlagen:
- **Eigentum** und **Erbrecht** werden gewährleistet (Grundgesetz, Artikel 14),
- Gesetze regeln **Marktordnungen,** die den Wettbewerb als Lenkungsinstrument der Wirtschaft gewährleisten sollen (Gesetz gegen Wettbewerbsbeschränkungen, vom 1. 1. 1958),
- ein funktionsfähiges, gesundes **Geldwesen** wird gesichert (Bundesbank-Gesetz vom 26. 7. 1957),
- der **Staat hat die Aufgaben in Nichtwettbewerbsbereichen** zu übernehmen, die volkswirtschaftlich produktiv, aber nicht rentabel sind (z.B. Bundesbahn). Er muß Kollektivbedürfnisse durch „öffentliche Güter" befriedigen (Verwaltungsleistungen, Straßen, Krankenhäuser, Schulen usw.),
- eine **Einkommensumverteilung** erfolgt, wo die Verteilung des Volkseinkommens als sozial ungerecht empfunden wird (Redistributionspolitik),
- eine **Globalsteuerung** der Wirtschaft wird durch die Steuerpolitik, durch die Erhöhung oder Minderung der Staatsausgaben (Ausgabenpolitik) und durch Konjunkturausgleichsrücklagen vorgenommen, um Konjunkturschwankungen der Wirtschaft entgegenzuwirken (Stabilitätsgesetz vom 8. 6. 1967).

Als ein Mittel der **Redistributionspolitik** wird das Steuerrecht eingesetzt. Die progressiv gestaffelte Einkommensteuer schöpft große Einkommen prozentual stärker ab als kleine. Steuererleichterungen (z.B. zum Investitionsanreiz) und Subventionen an zeitweilig gefährdete oder aufzubauende Branchen ergänzen die Umverteilungspolitik. Andererseits werden Sozialeinkommen an Rentner und sozial Schwache gezahlt (Renten, Sozialhilfe, Wohngeld, BaFög-Zahlungen u.a.).

Das **Stabilitätsgesetz** (Gesetz zur Förderung der Stabilität und des Wachstums der Wirtschaft) vom 8.6.1967 bildet eine eigene Säule der Sozialen Marktwirtschaft. Es sieht eine **Globalsteuerung** der Wirtschaft durch den Staat vor. Nachteile der freien Marktwirtschaft sollen vermieden (oder gemildert) werden, ohne den Wettbewerb und die freie Entfaltung des einzelnen zu hemmen.

Die **vier Ziele des Stabilitätsgesetzes**
- Vollbeschäftigung,
- Stabilität des Preisniveaus und
- Zahlungsbilanzausgleich mit dem Ausland
- bei stetigem, angemessenem Wirtschaftswachstum,

wurden als „magisches Viereck" bezeichnet, weil es unmöglich ist, sie gleichzeitig zu erreichen (konkurrierende Ziele).

Als Mittel zur **stabilisierenden Lenkung** wurden
– Kreditaufnahmebegrenzungen für den Staat,
– Konjunkturausgleichrücklagen im Staatshaushalt,
– mittelfristige Finanzplanung (5 Jahre voraus) für den Bundeshaushalt und
– die Aufstellung von Orientierungsdaten (für Wirtschaft und Tarifpartner)
vorgeschrieben.

Als besonders wirksame Instrumente der Stabilisierungspolitik haben sich **steuerliche Maßnahmen** (Abschreibungsregelungen, Steuertarife, Subventionen) und die Ausgabenpolitik der Behörden (bei Hochkunjunktur Nichtvergabe öffentlicher Aufträge und Einstellung der Mittel in die Konjunkturausgleichsrücklage bzw. in einer Wirtschaftsflaute verstärkte Auftragsvergabe zur Ankurbelung der Wirtschaft) erwiesen.

Das Lenkungsinstrumentarium der Sozialen Marktwirtschaft wird durch das **Wirtschaftsaufsichts- und Wirtschaftsförderungsrecht** ergänzt. Zu nennen sind z.B.
– die Bankenaufsicht,
– die Versicherungsaufsicht,
– die Energieaufsicht,
– die Branchenförderung durch Subventionen und durch Preisstützung (mit Überschußaufkäufen),
– die regionale Förderung (in Randgebieten, Finanzausgleich der Länder u.a.) und
– die Vergabe von Forschungsmitteln für förderungswürdige Technik.

An den Ordnungsrahmen der Wirtschaftsgesetze schließen die Gesetze an, die das „soziale Netz" bilden. Beide Gesetzesbereiche ergänzen sich. Hierher gehören das Arbeitsrecht und das Sozialrecht.

Das **Arbeitsrecht** bezieht sich auf die Beschäftigungsverhältnisse der abhängig Tätigen mit Ausnahme der Beamten, Richter und Soldaten. Es umfaßt das Vertragsrecht (Einzelvertragsrecht, Tarifvertragsrecht) und das besondere Schutzrecht (Kündigungsschutzgesetz, Arbeitsschutzrecht u. ä.).

Zum **Sozialrecht** gehören das Sozialversicherungsrecht (Kranken-, Unfall-, Renten-, Arbeitslosenversicherung) und verschiedene Gesetze (Mieterschutzgesetz, Abzahlungsgesetz) zum Schutz des wirtschaftlich Schwächeren.

Zusammenfassend kann man sagen, daß die Soziale Marktwirtschaft
– den marktwirtschaftlichen Wettbewerbsmechanismus zur Aussonderung leistungsschwacher Betriebe und zur Erreichung eines vielfältigen und preisgünstigen Güterangebots gewährleisten,
– dabei durch Globalsteuerung den Wirtschaftsprozeß stabilisieren und
– der Not derjenigen, die durch Strukturwandel oder persönliches Schicksal betroffen sind, durch soziale Gesetze abhelfen soll.

3 Unternehmensführung

3.1 Zielsetzungen

3.1.1 Die Vielfalt der Ziele

In der Regel ergibt sich die Zielsetzung aus dem Gründungszweck einer Unternehmung.

Betriebe, die gemeinnützige Aufgaben erfüllen sollen, also Betriebe, die im Nichtwettbewerbsbereich arbeiten und Kollektivbedürfnissen dienen, werden als sogenannte **Öffentliche Betriebe** von Behörden geführt. Das können z.B. Gas-, Wasser-, Stromversorgungs-, Müllabfuhrbetriebe u.ä. sein. Sie sollen ihre Aufgaben nicht erwerbswirtschaftlich, d.h. mit Gewinnerzielungsabsicht, aber dennoch wirtschaftlich und kostendeckend wahrnehmen. Ihre Leistungen werden in der Regel durch Entrichtung von Gebühren von den Nutzern bezahlt, wenn es sich nicht sogar um Leistungen für die Allgemeinheit handelt, die aus Steuermitteln bestritten werden, wie z.B. die Straßenbeleuchtung.

Private Unternehmungen werden in der Regel aus erwerbswirtschaftlichen Gründen betrieben. Zumeist steht deshalb bei ihnen das **Gewinnstreben** im Vordergrund.

Kann man nun, um möglichst hohen Gewinn zu erzielen, möglichst hohe Preise nehmen?

Natürlich nicht. Die Kunden werden bei hohen Preisen sofort nach billigeren Konkurrenten Ausschau halten und die gleiche Ware dort kaufen, wo der Preis niedriger ist. Oder sie weichen auf ein anderes Gut aus, das ihnen bei einem zu hohen Preis für das ursprünglich gewünschte nun erstrebenswerter erscheint.

Aber noch ein anderer Grund spricht gegen zu hohe Preisforderungen. Man ruft damit Konkurrenten auf den Markt, die erkennen, daß sie kostengünstiger fertigen und preisgünstiger anbieten können.

Deshalb gilt im **Absatzbereich** einer auf Dauer angelegten Unternehmung der **Grundsatz**: „Die Menge muß es bringen." Das besagt, daß man lieber mit einem etwas geringeren Gewinn je umgesetzter Produkteinheit zufrieden sein, dafür aber einen großen Kundenkreis mit einer großen Absatzmenge bedienen soll. Auch dieser Grundsatz geht von der Erkenntnis aus, daß man anderenfalls den Markt an billigere Konkurrenten verliert.

Die Überzeugung, daß man in der Marktwirtschaft unter Ausnutzung seiner Marktstärke den Geschäftspartner übervorteilen muß, zeigt eine Fehleinschätzung marktwirtschaftlicher Möglichkeiten, denn **Marktmacht** kann man nur dort zum Übervorteilen ausnutzen, wo **kein Wettbewerb** herrscht. Mit einer auf Dauer angelegten Unternehmung wird ein Unternehmer im Wettbewerb am ehesten Erfolg haben, wenn es ihm gelingt, **dem Kunden Vorteile zu verkaufen.** Anderenfalls wird er seine Kunden verlieren.

Wenn die Kunden erkennen, daß sie für ihre Mark mehr bekommen als erwartet, wird die Unternehmung florieren.

Mit einer auf Dauer angelegten Unternehmung wird man deshalb Gewinnmaximierung nur als langfristiges Ziel, nicht aber als kurzfristiges Ziel der Jahresplanung anstreben. Die Gewinnplanung für ein Geschäftsjahr ist auf einen „angemessenen Gewinn" gerichtet. Allerdings sollte zumindest über die landesübliche Verzinsung hinaus eine branchengemäße Risikoprämie für das eingesetzte Kapital angestrebt werden.

Es gibt eine Reihe von Zielen, die dem Ziel einer angemessenen Gewinnerzielung vorausgehen können, um zuvor eine gesunde Unternehmensbasis zu schaffen. Beispiele sind:

- Umsatzstabilisierung oder -steigerung,
- Erhaltung oder Erhöhung des Marktanteils,
- Wachstumssicherung,
- Liquiditätssicherung,
- Existenzsicherung,
- Kapazitätsausnutzung,
- Vollbeschäftigung oder
- Substanzerhaltung.

Ferner gibt es Ziele, die sich nicht rechnerisch begründen lassen und weitgehend durch Charakter und Wesen des Unternehmers bestimmt werden, wie z. B.:

- Prestigestreben,
- Machtstreben,
- Expansionsstreben,
- Unabhängigkeitsstreben,
- Qualitätsstreben oder
- ethische und soziale Grundsätze.

Die rechnerisch erfaßbaren Ziele müssen erläutert werden:

Umsatzstabilisierung bedeutet, daß man seine Verkaufszahlen möglichst gleichmäßig erhalten will, z. B. um mit einem kleinen Fertigfabrikatelager bei gleichmäßiger Kapazitätsausnutzung auszukommen.

Eine **Umsatzsteigerung** kann zur Gewinnerhöhung oder wegen unzureichender Kapazitätsausnutzung oder wegen zu hoher Lagerbestände angestrebt werden.

Die Erhaltung oder Erhöhung des **Marktanteils** bezieht sich auf den prozentualen Anteil am Umsatz der gesamten Branche für das betreffende Produkt, der Produktgruppe oder des Umsatzanteils der Unternehmung am Branchenumsatz.

Zur **Wachstumssicherung** kann man eine Rücklage aus nichtausgeschütteten Gewinnen bilden. Sie wird in der Bilanz ausgewiesen, um dieses Kapital zweckgebunden zu reservieren und es vor einer Ausschüttung als Gewinn zu bewahren. Auch die Absicht, statt quantitativen (mengenmäßigen) Wachstums qualitatives, durch höherwertige Produkte gekennzeichnetes Wachstum anzustreben, erfordert Kapital für Forschung und Entwicklung.

Liquiditätssicherung ist ein Ziel, das in guten Zeiten der Unternehmung nur dem Finanzchef bewußt ist. In schlechten Zeiten bekommt es Vorrang vor allen anderen Zielen. Liquide sein heißt flüssig, zahlungsfähig sein. Eine Unternehmung, die nicht zahlungsfähig ist, wird nicht mehr beliefert, Kredite werden abgezogen, das Unternehmen ist am Ende.

Zur **Existenzsicherung** gehören Maßnahmen, die je nach dem Einzelfall festgelegt werden müssen. Es können vielfältige Maßnahmen vertraglicher Absicherung, technischer oder wirtschaftlicher Vorsorge sein.

Kapazitätsausnutzung bedeutet, daß die technisch mögliche Auslastung des Produktionsapparates in wirtschaftlich günstigem Maß anzustreben ist. Eine zu hohe Kapazitätsausnutzung bringt übermäßigen Verschleiß und andere überproportional zur Ausnutzung zunehmende Kosten. Andererseits aber ist nichts teurer als ungenutzte Kapazität. Sie muß fortlaufend bezahlt werden, ohne Gegenleistung.

Als **Vollbeschäftigung** einer Unternehmung wird ein Beschäftigungsstand bezeichnet, bei dem die Ausbringungsleistung nicht mehr dauerhaft gesteigert werden kann, ohne die Kapazität zu erhöhen.

Substanzerhaltung ist ein besonders bei Preissteigerungen betriebswirtschaftlich schwerwiegendes Problem. Die in Produktionsbetrieben ständig durch Verkauf und Wiederbeschaffung „gewälzten" Bestände werden, auch wenn ihre Menge nicht größer wird, in Zeiten steigender Preise mit ständig höheren Werten ausgewiesen. Rechnerisch entstehen Gewinne, die besteuert oder ausgeschüttet werden, was häufig durch Substanzverkauf finanziert werden muß.

Auf die durch das Wesen des Unternehmers bestimmten Zielsetzungen soll nicht näher eingegangen werden. Es liegt auf der Hand, daß alle Ziele nur wirtschaftlich abgesichert realisierbar sind.

3.1.2 Zielkonkurrenz

Die Rangfolge der Ziele (**Zielhierarchie**) als Grundlage für das Handeln im Betrieb ist erheblich von innenbetrieblichen und außerbetrieblichen Bedingungen (Konkurrenz, Umwelterfordernisse, Preisentwicklung für Geldmittel, Werkstoffe, Löhne, Produkte u. a.) abhängig. Besonders die Vielzahl von äußeren Gegebenheiten, von Daten, die die Unternehmung beachten muß, die sie umgeben und die man als „Datenkranz" bezeichnet, unterliegt ständigen Veränderungen.

Die Veränderungen, die im Zeitablauf eintreten, machen eine dauerhafte Festlegung einer Zielhierarchie gänzlich unmöglich. Je nach den Änderungen des Datenkranzes sind Zielkorrekturen erforderlich.

Zu unterscheiden sind:
– konkurrierende Ziele, sie schließen sich gegenseitig aus;
– komplementäre Ziele, sie ergänzen sich;
– indifferente Ziele, sie beeinflussen sich nicht.

Ein Beispiel für **konkurrierende Ziele**: Ein verfügbarer Geldbetrag kann **entweder** für einen Lieferwagen **oder** für eine Sortiermaschine ausgegeben werden. Beide werden benötigt.

Eine Reihe von Erwägungen sind anzustellen, für welches Ziel man sich entscheidet. Eine **Investitionsrechnung** bietet einen zahlenmäßigen Vergleich, bei welcher Entscheidung das bessere Jahresergebnis zu erwarten ist. Eine solche Rechnung dient aber immer nur der **Entscheidungsvorbereitung**. Vielleicht ist dem Unternehmer im vorliegenden Fall Kundenpflege durch Selbstbelieferung wichtiger als ein unmittelbar etwas besseres Jahresergebnis durch die zeitsparende Sortiermaschine.

Ein Beispiel für **komplementäre Ziele**: Bei nicht ausgenutzter Produktionskapazität ergänzen sich die beiden Ziele Produktionssteigerung und Gewinnerhöhung. Das eine ist ohne das andere nicht erreichbar.

Ein Beispiel für **indifferente Ziele**: Ein Produkt, dessen Herstellung eine Woche Zeit benötigt, soll in einem Monat fertig sein. In diesem Monat soll eine Woche Betriebsurlaub gemacht werden. Jedes der Ziele ist ungeachtet des anderen erreichbar.

Schwierigkeiten können sich demnach nur bei Entscheidungen über konkurrierende Ziele ergeben. Zumeist wird man der rechnerisch günstigeren Lösung den Vorzug geben.

Um eine Unternehmung nicht im Zick-Zack-Kurs nach zufälligem Gutdünken zu steuern, ist es sinnvoll, die „**Unternehmensphilosophie**", der man folgen will, in Grundsätze zu fassen und diese auch den Mitarbeitern deutlich zu machen. Besonders wichtig ist dies bei Personengesellschaften, damit die Geschäftsführer und dann auch die Mitarbeiter nicht gegensätzlichen Zielen folgen. Die Unternehmung muß im Innern und nach außen ein Erscheinungsbild mit einer einheitlichen Unternehmenspolitik bieten. Ein Beispiel: Bei der Gründung einer Personengesellschaft sollten die kurz-, mittel- und langfristigen Ziele mit Zeit- und Inhaltsangaben schriftlich festgehalten und von den Beteiligten nach gründlicher Erörterung unterschrieben werden. Allzu leicht schwebt dem einen Gesellschafter vor, zunächst einige Jahre unter Verzicht auf höheren Lebensstandard die Unternehmung aufzubauen, während der andere Gesellschafter Luxusautos und Reisen Vorrang einräumt und deshalb auf schnelle Gewinnentnahmen aus ist. Grundsätzliche Unterschiede in der Zielsetzung sollten Anlaß geben, kein gemeinsames Unternehmen zu betreiben.

3.1.3 Das Ökonomische Prinzip und seine Grenzen

Wirtschaften ist zielbewußtes Handeln zur Befriedigung wirtschaftlicher Bedürfnisse mit knappen Mitteln.

Da es unmöglich ist, die zur Bedürfnisbefriedigung nötigen Güter in beliebiger Menge kostenlos verfügbar, also zu freien Gütern zu machen, kann wirtschaftliches Handeln nur darauf abzielen, die Güterknappheit nach Kräften zu mindern.

Um diesem Ziel möglichst nahe zu kommen, muß der Unternehmer einerseits mit den vorhandenen Mitteln das mögliche Maximum an Gütern erzeugen; andererseits, um ein bestimmtes Gut zu erzeugen, dies mit einem Minimum an Aufwand bewerkstelligen. Im ersten Fall wird das sog. **Maximalprinzip,** im zweiten Fall das sog. **Minimalprinzip** angewendet.

Maximalprinzip und Minimalprinzip sind die beiden Varianten des **Wirtschaftlichkeitsprinzips,** das auch **ökonomisches Prinzip** genannt wird.

Die Begrenztheit der eigenen Kraft und der verfügbaren Mittel bringen den Menschen als vernunftbegabtes Wesen dazu, beim Wirtschaften grundsätzlich das Wirtschaftlichkeitsprinzip anzuwenden. Durch unwirtschaftliches Handeln (Vergeudung) würde er seiner eigenen Zielsetzung entgegenwirken.

Deshalb ist das **ökonomische Prinzip** das **Grundprinzip des Wirtschaftens.** Jede Maßnahme, die man im Betrieb trifft, muß sich am ökonomischen Prinzip messen lassen.

Das bedeutet jedoch nicht, daß das ökonomische Prinzip uneingeschränkt angewendet werden kann. Mehrere Gründe zwingen zu Kompromissen:

1. Die Tatsache, daß ein Unternehmen eine technisch-ökonomisch-soziale Einheit darstellt.
   Die Güterproduktion geschieht allein im Dienste des Menschen. Der Betrieb soll aber auch den Beschäftigten als Erwerbsquelle dienen und ihnen nicht schaden. Wo der Mensch Schaden nehmen würde, ist die Grenze der technisch-ökonomischen „Zwänge" im Betrieb erreicht.
   Daß dies kein frommer Wunsch ist, ergibt sich aus der heute veränderten gesellschaftlichen Stellung des Arbeitnehmers, der zum Mitarbeiter geworden ist; zudem kann er sich auf gewerkschaftliche Hilfe stützen, wenn dies nötig ist.
   Eine praxisnahe Führungsphilosophie geht davon aus, daß der Unternehmer zunehmend auf sachkundige Mitarbeiter angewiesen ist. Fortschreitende Spezialisierung macht jeden auf seiner Ebene, in seiner Funktion zum maßgeblichen Fachmann. Um dem ökonomischen Prinzip im Betrieb bestmöglich zu genügen, muß die Menschen-

führung im Betrieb zu konstruktiver Mitarbeit motivieren. „Motivieren – nicht kommandieren" ist ein Grundsatz moderner Unternehmensführung.

Die Unternehmensführung muß deshalb
- Interesse der Mitarbeiter an der gemeinsamen Zielerreichung wecken,
- konfliktfreie Arbeit in der Gruppe, in der Werkstatt und im Betrieb herbeiführen und
- berechtigtes Vertrauen in die faire Verteilung von Lasten und Lohn schaffen.

2. Gegenüber dem Umfeld des Unternehmens bestehen soziale Verpflichtungen.
Sie haben verschiedene Gründe. Heute stehen die Umweltprobleme im Vordergrund. Bei der Schadensabwehr gewinnt das Verursachungsprinzip entscheidende Bedeutung. Es besagt, daß jeder für den von ihm verursachten Schaden aufkommen muß. Wird dieses Rechtsprinzip von einer Unternehmung nicht von selbst respektiert, so ist ihr Ansehen schnell verspielt. Ungeachtet gesetzlicher Vorschriften ist es die Aufgabe jeder Unternehmung, die durch ihre Tätigkeit entstehenden Abfälle zu vermeiden, sie zu verwertbaren Nebenprodukten zu machen oder sie unschädlich zu entsorgen.
Die sozialen Verpflichtungen gegenüber dem Umfeld schließen aber auch Informationen über die Tätigkeit, Aufgaben und Ziele der Unternehmung ein. Die Gestaltung in Form und Farbe von Anlagen, Zufahrtsstraßen und Gleisanlagen ergänzt das Bild der Unternehmung nach außen. Die **Imagepflege** durch **Public Relations** (Beziehungen zur Öffentlichkeit) kostet Geld, dient aber der sozialen Einbettung der Unternehmung in ihr Umfeld und dem sozialen Frieden.
Diese Maßnahmen dienen auf Dauer einer wirtschaftlich ungestörten Fertigung. Ob damit letztlich dem ökonomischen Prinzip entsprochen wird oder manchmal durch übertriebenen Aufwand vermeidbare Unwirtschaftlichkeiten entstehen, ist nicht immer rechnerisch nachprüfbar.

3. Es existieren gesetzliche Vorschriften und Verträge, die möglicherweise ein höchst ökonomisches Handeln nicht zulassen.
Gesetzliche Vorschriften ebenso wie tarifvertragliche Vereinbarungen mit den Gewerkschaften können die wirtschaftliche Seite einer Unternehmung durch Verpflichtungen beeinträchtigen, die weder dem ökonomischen Prinzip noch dem Verursachungsprinzip entsprechen. Mit solchen nichtökonomischen „Widrigkeiten" (z. B. Lohnfortzahlung durch den Betrieb im Krankheitsfall des Arbeitnehmers, wenn die Krankheit nicht betriebsbedingt ist, oder betriebliche Zahlungen an werdende Mütter) muß der Unternehmer fertig werden; er kann es ohne wirtschaftliche Benachteiligung nur, wenn alle Konkurrenzbetriebe gleiche Lasten tragen. Angesichts weltweiten Wettbewerbs liegt in einem hohen Sozialleistungsgrad der Betriebe eine wirtschaftliche Benachteiligung der Wirtschaft, die nur durch die bei uns hochentwickelte Produktivität tragbar ist.
Das **Betriebsverfassungsgesetz** vom 11. 10. 1952 (neueste Fassung vom 23. 12. 1988) hat das Recht der Arbeitnehmer verankert, in Betrieben mit fünf oder mehr Arbeitnehmern einen Betriebsrat zu wählen, dessen Mitgliederzahl sich nach der Anzahl der Beschäftigten richtet. Dieser hat ein auf die wirtschaftlichen und sozialen Belange der Arbeitnehmer gerichtetes **Informations-, Mitwirkungs- und Mitbestimmungsrecht.** Hierdurch wurde endgültig eine Einrichtung vorgesehen, die im Betrieb ein Gegengewicht zur Entscheidungs- und Anordnungsbefugnis der Unternehmensleitung bilden kann. Damit wird vor Ort ein Ausgleich zwischen den vor-

rangig ökonomischen Zielen der Unternehmensleitung und den vorrangig sozialen Zielen der Arbeitnehmer möglich.

Aufgabe des Betriebsrates ist es, die Belange der Arbeitnehmer gegenüber der Betriebsleitung zu vertreten und die Einhaltung der Gesetze zum Schutz der Arbeitnehmer wie auch der tarifvertraglichen Vereinbarungen zu überwachen. Er hat z. B. über Beginn und Ende der Arbeitszeit, über Urlaubspläne und über die Berufsausbildung im Betrieb mitzubestimmen. Er muß vor Einstellungen, vor Umsetzungen und vor Entlassungen gehört werden. Mindestens vierteljährlich muß er eine Betriebsversammlung einberufen und über seine Tätigkeit berichten. Betriebsratsmitglieder genießen einen besonderen Kündigungsschutz.

Arbeitgeber und Betriebsrat sollen „zum Wohl der Arbeitnehmer und des Betriebs" zusammenarbeiten (§ 2 Abs. 1 BetrVerfG). Eine Unternehmung, die nicht wettbewerbsfähig ist, bietet weder Arbeitsplätze, noch trägt sie zum allgemeinen Wohlstand bei. Daraus folgt auch ein Interesse der Arbeitnehmer an der wettbewerbsfähigen Erhaltung der Unternehmung. Da zahlreiche Arbeitnehmer auch am Vermögen und am Gewinn der Unternehmungen beteiligt sind, von denen sie Aktien besitzen, haben sie nicht nur als Arbeitnehmer, sondern auch als Miteigentümer ein Interesse am wirtschaftlichen Erfolg dieser Unternehmungen. Der soziale Ausgleich im Betrieb muß notgedrungen im Rahmen der wirtschaftlichen Möglichkeiten erfolgen. Das ist ein ständiger Koordinationsprozeß. Erst wenn er nicht im Betrieb bewältigt werden kann, muß der Arbeitnehmer das „soziale Netz" in Anspruch nehmen. Nur die getrennte Lösung der Wirtschaftsaufgaben und der nichtbetrieblichen Sozialaufgaben ermöglicht Bestlösungen für beide Bereiche, im einen nach ökonomischen, im anderen nach sozialen Grundsätzen.

3.1.4 Die Minimalkostenkombination von Produktionsfaktoren

Die Leistungserstellung der Volkswirtschaft vollzieht sich in Betrieben.

In der **Betriebswirtschaftslehre** werden in Anlehnung an Gutenberg (1951) die **Produktionsfaktoren** aus praktischen Gründen etwas anders gruppiert und bezeichnet als in der Volkswirtschaftslehre: Die Faktoren Boden und Kapital werden zusammengefaßt, dann aber unterteilt in

− **Betriebsmittel** (Grundstücke, Gebäude, Anlagen, Maschinen und dergleichen) und
− **Werkstoffe** (Roh-, Hilfs- und Betriebsstoffe, andere Waren),
der Faktor Arbeit wird gegliedert in
− die **ausführende Arbeit** und
− die **dispositive Arbeit.**

Hier tritt also neben drei Elementarfaktoren, nämlich Betriebsmittel, Werkstoffe und ausführende Arbeit als vierter Faktor der sogenannte dispositive Faktor (dispositive Arbeit). Der dispositive Faktor umfaßt alle Leitungsaufgaben, wie Planung, Organisation und Kontrolle.

Es gibt Produktionsprozesse, bei denen naturwissenschaftlich oder technisch bedingt nur eine bestimmte Kombination von Produktionsfaktoren das Erzeugnis ergibt: z. B. bei vielen chemischen Verbindungen.

Es gibt aber auch Fertigungsprozesse, bei denen in gewissen Grenzen ein Produktionsfaktor durch einen anderen ersetzt (substituiert) werden kann; z. B. kann menschliche Arbeitsleistung durch den Einsatz von Betriebsmitteln (Maschinen, Roboter) substituiert werden oder umgekehrt.

Dann ist es sinnvoll, die Kombinationsmöglichkeiten der Produktionsfaktoren durchzurechnen, um für eine angestrebte Erzeugnismenge die **günstigste Faktorkombination** zu ermitteln. Allerdings sind die Mengenverhältnisse (Produktivität) nicht ausschlaggebend. Welcher Faktoreinsatz „günstiger" ist, hängt von seinen Kosten ab.

Man wird versuchen, jeweils den teureren der Produktionsfaktoren so weit durch den billigeren zu ersetzen, bis die Faktorkombination insgesamt die **Minimalkostenkombination** ergibt.

In der Praxis bedeutet dies, daß man für die verschiedenen in Betracht zu ziehenden Möglichkeiten Vorkalkulationen durchführen muß; d.h. man muß für die verschiedenen Produktionsverfahren die zur Erzeugung der gewünschten Leistungen erforderlichen Zeit- und Materialmengen auflisten, sie bewerten, andere damit verbundene allgemeine Kosten (Gemeinkosten) hinzurechnen und die Ergebnisse vergleichen.

Je nach der gestellten Aufgabe bzw. der herzustellenden Stückzahl kann z.B. der Faktor Arbeit (Lohn) billiger oder teurer sein als der Faktor Betriebsmittel (Maschinenkosten, Transportkosten, Lagerkosten oder anderes), bezogen auf die geplante Leistungsmenge.

Der volkswirtschaftliche Begriff Kapital, im Sinne aller in Betrieben befindlichen Güter, kommt in den folgenden (betriebswirtschaftlichen) Kapiteln nicht mehr vor. In der **Betriebswirtschaftslehre** werden mit dem Begriff **Kapital** größere, für Investitionszwecke verfügbare Geldmengen in Form von Eigenkapital und Fremdkapital (Kredite) bezeichnet.

Die hier zugrunde gelegte klassische Gliederung der Produktionsfaktoren – der volkswirtschaftlichen wie der betriebswirtschaftlichen – wird von einzelnen Wissenschaftlern nach eigener Einschätzung geändert oder erweitert. Das mag für einzelne Untersuchungen sinnvoll sein, bringt aber für das Grundlagenverständnis keinen großen Nutzen. Beispielsweise wird in neuerer Zeit häufig die Information als betriebswirtschaftlicher Produktionsfaktor genannt. Andere nennen weitere nicht quantifizierbare Faktoren, wie Geistkapital oder Erfahrung als Produktionsfaktoren. Inwieweit sich aus einer Differenzierung oder Ergänzung der Faktoren neue Erkenntnisse ergeben, muß jeweils geprüft werden. Information, um bei diesem Beispiel zu bleiben, war jedenfalls, seit gewirtschaftet wird, immer eine Grundlage ökonomischen Handelns. Sie ist selbstverständlich im dispositiven Faktor enthalten. Entsprechend lassen sich andere „neue" Produktionsfaktoren den bekannten zuordnen.

3.2 Gründungsplanung

Die Errichtung einer Unternehmung beginnt mit der Planung. Spätestens beim Planungsprozeß zeigt sich, welche Informationen fehlen und welche man noch einholen muß, um sich ein präzises Bild von den Gründungsvoraussetzungen zu machen.

Art, Zweck und Standort der Unternehmung sind zumeist gedanklich und durch die Lebensumstände in den Grundzügen vorgegeben. Dennoch müssen auch diese Faktoren in der Gründungsplanung nochmals durchdacht und praxisgerecht korrigiert werden.

Eine **Liste von Fragen** ergibt sich, die man vor der eigentlichen Planung klären muß:
– Welche Produkte fehlen preisgünstig am Markt?
– Welches Warensortiment sollte man führen?
– Welcher Standort ist aus Kosten- oder Absatzgründen günstig?

- Wieviel Kapital wird zur Finanzierung benötigt, bis ausreichende Erlöse für umgesetzte Leistungen fließen?
- Wieviel Eigenkapital ist vorhanden, wieviel Fremdkapital ist nötig?
- Wird man es beschaffen können und zu welchem Preis (Zinsen und Nebenkosten)?
- Soll man mit einem Partner zusammenarbeiten oder besser nicht?

Die Gründungsplanung ist in jeder Hinsicht einmalig. Hier kann nur der Hinweis gegeben werden, daß man mit seinem individuellen Vorhaben die kostenlose **Beratung durch die Kammer** in Anspruch nehmen sollte. Zuständig ist die Handwerkskammer, wenn man einen Handwerksbetrieb eröffnen will, und die Industrie- und Handelskammer, wenn man ein anderes Gewerbe betreiben möchte. Die Kammern sind Selbstverwaltungseinrichtungen der Wirtschaft. Apotheker und verschiedene freie Berufe haben ihre eigenen Kammern (Apothekerkammern, Anwaltskammern, Ärztekammern).

Die Planung muß sich in wiederholter wechselseitiger Abstimmung auf die Unternehmung und ihre Finanzierung beziehen.

Zur **Gründungsplanung** gehört eine lang- und mittelfristige Zielsetzung und eine kurzfristige, genaue Planung für das erste Geschäftsjahr oder für das erste Rumpfgeschäftsjahr und das Folgejahr.

Wenn über die Größenordnungen der lang- und mittelfristigen Zielsetzung Klarheit besteht, kommt man zur Grundlagenplanung.

Diese beginnt mit der **Organisationsplanung**, für die **Aufbauorganisation** und die **Ablauforganisation**.

Bei der **Aufbauorganisation** unterscheidet man
- das Funktionsgliederungsprinzip und
- das Objektgliederungsprinzip.

Beim **Funktionsgliederungsprinzip** geht man von den betrieblichen Funktionen aus. Die betrieblichen Kernfunktionen eines Produktionsbetriebes sind Beschaffung, Produktion und Absatz, unabdingbar ergänzt durch die Funktionen Leitung und Verwaltung. Bei einigen Betrieben kann die Funktion Forschung und Entwicklung hinzukommen. Die Funktionsbereiche entsprechen der funktionalen Arbeitsteilung von in Aufgabengruppen zusammengefaßten Verrichtungsarten.

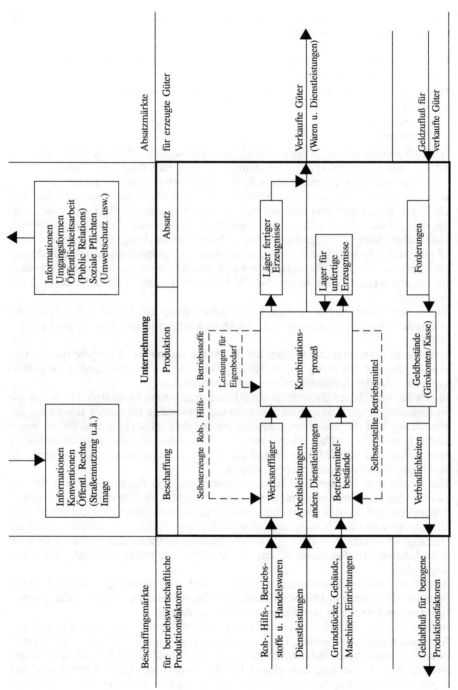

Abb. 6: Die Hauptfunktionen eines Produktionsbetriebes

49

Jede dieser Grundfunktionen kann funktional weiter untergliedert und spezialisierten Dienststellen zugewiesen werden, die Beschaffungsfunktion z.B.
- der Personalabteilung (Beschaffung von Personal),
- der Einkaufsabteilung (Beschaffung von Waren und Dienstleistungen) und
- der Finanzabteilung (Beschaffung von Kapital).

Die Einkaufsabteilung wiederum kann untergliedert werden in
- Bestellbüro,
- Preiskartei und
- Registratur.

Beim **Objektgliederungsprinzip** erfolgt die Arbeitsteilung nicht nach Verrichtungsarten, sondern innerhalb einer Verrichtungsart durch Aufteilung der Arbeitsfelder. So werden in einer Großunternehmung z.B. Werke nach Produkten, die sie herstellen, abgegrenzt: Bauelemente-Werk, Sender-Werk, Röhren-Werk, Haushaltsgeräte-Werk. Die Objektgliederung wird aber auch auf jeder anderen Ebene angewendet. So können z.B. im Bestellbüro die Sachbearbeiter inhaltlich verschiedene Gebiete bearbeiten: Gußteilebestellung – Federnbestellung – Normteilebestellung – Bürobedarf. Eine Objektgliederung liegt auch bei einer numerischen oder alphabetischen Aufgliederung eines Arbeitsfeldes vor. Ein Beispiel aus dem Absatzbereich ist die Kundenbetreuung für die Buchstaben A bis K und für die Buchstaben L bis Z durch je einen Sachbearbeiter.

Wegen der fallweisen Notwendigkeit, ein Arbeitsgebiet auf Grund seines Umfanges aufzuteilen, werden Funktions- und Objektgliederungsprinzip häufig gemischt angewendet.

Die **Organisationsplanung** beginnt mit der **Aufgabenanalyse.** Man geht von der Gesamtaufgabe aus und zerlegt sie in Teilaufgaben. Aus der anschließenden **Aufgabensynthese** folgt der Aufbau der Organisationsstruktur.

In den Rahmen dieser Struktur ist die **Ablauforganisation** einzufügen. Je besser sie vorausgeplant wird, desto genauer können die notwendige personelle Besetzung, die Einrichtung und die maschinelle Ausstattung für die Anlaufphase und für die angestrebte normale Geschäftstätigkeit ermittelt werden. Eine rationelle Ablauforganisation setzt voraus, daß möglichst zutreffend geplant wird, damit spätere Änderungen, die stets teuer sind, vermieden werden können.

Das schrittweise Einfügen der Ablauforganisation in die Funktionsbereiche der geplanten Organisationsstruktur muß von einem einheitlichen Grundkonzept der Belegorganisation und der Belegbearbeitung ausgehen. Es ist zu prüfen, wo und in welchem Umfang manuelle Bearbeitung unumgänglich und wo elektronische Datenverarbeitung angezeigt ist, welche Aufgaben – z.B. Konstruktionsaufgaben, Entwicklungsaufgaben oder Aufgaben des Rechnungswesens – Fremdfirmen übertragen werden sollen und dergleichen.

Ausgehend von der grundlegenden Struktur- und Ablaufplanung wird die **Finanzplanung** durchgeführt. Das verfügbare Eigenkapital und die Grenzen der Fremdfinanzierung bestimmen den Rahmen der Finanzplanung.

Aufbau-, Ablauf- und Finanzplanung müssen koordiniert, also durch wechselseitiges Anpassen abgestimmt werden. Dabei entsteht in der Regel das Problem, den Kapitalbedarf im vertretbaren Rahmen zu halten. Deshalb muß schon bei der Gründungsplanung bedacht werden, daß eigene Einrichtungen und eigene Arbeitsplätze mit Eigen- oder Fremdkapital vorfinanziert werden müssen, das dann für einige Jahre gebunden ist. Dem kann eine Aufgabenübertragung auf spezialisierte Fremdfirmen teilweise abhelfen. Bei der Aufgabenübertragung werden Geldmittel nur in kleinen Teilbeträgen und erst in der Periode fällig, in der die Leistung erbracht wird. Inwieweit man auf diese Weise Spielraum für die Koordinierung der Gründungsplanung gewinnen kann, muß im Einzelfall geprüft werden.

3.3 Organisation

3.3.1 Organisationsbegriffe

Der betriebswirtschaftliche Begriff **Organisation** ist doppeldeutig. Einerseits bezeichnet er die innere, gegliederte **Struktur** einer Unternehmung (darstellbar im Organisationsplan), andererseits ist Organisation eine Tätigkeit, das Organisieren, die **Gestaltung** der Struktur. Ähnliches gilt für den Begriff Planung.

Einige Organisationsbegriffe, die man kennen sollte, seien kurz definiert:
Die **Stelle** ist die kleinste personelle Organisationseinheit, deren Aufgaben dem quantitativen und qualitativen Leistungsvermögen einer Person entsprechend zusammengefaßt sind. Unabhängig von der Besetzung der Stelle soll deren Aufgabengesamt Dauercharakter in einem funktionsfähigen Stellengefüge haben.

Die Stelle ist nicht identisch mit dem Arbeitsplatz. Z.B. werden die Aufgaben der Stelle des Einrichters an mehreren Arbeitsplätzen ausgeübt. Die Stelle eines Reisenden erfordert keinen Arbeitsplatz.

Eine **Instanz** ist eine Stelle mit Kompetenz und Verantwortung für den ihr unterstellten Leitungsbereich.

Kompetenz ist Weisungsbefugnis.

Zentralisation bedeutet die Zusammenfassung von Kompetenzen, während bei einer **Dezentralisation** eine Verteilung der Kompetenzen erfolgt.

Delegation bewirkt die Abgabe von Aufgaben einschließlich der dazugehörigen Kompetenz und Verantwortung an eine untergeordnete Stelle. Bei einer Abgabe von Aufgaben ohne Kompetenz und Verantwortung handelt es sich um die Übertragung ausführender Arbeit.

Stäbe (Stabsstellen) sind auf bestimmte Beratungsaufgaben spezialisierte Stellen ohne Weisungsbefugnis.

3.3.2 Aufbauorganisation

3.3.2.1 Grundstrukturen

Der Organisationsaufbau wird in einem **Organisationsplan** dargestellt. Er zeigt
- die Gliederung und
- die Zuordnung der Dienststellen sowie
- die Befehlswege.

Es hat sich bewährt, die Organisationsstruktur zumindest in zwei Bereiche zu gliedern, in den kaufmännischen und den technischen Bereich:

Abb. 7: Beispiel eines Organisationsplanes

Die Organisation der Leitung kann nach verschiedenen Organisationsprinzipen geplant werden. Man unterscheidet:

- das Liniensystem,
- das Stab-Liniensystem und
- das Funktionsmeister-System.

Beim **Liniensystem** (nach Fayol) ist die **Einheitlichkeit des Auftragsempfanges** das Wesensmerkmal. Jeder Mitarbeiter im Betrieb (jede Stelle) bekommt Weisungen nur von einer einzigen Person (Instanz). Jede Leitungsbeziehung besteht unmittelbar nur einstufig zwischen:

- Mitarbeitern und ihrem Vorarbeiter,
- bzw. Sachbearbeitern und ihrem Gruppenführer,
- Vorarbeitern und ihrem Meister,
- bzw. Gruppenführern und ihrem Dienststellenleiter,
- Dienststellenleitern und ihrem Abteilungsleiter,
- Abteilungsleitern und ihrem Werksleiter,
- Werksleitern und der Unternehmensleitung.

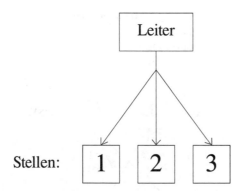

Abb. 8: Liniensystem

Das **Stab-Liniensystem,** eine dem Militär entlehnte Organisationsstruktur, geht von der Linienorganisation aus. Sie wird jedoch durch beratende **Stäbe** ergänzt. Stabsmitglieder bilden Stellen mit fachlicher Spezialisierung, sind aber nicht weisungsbefugt (keine Instanz). Dadurch bleibt die Einheitlichkeit des Auftragsempfanges entlang der Linie erhalten.

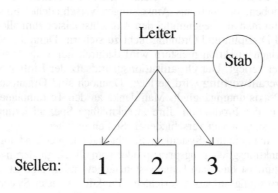

Abb. 9: Stab-Liniensystem

Das **Funktionsmeister-System** (wie Gilbreth es nannte) wird auch Mehrliniensystem genannt, weil **von unten nach oben gesehen mehrere Befehlswege** bestehen. Es geht auf den Amerikaner Frederick W. Taylor zurück.

Die Arbeitsteilung mit einer starken Zerlegung der Aufgaben auf der Ausführungsebene gab Anlaß zur entsprechend spezialisierten Kompetenzaufgliederung und Instanzenbildung. Statt der Einheitlichkeit des Auftragsempfanges von einem Meister kommen Weisungen von bis zu acht verschiedenen „Funktionsmeistern", deren jeder für eine bestimmte der folgenden, streng abgegrenzten Funktionen verantwortlich und weisungsbefugt ist:

- Vorrichtung,   - Zeit- und Kostenüberwachung,
- Arbeitsverteilung,   - Aufsicht,
- Unterweisung,   - Endprüfung und
- Zeitvorgabe,   - Instandhaltung.

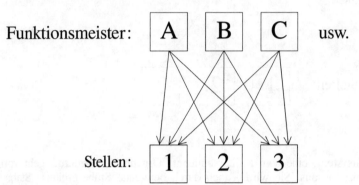

Funktionsmeister: **A B C** usw.

Stellen: **1 2 3**

Abb. 10: Funktionsmeister-System

Mängel werden in diesem System allzu leicht von den die Arbeit Ausführenden auf Zielkonflikte geschoben, die sich aus Anweisungen verschiedener Funktionsmeister ergäben. Selbst wenn man als Gegenmittel den Aufsichtsmeister zum alleinigen Vorgesetzten macht, sind Disziplin und Ordnung nicht zu sichern. Denn die Verantwortung gegenüber den übrigen Funktionsmeistern wird dadurch nur vom Ausführenden auf den Aufsichtsmeister verlegt. Der **Organisationsgrundsatz** der **Einheit von Aufgabe, Kompetenz und Verantwortung** wird verletzt. Dennoch sind Organisationselemente dieser Art in der Praxis unumgänglich. Man denke an den Terminplaner und an den Arbeitsvorbereiter in der Produktion. Ihre zweckmäßige Spezialisierung führt dazu, daß Werkstätten Weisungen von verschiedenen Stellen erhalten.

In der **Praxis** findet man die drei Systeme gemischt und entsprechend abgemildert vor. Ausgehend vom Funktionsgliederungsprinzip oder vom Objektgliederungsprinzip wird in Großbetrieben zumeist das Stab-Liniensystem angewendet, ergänzt durch ein auf einige spezielle Verwaltungsaufgaben gerichtetes Funktionsmeister-System. Bei diesen speziellen Verwaltungsaufgaben handelt es sich z. B. in Großbetrieben um das Rechnungswesen, die Personalabteilung, die Rechtsabteilung und ähnliche bei der zentralen Leitung angesiedelte Instanzen oder in der Produktion um Fertigungshilfsstellen wie Fertigungsplanung, Arbeitsvorbereitung und Terminüberwachung. Sie haben sowohl beratende Funktion (wie Stäbe) als auch auf ihren Gebieten Weisungsbefugnis (wie Funktionsmeister).

3.3.2.2 Die Organisation der Unternehmensleitung

Die Unternehmensleitung verteilt sich auf die verschiedenen Ebenen der Leitungsstruktur. Zu unterscheiden sind schematisch:

- die oberste Leitung (die Unternehmungsleitung im engeren Sinne),

– die mittleren Leitungsstellen, denen Instanzen übergeordnet, aber auch Instanzen untergeordnet sind, und

– die unteren Leitungsstellen, denen Instanzen übergeordnet, aber ausschließlich ausführende Stellen untergeordnet sind.

Die mittlere Leitungsebene kann je nach der betriebsindividuellen Organisationstiefe in mehrere Stufen gestaffelt sein.

Die folgende systematische Darstellung gibt einen Überblick über die verschiedenen Möglichkeiten der Kompetenzverteilung in Leitungsgremien.

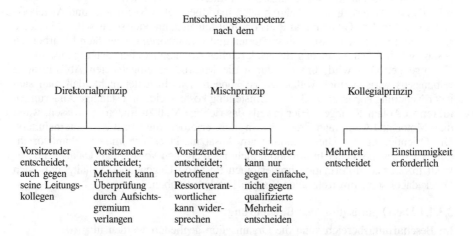

Abb. 11: Organisation von Führungsentscheidungen

(In Anlehnung an Schwarz, Horst: Betriebsorganisation als Führungsaufgabe, 9. Aufl., München 1983, S. 77.)

Das **Direktorialprinzip** setzt dem versammelten Sachverstand enge Grenzen. Die Qualität der Leitung ist erheblich vom Charakter der dominierenden Leitungsperson abhängig. Schnelle Entscheidungen sind möglich.

Das reine **Kollegialprinzip** lähmt die Unternehmensleitung. Einstimmigkeit für Entscheidungen bedeutet sogar ein Vetorecht jedes Leitungskollegen. Das Gewicht fachbezogener Kompetenz eines Ressortleiters kommt bei Mehrheitsentscheidungen kaum zur Geltung.

Diese Extreme sind selten zu empfehlen. Auf der höchsten Leitungsebene ist neben Fachüberlegungen bei der Organisation auch die prägende Rolle der Leitungspersönlichkeiten in Rechnung zu stellen. Für die Aktiengesellschaft untersagt das Aktiengesetz, „daß ein oder mehrere Vorstandsmitglieder Meinungsverschiedenheiten im Vorstand gegen die Mehrheit seiner Mitglieder entscheiden" (§ 77 Abs. 1 AktG).

Ergänzt werden die Leitungsstellen durch **Leitungsgehilfen,** von denen bereits die **Stäbe** genannt wurden. Ferner sind **Assistenten** als Mitarbeiter mit wechselnden Aufgaben für Leitungsstellen zu nennen. Fallweise können **Ausschüsse** Beratungs- oder Entscheidungsaufgaben haben.

3.3.2.3 Zur Organisation der Kernfunktionen

Verwaltung und Leitung werden im Produktionsbetrieb nur als unvermeidbare Ergänzungsfunktionen angesehen. Im Mittelpunkt stehen die Kernfunktionen Beschaffung, Produktion und Absatz.

In zentralverwalteten Volkswirtschaften fehlen den einzelnen Betrieben in aller Regel zwei dieser drei Funktionsbereiche: Beschaffung und Absatz. Ihre rudimentären Reste sind die Warenannahme und das Auslieferungslager.

In der Marktwirtschaft sind beide Bereiche von größter Bedeutung. Sowohl bei der Beschaffung als auch beim Absatz ist schnelle Anpassungsfähigkeit notwendig. Organisation und Personal müssen in diesen marktbezogenen Bereichen so gut eingespielt sein, daß die Unternehmung dadurch allen marktbedingten Nachfrage- und Angebotsänderungen in Art, Qualität und Preis optimal folgen kann oder sogar selbst Maßstäbe setzt. Diese Bereiche müssen mit versierten und verantwortungsbewußten Mitarbeitern besetzt werden. Voraussetzung für erfolgreiches Arbeiten ist aber, daß organisatorisch Vorsorge getroffen wird, um die durch die Mitarbeiter eingeleiteten Abläufe auch reibungslos wirtschaftlich vollziehen zu können. Das bedeutet nicht, daß man sich jeder Neuerung anpassen muß. Jede Umstellung kostet Geld, und ständige Änderungen führen zu Ablaufstörungen. Hier jeweils das richtige Maß zu finden, zu wissen, wann man Motor und wann man Bremser sein muß, erfordert die Kunst des Unternehmers.

Die Orientierung der Unternehmung am Absatzmarkt erfolgt immer zukunftsorientiert, nach bestmöglicher Information, nicht nach eigenen Vorurteilen. Da aber die Zukunft trotz bester Information immer einen Rest von Ungewißheit behält, muß auch Glück dabei sein, um trotz aller Risiken Erfolg zu haben.

3.3.2.4 Die Organisation der Beschaffung

Im **Beschaffungsbereich** kann die Organisation gegliedert werden in:
- Bestellbüro der Fertigungsleitung,
- Einkaufsbüro,
- Warenannahme,
- Eingangsmaterial-Prüfstelle und
- Materiallager.

Das **Bestellbüro** koordiniert die Anforderungen der Fertigung und der Lagerhaltung und veranlaßt über den Einkauf Bestellungen bei Lieferanten.

Das **Einkaufsbüro** erhält nach Art, Menge und Bedarfstermin genau definierte Bestellaufträge vom Bestellbüro und, im Rahmen von Einrichtungsvorhaben, Geräte-, Maschinen- oder Anlagenbestellungen entsprechend besonderer Planung für einzelne Dienststellen oder Werkstätten. Es sendet an mindestens drei verschiedene Lieferfirmen präzise formulierte Preis- und Terminanfragen, erforderlichenfalls unter Beifügung von Zeichnungen und Stücklisten für anzufertigende Teile. Jedes eintreffende Angebot wird in eine Preisdatei, je Artikel, mit Preis, evtl. Rabattzusage, Firma und Angebotsdatum aufgenommen. Bestellt wird beim günstigsten Anbieter. Eine Kopie der Bestellung erhalten die Warenannahme, die Eingangsrechnungs-Prüfstelle der Buchhaltung und der Besteller.

Die **Warenannahme** nimmt die Waren beim Eintreffen an, überprüft den Zustand der Lieferung auf Transportschäden, vergleicht Art und Menge der Lieferung mit den Angaben auf dem Lieferschein und der Bestellung und stellt eine Wareneingangsmeldung aus. Mit dieser wird die Ware je nach Erfordernissen über die **Eingangsmaterial-**

Prüfstelle oder direkt an die Zielstelle geleitet. Veranlaßt wird dies über das innerbetriebliche Transportwesen mit der Wareneingangsmeldung. Eine Kopie der Wareneingangsmeldung wird der Eingangsrechnungs-Prüfstelle der Buchhaltung zugestellt.

Die **Eingangsrechnungs-Prüfstelle**, die als Teil des kaufmännischen Rechnungswesens organisatorisch zum Verwaltungsbereich gehört, vergleicht jede Lieferantenrechnung mit Bestellung und Wareneingangsmeldung (mit Warenprüfvermerk), ehe sie die Bezahlung der Rechnung veranlaßt.

Kann nach den bei Bestellung vereinbarten Zahlungsbedingungen bei Zahlung sofort nach Lieferung ein **Skontoabzug** in Anspruch genommen werden, so sollte grundsätzlich die Sofortzahlung unter Skontoabzug erfolgen, statt einer Zahlung in 14 oder 30 Tagen ohne Abzug. Skonto ist kein Rabatt. Es sind Zinsen dafür, daß gegenüber dem Zahlungsziel von z. B. 30 Tagen vor diesem Fälligkeitstermin gezahlt wird. Bei sofortiger Zahlung bzw. innerhalb von 8 Tagen kann man dann 3 % Skonto (oder 2 %, je nach vereinbarten Zahlungsbedingungen) vom Rechnungsbetrag abziehen. Das heißt, man bekommt 3 % (2 %) Zinsen dafür, daß man rund 25 Tage vor Fälligkeit zahlt. Das entspricht einem Jahreszins von etwa 44 % (bzw. 30 %). Diesen Zinserlös sollte man sich nicht entgehen lassen.

3.3.2.5 Die Organisation der Produktion

Die **Organisation der Fertigung** mit dem Ziel der Minimalkostenkombination der Produktionsfaktoren ist weitgehend eine technische Aufgabe. Je nach Fertigungstyp ist sie verschieden, jedoch unabhängig vom Wirtschaftssystem. Sie ist daher keine speziell marktwirtschaftliche Aufgabe. Dennoch werden die Fertigungstypen hier genannt, denn Organisation und Form der Betriebsabrechnung und der Kalkulation richten sich nach ihnen. Unter diesem Gesichtspunkt kann man im wesentlichen folgende **Fertigungstypen** unterscheiden:

1. **Massenfertigung**
   Eine Vorraussetzung der Massenfertigung ist der Absatz einer großen Masse gleichartiger Produkte. Merkmale dieses Fertigungstyps sind einmalige Arbeitsvorbereitung und Dauerlauf der Fertigung auf speziell konzipierten Anlagen. Beispiele: Zementherstellung, Brenn- und Heizgaserzeugung.

2. **Kuppelfertigung**
   Sie liegt vor, wenn mit der Herstellung eines Produktes entweder naturbedingt oder durch das gewählte Fertigungsverfahren zugleich mit dem Hauptprodukt auch andere Produkte (Kuppelprodukte) anfallen. Beispiele: Aufspaltung chemischer Stoffe, bei der nicht nur das Hauptprodukt wirtschaftlich verwertbar ist; Brenn- und Heizgaserzeugung aus Steinkohle, wobei als Kuppelprodukt Koks anfällt.

3. **Sortenfertigung und Reihenfertigung**
   Bei der Sortenfertigung liegen der Massenfertigung ähnliche Prozesse vor. Anders als bei der Kuppelproduktion sind die Produkte der Art nach verwandt, unterscheiden sich aber gewollt im Typ. Beispiele: Biersorten, Textilien. Ähnlich ist die Reihenfertigung zu sehen. Zum Beispiel können sehr ähnliche, nur durch bestimmte Einzelheiten unterschiedene Maschinen nebeneinander als Produktreihen gefertigt werden.

4. Serienfertigung

Bei diesem Fertigungstyp werden abwechselnd Groß- oder Kleinserien verschiedener Produkte einer Branche hergestellt. Beispiele: Elektrotechnische Geräte (braune Ware = Unterhaltungselektronik; weiße Ware = Haushaltsgeräte), Kraftfahrzeuge.

5. Partiefertigung und Chargenfertigung

Die Produkte unterscheiden sich bei diesen Fertigungstypen partie- bzw. chargenweise. Die Unterschiede ergeben sich durch Abweichungen im eingesetzten Material oder durch nicht völlig beherrschte Fertigungsverfahren. Innerhalb einer Partie oder Charge besteht weitgehend Gleichheit der Produkte. Beispiele: Stahlschmelze, Porzellanbrennerei, Färberei.

6. Einzelfertigung

Jedes Einzelprodukt kann sich bei diesem Fertigungstyp vom anderen unterscheiden. Das Produktprogramm wird häufig durch eine Hauptmaterialart bestimmt: durch Holz bei der Einzelfertigung von Möbeln, durch Metall bei Schmiedearbeiten. Aber auch eine Spezialisierung kann produktbestimmend sein. Beispiele: Schiffbau, Kraftwerksbau, Bau von Hafenanlagen.

Als **Organisationstypen der Fertigung** kann man unterscheiden:
- Fließfertigung (Bandfertigung),
- Straßenfertigung,
- Gruppenfertigung und
- Werkstattfertigung.

Die **Fließfertigung** ist die typische Organisationsform der Massenfertigung und der Kuppelfertigung. Je nach den Kosten der Fertigungsorganisation und der benötigten Produktmenge kann die Fließfertigung auch für die Sorten- und Serienfertigung in Betracht kommen. Die technisch weitestgehende Ausprägung hat die Fließfertigung in der Bandfertigung.

Bei der **Straßenfertigung** werden die Maschinen in einer vorherrschend erwarteten Prozeßfolge angeordnet. Es entsteht eine Fertigungsstraße. Je nach Produkt können hierbei Maschinenplätze übersprungen oder in Schleifen wiederholt benutzt werden. Der Rationalisierungsgrad ist offenkundig geringer als bei der Fließfertigung. In Abhängigkeit vom Produktionsprogramm kann dennoch die Straßenfertigung der wirtschaftlichste Organisationstyp sein. Sie ist geeignet für eine auf Kundenwünsche eingestellte Kleinserienfertigung, etwa in der Möbelbranche, oder für manche Einzelfertigungen.

Die **Gruppenfertigung** (auch **Gemischtfertigung** genannt) ist für die wechselnde Herstellung verwandter Teile geeignet. Unterschiedliche Maschinen werden hier zu einer Gruppe in einer Werkstatt vereinigt. Die Gruppenfertigung ist bei Kleinserien- oder Einzelfertigung angebracht, wenn sich die Produkte fertigungstechnisch nicht allzu stark unterscheiden.

Die **Werkstattfertigung** wird eingesetzt, wenn wechselnde Produktarten in Serien gefertigt werden und eine dem Fertigungsprozeß folgende Maschinenanordnung nicht möglich ist. Es werden Werkstätten eingerichtet, in denen funktionsgleiche Maschinen stehen. Bestenfalls können die entstehenden Werkstätten – wie Stanzerei, Schmiede, Bohrerei, Fräserei, Dreherei, Galvanik, Lackiererei, Montagewerkstatt – örtlich so angeordnet werden, daß der innerbetriebliche Transport in Grenzen bleibt. Die Werkstattfertigung ist z. B. für die Herstellung fertigungstechnisch sehr unterschiedlicher Serien im elektrotechnischen Apparatebau angebracht.

3.3.2.6 Die Organisation des Absatzes

Die dritte Kernfunktion, die zu organisieren ist, ist der Absatz, die „wichtigste" Funktion der Unternehmung. Vom Absatzmarkt gehen die Impulse aus, an denen sich die Unternehmung orientieren muß. In vielen Fällen entscheidet der Absatzmarkt darüber, ob die Unternehmung floriert oder aus dem Markt ausscheiden muß.

Die Absatz- oder **Vertriebsabteilung** besteht aus den Dienststellen, die sich an die Produktion anschließen:
- Fertigfabrikatelager,
- Verkauf mit Marktforschung, Werbung und Akquisition,
- Rechnungsbüro (Fakturenbüro, Fakturierung),
- Versandbüro und
- Expedition.

Das **Fertigfabrikatelager** nimmt alle Produkte auf, die nicht sofort nach Fertigstellung an den Kunden ausgeliefert werden. Die Fertigstellung auf Lager kann zwei Gründe haben: Entweder soll der Artikel bei Kundenbestellungen sofort lieferbar sein oder das Lager soll eine Pufferfunktion erfüllen, um bei schwankendem Bedarf − z. B. bei Saisonartikeln − die vorhandene Fertigungskapazität während des Jahres gleichmäßig auszulasten.

Unter dem Begriff **Verkauf** sollen hier vielfältige Tätigkeiten zusammengefaßt werden, die in den einzelnen Branchen, aber auch auf verschiedenen Fertigungs- und Handelsstufen recht unterschiedlich sein können. Dementsprechend ist die hier besprochene Gliederung nur ein Beispiel für einen möglichen organisatorischen Aufbau. Wir unterscheiden:
- Marktforschung,
- Werbung und
- Akquisition (Anbieten der Produkte, Bekanntmachen mit den Produkten, Aufträge abschließen).

Die **Marktforschung** befaßt sich mit der Feststellung von Kundenwünschen, von Konkurrenzangeboten, von Marktlücken, kurz mit allem, was eine Unternehmung im Hinblick auf die weitere Marktentwicklung interessiert.

Werbung kann auf verschiedenste Weise betrieben werden. Ausgehend von den Zielgruppen und den ins Auge gefaßten Absatzgebieten kommen verschiedene Werbemittel in Betracht: markante Firmenzeichen, im Kundendienst einheitliche Kleidung der Firmenangehörigen, Annoncen in Zeitungen, Zeitschriften und Fachzeitschriften, Kino-, Radio-, Fernsehwerbung, Werbezettel, Postwurfsendungen, Werbeveranstaltungen, Ausstellungen, Messen − besonders dabei auch Gemeinschaftswerbung −, Werbematerial im Handel (Plakate, Aufsteller, Verpackung).

Eine wichtige Rolle spielt der richtige Zeitpunkt des Werbeeinsatzes. Wenn daraufhin Nachfrage einsetzt, muß ausreichend Ware vorhanden sein, um sie zu befriedigen.

Ebenfalls zur Werbung kann man die Warengestaltung und Warendarbietung nach Marktforschungsergebnissen rechnen. Dafür gibt es den englischen Begriff „Merchandising".

Werbende Wirkung hat nicht zuletzt die Leistung selbst, wenn sie gut und preiswert ist.

Ebenso kann ein guter Kundendienst die Produktwahl beeinflussen. Hierzu gehört auch das Liefern gekaufter Ware. Viele Einzelhändler liefern die Ware auf Wunsch ins Haus. Das geht von frischen Frühstücksbrötchen bis zur Wohnungseinrichtung.

Die Wirkung, die das Image, das Ansehen der Unternehmung auf die Kunden und ihre Kaufentscheidungen hat, macht deutlich, daß Werbung nicht immer ein bestimmtes Produkt zum Gegenstand haben muß. Das **Werbeobjekt** kann sein:

- ein Produkt der Unternehmung (Kühlschrank),
- eine Produktgruppe der Unternehmung (Haushaltsmaschinen),
- das Firmen- oder das Markenimage (Automarke) oder
- die Produkte oder das Image einer Branche (Gemeinschaftswerbung: „Aus deutschen Landen frisch auf den Tisch").

Nicht weniger vielseitig sind die Möglichkeiten der **Akquisition.** Der spezialisierte Einzelhandel bietet in der Regel bessere Beratung, etwa beim Kauf weniger bekannter technischer Produkte, als der Einzelhandel mit vielseitigem Sortiment (Warenhaus).

Die Industrie bedient sich besonderer Vertriebswege. Das mindeste ist die Präsentation der eigenen Produkte auf Verkaufsmessen und die Beteiligung an Ausschreibungen. Sehr verbreitet ist die Akquisition durch Vertreter. Dies sind selbständige Gewerbetreibende, die in der Regel die Produkte mehrerer Unternehmungen vertreiben, so daß der Vertreter dem von ihm angesprochenen Groß- oder Einzelhandel ein für diesen interessantes Sortiment anbieten kann. Der Vertreter lebt von der Umsatzprovision, die er als prozentualen Anteil vom Verkaufserlös der Produkte erhält. Andere Industriebetriebe bauen ein eigenes Vertriebsnetz auf. Sie stellen z. B. Reisende an, die neben einem festen, in der Regel geringen Gehalt (Fixum) zusätzlich eine prozentuale Umsatzprovision erhalten. Schließlich errichten manche Großbetriebe ein Netz von Verkaufsbüros, denen Verkaufslager und auch Kundendienststellen angeschlossen sein können (Hausgeräteindustrie, Kraftfahrzeugindustrie).

Rechnungsbüro, Versandbüro und Expedition bilden den Abschluß der Unternehmensorganisation, sofern nicht ein Außendienst, eine Kundendienstabteilung oder ähnliches hinzukommen.

Das **Rechnungsbüro** stellt auf Grund der mit dem Auftragseingang vereinbarten Preise, Liefer- und Zahlungsbedingungen die Warenrechnung (Faktur) für den Kunden aus, sobald das Versandbüro die Auslieferung der Ware und eventuelle Sondereinzelkosten des Vertriebs dem Rechnungsbüro bekanntgegeben hat.

Das **Versandbüro** veranlaßt bei der Versandstelle (Expedition) die versandgerechte Verpackung der Ware (u. U. Sonderverpackung) entsprechend dem Kundenauftrag, besorgt notwendige Versandpapiere (z. B. Ursprungszeugnis von der Industrie- und Handelskammer) und veranlaßt die Expedition zur Auslieferung der bestellten Ware an den Kunden.

Die **Expedition** hat die Warenlieferung zu besorgen. Sie erhält die Ware entsprechend dem Kundenauftrag von der Endabnahme der Werkstatt oder vom Fertigfabrikatelager und liefert sie mit einer Kopie der Versandanzeige entsprechend den Angaben des Versandbüros an den Kunden aus.

Eine etwas tiefer gegliederte Organisation einer Vertriebsabteilung zeigt der folgende Organisationsplan:

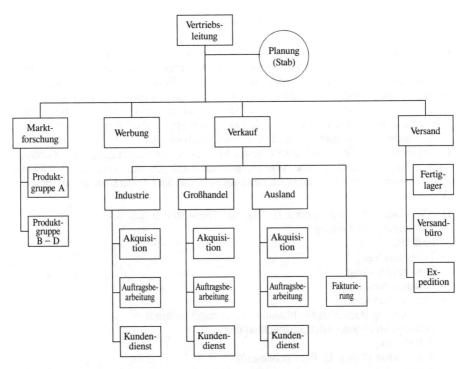

Abb. 12: Organisationsplan eines Vertriebsbereichs

3.3.2.7 Die Organisation der Verwaltung

Auch im Fertigungsbereich eines Industriebetriebes ist eine Verwaltung notwendig.
Der Fertigungsbereich besteht in der Industrie aus den Fertigungshauptstellen (Werkstätten) und den Fertigungshilfsstellen (z.B. Technische Leitung, Konstruktionsbüro, Fertigungsplanung, Arbeitsvorbereitung oder andere Dienststellen, je nach Branche). Die Fertigungshilfsstellen haben großenteils Aufgaben einer technischen Verwaltung. Selbst in den Meisterbüros der Werkstätten sind Verwaltungsarbeiten vorzunehmen, wie das Ausschreiben von Lohnscheinen, Materialentnahmescheinen und dergleichen mehr.

Hier geht es aber um die **Allgemeine Verwaltung** der Unternehmung, die der kaufmännischen Verwaltung zugerechnet wird.

Gesetze verlangen die Einhaltung verschiedenster Vorschriften, z.B. handelsrechtlicher, steuerrechtlicher, gewerberechtlicher und arbeitsrechtlicher Art. So muß die Unternehmung angemeldet werden, Befähigungen nachweisen, Bücher führen, Steuern und Sozialabgaben abführen und vieles mehr. Hinzu kommen zahlreiche Aufgaben, die nicht gesetzlich vorgeschrieben sind, aber als freiwillige Verwaltungsaufgaben im Interesse der Unternehmung ausgeführt werden. Dazu gehören die gesamte Planung (Personalplanung, güterwirtschaftliche Planung, Finanzplanung), das interne und externe Informationswesen, einschließlich der Kostenrechnung und Statistik und der Public Relations (Öffentlichkeitsbeziehungen).

Diese vielfältigen, hier keineswegs vollständig genannten Aufgaben rechnen zum kaufmännischen Verwaltungsbereich.

Es liegt auf der Hand, daß einige dieser Aufgaben den Einsatz eigens dafür ausgebildeter Spezialisten erfordern. Vom Kleinunternehmer kann ein Steuerberater beauftragt werden, eine Reihe dieser Aufgaben zu übernehmen: Buchführung, Steuererklärungen abgeben, Steuern und Sozialabgaben errechnen, die Lohnabrechnung durchführen usw. Einen Teil der Arbeiten kann dieser wiederum von einem Datenverarbeitungsunternehmen erledigen lassen. In Großbetrieben werden Spezialabteilungen für solche Aufgaben eingerichtet, je nach Größe, Branche und individueller Organisationsstruktur der Unternehmung. In der Regel stehen diesen Abteilungen zur Erledigung eines Großteils ihrer Arbeiten betriebsinterne Datenverarbeitungsanlagen zur Verfügung, fallweise nehmen auch sie externe Datenverarbeitungsangebote oder Datenbanken zur Information in Anspruch.

Der Verwaltungsbereich **kann** z.B. folgende Dienststellen haben:
- Kaufmännische Leitung,
- Poststelle,
- Telefonzentrale,
- Personalabteilung,
- Einkaufsabteilung,
- Materialverwaltung,
- Buchhaltung (Geschäftsbuchhaltung/Finanzbuchhaltung),
- Betriebsabrechnung (Betriebsbuchhaltung),
- Kalkulation,
- Auswertung (Statistik, Berichtswesen),
- Planungsabteilung,
- Finanzabteilung und
- Rechtsabteilung.

Einzelne dieser Dienststellen sind in der Regel **Stabsstellen,** z. B. die Auswertung, die Finanzabteilung und die Rechtsabteilung. Nimmt man beispielsweise auch der Planungsabteilung die Kompetenz, verbindliche Pläne vorzugeben, und behält sich die Kaufmännische Leitung die Verabschiedung der Pläne vor, dann ist auch die Planungsabteilung eine Stabsstelle.

Die **Kaufmännische Leitung** hat, wie die Technische Leitung, vorwiegend dispositive Aufgaben. Das heißt, sie soll von ausführender Arbeit möglichst freigehalten werden. Nur wichtige, bestimmte Wertgrenzen überschreitende oder besonders risikobehaftete Verträge soll die oberste Leitung selbst abschließen. Sie soll Zeit haben, sich einen hohen Informationsstand zu verschaffen und muß zukunftsbezogen Handlungsziele setzen, die die Unternehmung insgesamt zu hoher Rentabilität führen. Amerikanische Gewerkschaften haben Managementkurse eingerichtet, damit die Unternehmensleiter ihre Kenntnisse modernisieren und die Unternehmung im Wettbewerb erfolgreich führen, um hohe Löhne zu erreichen.

Die **Poststelle** hat die Aufgabe, eingehende Post den Dienststellenleitern zuzuleiten, für deren Dienststellen die Post nach interner Organisationsanweisung inhaltsbedingt bestimmt ist. Sie hat ferner die Aufgabe, ausgehende Post den postalischen Bestimmungen entsprechend versandfertig zu machen und entsprechend frankiert der Post aufzuliefern.

Die **Telefonzentrale** soll für eine schnelle, freundliche Vermittlung ausreichend gut besetzt und für zuverlässige Information von Anrufern selbst ausreichend unterrichtet sein.

Die **Personalabteilung** muß die Aufgaben der Personalplanung, -einstellung, -betreuung und -entlassung mit dem dazugehörigen Vertragswesen bearbeiten. In diesem Bereich ist besondere Sachkunde im Arbeits- und Mitbestimmungsrecht und eine enge Zusammenarbeit mit dem Betriebsrat erforderlich.

Zur Organisation der **Einkaufsabteilung** wurden Ausführungen bereits in Abschnitt 3.3.2.4, „Die Oranisation der Beschaffung", gemacht.

Der **Materialverwaltung** obliegt die Verwaltung der verschiedenen Roh-, Hilfs- und Betriebsstoffläger, also die sach- und termingerechte Bestellung des Lagermaterials bei der Einkaufsabteilung, die sachgerechte Materiallagerung und -ausgabe, die Führung der Lagerfachkartei und die Lagerbuchführung.

Von den verschiedenen Bestandsbegriffen (Istbestand, Sicherheitsbestand (Mindestbestand), Meldebestand, Durchschnittsbestand, Maximalbestand) und Bestellmengenbegriffen sind für die Materialverwaltung vor allem der Meldebestand und die optimale Bestellmenge von Bedeutung.

Der **Meldebestand** ist die Lagerbestandsmenge, bei der der Einkaufsabteilung zu melden ist, daß das Material nachbestellt werden muß. Der Meldebestand je Bestandsposition des Vorratslagers muß mindestens so groß sein wie der zu erwartende Verbrauch in der Wiederbeschaffungszeit. Ebensowenig wie aus Kostengründen ein zu hoher Lagerbestand hingenommen werden kann, darf unpünktliche Materialbereitstellung Ursache von Stillstandszeiten sein!

Die **optimale Bestellmenge** ist diejenige, bei der die Kosten der insgesamt benötigten Materialmenge (Preis pro Einheit mal Menge, abzüglich Rabatt + Transportkosten + Lagerkosten (einschließlich Kapitalkosten der Lagerhaltung)) am niedrigsten sind. Die Lagerkosten sind unter Berücksichtigung auch der Kosten des Sicherheitsbestandes zu berechnen, der zur Überbrückung von Schwankungen des Verbrauchs und der Versorgung gehalten wird.

Aufgabe der **Geschäftsbuchhaltung** (Finanzbuchhaltung) ist die gesetzlich durch Handels- und Steuerrecht vorgeschriebene Buchführung.

Die Buchführung geht von einer Aufstellung des Geldkapitals aus, über das die Unternehmung als Eigenkapital und als Fremdkapital (Kredite) verfügt (Passiva), und stellt diesem eine bewertete Aufstellung aller erworbenen Vermögensgegenstände (Aktiva) gegenüber. Diese Gegenüberstellung der Aktiva und Passiva ist die Eröffnungsbilanz oder Jahresanfangsbilanz.

Für die laufende Geschäftstätigkeit wird zu Beginn des Geschäftsjahres jede Bilanzposition auf ein eigenes Konto übertragen. Neben diesen Bestandskonten werden zusätzlich sogenannte Erfolgskonten eingerichtet. Jeder Geschäftsvorfall, der eine Veränderung bewirkt, wird von der Buchführung auf Grund des darüber ausgestellten Beleges erfaßt. Der gesetzlich vorgeschriebene Abrechnungszeitraum ist das Geschäftsjahr. Am Jahresende werden aus den Konten einerseits die Aufwände und Erträge des Geschäftsjahres einander gegenübergestellt (Aufwands- und Ertragsrechung = Gewinn- und Verlustrechnung) und andererseits die Endbestände der Bestandskonten in die Abschlußbilanz übernommen. Die Bilanz zeigt denselben Jahresgewinn (oder -verlust) wie die Gewinn- und Verlustrechnung. Die Abschlußbilanz ist zunächst eine Handelsbilanz (nach Handelsrecht). Aus dieser wird die Steuerbilanz abgeleitet.

Die **Betriebsabrechnung** ist die freiwillig durchgeführte, periodische Kosten- und Leistungsrechnung (KLR) der Unternehmung. Zumeist wird der Begriff auch als Dienststellenbezeichnung verwendet. In manchen Unternehmungen nennt man die Dienststelle auch Betriebsbuchhaltung.

Die Betriebsabrechnung bezieht sich nur auf den eigentlichen Prozeß der Leistungserstellung des Betriebes, durchleuchtet diesen aber bis in alle Einzelheiten auf Unwirtschaftlichkeiten. Periodisch bedeutet, daß die Kosten- und Leistungsrechnung auf Zeiträume bezogen durchgeführt wird: monatlich (in manchen Betrieben noch kurzfristiger), vierteljährlich und jährlich.

Organisation und personelle Besetzung sind der der Finanzbuchhaltung ähnlich, jedoch sollten die Mitarbeiter technisches, organisationsbezogenes Verständnis haben und auf Kostenrechnung spezialisiert sein.

Aus der Betriebsabrechnung wird die **Kalkulation** abgeleitet. Sie ist die ebenfalls freiwillig durchgeführte Selbstkostenermittlung je Produkteinheit oder je Auftrag. Als Kalkulatoren werden in der Industrie häufig Fachingenieure eingesetzt, die gute fertigungstechnische Kenntnisse haben. Da alle Kosten von den Erzeugnissen getragen werden müssen, für deren Produktion sie letztlich aufgewendet wurden, werden die Produkte auch Kostenträger genannt. Wo nach Stückzahlen produziert wird, heißt die Kalkulation auch Kostenträger-Stückrechnung.

In Kleinbetrieben, auch in kleinen Handwerksbetrieben, ist eine ausreichend genaue Kalkulation durch Anwendung eines verhältnismäßig einfachen Kalkulationsschemas möglich. (Näheres in Kapitel 6.)

Als weitere Dienststelle der kaufmännischen Verwaltung ist die **Auswertung** zu nennen. In manchen Unternehmungen heißt sie Statistik, in anderen Berichtswesen. Ihre Aufgabe ist es, die für die Unternehmensführung wichtigen internen Informationen statistisch auszuwerten und den Leitungsstellen aufbereitet zur Verfügung zu stellen. Grundlagen sind die monatliche Personalstatistik des Personalbüros, Sonderrechnungen der Geschäftsbuchhaltung oder der Finanzabteilung über die Liquiditätslage und alle Zahlen des kaufmännischen Rechnungswesens (Istzahlen der Geschäftsbuchhaltung, der Betriebsabrechnung und der Kalkulation).

Die Aufbereitung besteht in Vergleichen der Istzahlen mit Sollzahlen der betrieblichen Planung sowie mit vergleichbaren externen Zahlen (z.B. Richtzahlen = Durchschnittszahlen der Branche, die von Fachverbänden, denen man beitreten kann, den Mitgliedern mitgeteilt werden). Die Auswertung kann durch Meßzahlen (Beziehungszahlen, Gliederungszahlen, Indexzahlen) und Grafiken verdeutlicht werden. Die Meßzahlen werden, soweit sie als Grundgerüst der regelmäßigen Information für die Leitungsstellen verwendet werden, Kennzahlen genannt.

Die Abteilung **Planung** hat die Aufgabe, die laufende und die besondere Planung durchzuführen. Dazu verwendet sie auch Erkenntnisse aus der vergangenheitsbezogenen Auswertung, ist aber naturgemäß uneingeschränkt zukunftsgerichtet.

Die **laufende Planung** ist die kurz-, mittel- und langfristige Planung als kontinuierliche Umsetzung der unternehmenspolitischen Zielsetzungen.

Die **besondere Planung** befaßt sich mit allen Vorhaben außerhalb des kontinuierlichen Betriebsablaufs. Sie betrifft z.B. Erweiterungsinvestitionen, Kapazitätsabbauvorhaben, Unternehmensverbindungen und Sonderinvestitionen jeder Art.

Die **Finanzabteilung** hat als Stabsabteilung die Aufgabe, die oberste Leitung in allen Finanzfragen zu beraten. Ihr können bestimmte Daueraufgaben in diesem Bereich übertragen werden, wie die Überwachung der Liquidität der Unternehmung.

Die **Rechtsabteilung** kann neben ihrer Funktion als Stabsabteilung, die in der Beratung der Leitungsstellen in allen Rechtsfragen, beispielsweise steuerrechtlichen, arbeitsrechtlichen, handelsrechtlichen, baurechtlichen oder verkehrsrechtlichen Fragen, besteht, auch bevollmächtigt sein, die Unternehmung vor Gericht zu vertreten.

Im Kleinbetrieb müssen solche Aufgaben teils vom Steuerberater, teils von einem Rechtsanwalt als Berater oder fallweise Bevollmächtigtem wahrgenommen werden.

3.3.3 Ablauforganisation

Der Aufbauorganisation folgt die **Ablauforganisation.** Während aus den oben genannten Organisationsplänen die **Befehlswege** ersichtlich sind, werden hier die **Verkehrswege** festgelegt. Auf diesen vollzieht sich der Arbeitsablauf zwischen den Dienststellen.

Lieferantenrechnungen		
1. Eingangspost-Stelle	Leitet jede Rechnung an Buchhaltung weiter.	
2. Buchhaltung	Gibt der Rechnung eine laufende Belegnummer und bucht sie als Verbindlichkeit. Leitet Rechnung an die ERP weiter.	
3. Eingangsrechnungsprüfstelle (ERP)	Prüft Übereinstimmung mit der Wareneingangsmeldung und der Bestellung (Auftragsnummer, Warenart, Warenmenge, Preis, Rabatt, Skonto).	
	Wenn in Ordnung: Zahlbetrag und Fälligkeitstag einsetzen.	**Wenn Mängel:**
	Rechnung zurück an Buch-Buchhaltung.	Rechnung zur Klärung an Einkauf.
Einkauf		Klärt Mängel und leitet die Rechnung zum nochmaligen Durchlauf an die ERP zurück.
4. Buchhaltung	Wenn Rechnungsbetrag korrigiert wurde, entsprechende Korrekturbuchung vornehmen. Anweisungsberechtigter stellt Auszahlungsbeleg zur Zahlung des gültigen Rechnungsbetrages unter Angabe des Überweisungstermines aus und leitet die Rechnung zur Ablage.	
5. Registratur	Legt Rechnung nach den von der Buchhaltung gegebenen Belegnummern ab.	

Abb. 13: Beispiel für die Organisation eines Beleglaufs

Zur Darstellung der Verkehrswege verwendet man **Ablaufdiagramme**. Sie können in der Form sehr unterschiedlich als Liste, auch mit Hilfe von Symbolen oder als Matrix gestaltet werden. Inhaltlich können alle in der Unternehmung in Betracht kommenden Abläufe erfaßt werden. Die Erfassung in einer Liste ist leicht verständlich und für die Analyse bereits bestehender Abläufe als auch zur Soll-Darstellung geeignet, also zur Darstellung, welchen Weg ein bestimmter Ablauf nehmen soll. (Siehe Abb. 13.)

Gibt es bereits einen Ablauf, so wird der Ist-Zustand in einem Ablaufdiagramm festgehalten. Prüft man (nach Nordsieck) systematisch jeden Schritt durch die vier Fragen

– „Kann ich weglassen?"
– „Kann ich zusammenfassen?"
– „Kann ich die Reihenfolge verbessern?" und
– „Kann ich vereinfachen?",

dann ergibt sich in der Regel als Ergebnis ein rationalisierter Sollablauf.

Dieses Verfahren kommt nur für die Überarbeitung der Organisation einzelner Stellen in Betracht.

Die **Neuorganisation** wird grundsätzlich auf der Basis einer detaillierten **Aufgabenanalyse** vorgenommen. Ihr schließt sich die **Aufgabensynthese** an. Die Gesamtaufgabe wird in Teilaufgaben einzelner Stellen gegliedert und der organisatorisch vorgesehene Ablauf in Stellenbeschreibungen festgelegt.

Aus der Aufgabenanalyse ergibt sich, welche organisatorischen Regelungen überflüssig und welche für die Optimierung des betrieblichen Leistungsprozesses zweckmäßig sind. Es gilt, den Ablauf so zu organisieren, daß seine Zweckerfüllung im dauerhaften Betriebsgeschehen mit minimalem Aufwand erreicht wird.

Grundsätze für die Ablauforganisation sind Einfachheit und Einheitlichkeit (z.B. der Formulargestaltung). Sparsamkeit ist ein weiterer Organisationsgrundsatz, der ständig beachtet werden muß bei der Zahl der Stellen, den Arbeits- und Hilfsmitteln, den Ablaufwegen und den Verfahren. Organisatorische Festlegungen haben langanhaltende Wirkungen. Je wirtschaftlicher der Prozeß der Leistungserstellung erreicht wird, desto besser ist die Organisation. Zahlenfriedhöfe und die berüchtigten „Wasserköpfe" der Verwaltung müssen mit Nachdruck vermieden werden. Die Verantwortung für organisierte Unwirtschaftlichkeit trägt der Leiter der Organisationsabteilung.

3.3.4 Belegorganisation

Aus der Festlegung der Verkehrswege für das „Was?" ergeben sich Fragen nach dem „Womit?" und „Wie?". Die Antworten gibt die **Belegorganisation**. Den Begriff Beleg kann man für die Organisation durch den abstrakteren und daher allgemein gültigen Begriff **Informationsträger** ersetzen. In der Tat werden viele Informationen im Betrieb nicht mehr auf einem Beleg übermittelt, sondern z.B. mit einem Lochstreifen, oder sie werden mit einem Arbeitsplatzcomputer (Personal Computer oder PC genannt) auf den Bildschirm eines anderen Arbeitsplatzes übertragen und bei Bedarf gespeichert. Für Informationen größeren Umfangs kann man auch eine vom Computer „beschriebene" Diskette oder andere Datenträger verwenden.

Hier wird die Belegorganisation beschrieben, obgleich an vielen Stellen im Betrieb der Computer zur Datenübermittlung verwendet werden kann. Nicht nur die Vielfalt immer neuer Hardware (Geräte) und verschiedenartige Software (Computerprogramme) geben Anlaß, die Elektronische Datenverarbeitung (EDV) hier nicht näher zu behandeln. Es ist leichter, sich zunächst einen Beleg, seine Gestaltung, Bearbeitung, Weitergabe und Auswertung vorzustellen. Von Fall zu Fall kann man in der Praxis dasselbe durch Computereinsatz rationeller durchführen.

Hier ein Beispiel, das Anregung für eine entsprechend abgewandelte Anwendung in sehr vielen Betrieben geben kann:

Ein Kunde bestellt telefonisch im Büro einer Fluggesellschaft eine Flugkarte nach London für einen bestimmten Termin. Die Dame im Büro der Fluggesellschaft gibt bereits während des Telefonats die Daten in ihren Arbeitsplatzcomputer ein, der mit dem Zentralcomputer der Gesellschaft in Frankfurt am Main verbunden ist. Sie erwartet „on line" Auskunft, ob ein entsprechender Platz frei ist. On line heißt, daß sie direkt den gültigen Stand erfährt und durch direkte Eingabe einen freien Platz belegen kann. Die entsprechende Reservierungsliste des Zentralcomputers ist für andere Teilnehmer während dieser Zeit „besetzt". Der nächste Anfrager erfährt jeweils den neuesten Stand.

Auf diese und ähnliche Weise bietet der Computer Lösungen, die schnell und sehr kostengünstig sind und zudem störendes Papier vermeiden.

Wo dagegen Material bewegt und Arbeit an Hand von Unterlagen verrichtet werden muß, sind handhabbare Belege als Anweisungsträger, als Begleitdokumente und zur einfachen Bearbeitung dem Computereinsatz zumeist vorzuziehen.

Eine Belegorganisation ist notwendig, weil bei der Vielzahl betriebsnotwendiger Anweisungen deren Eindeutigkeit am besten durch formale Normung erreicht wird. Außerdem dient der Beleg der inhaltlichen und terminlichen Dokumentation der Anweisung und ihrer Ausführung.

Ein Belegsatz soll so gestaltet sein, daß er einen Leistungsprozeß (Sachgüterherstellung oder Dienstleistung) auslöst, steuert und dokumentiert.

In der Buchhaltungsabteilung erfolgt keine Buchung ohne Beleg. Der Beleg ist der Nachweis für den Zugang oder Verbrauch von Gütern (Entnahme vom Lager), für den Austausch von Geld gegen Güter und den übrigen Geldverkehr, für die Abgabe von Waren oder Dienstleistungen an den Markt und viele damit zusammenhängende Vorgänge. Der Beleg ermöglicht die Kontrolle der Betriebsabläufe und die zahlenmäßige Erfassung und Auswertung des abgewickelten Geschäfts- und Betriebsgeschehens.

Die Beleggestaltung soll es ermöglichen, daß die Durchschriften einer einzigen Ausfertigung mehrere Zwecke erfüllen können; zum Beispiel, daß Kopien des Fertigungsauftrags zugleich zur Information des Materiallagers im Hinblick auf Vorratshaltung, zur Information des Fertigfabrikatelagers wegen termingerechter Platzdisposition, dem Rechnungsbüro bei Auslieferung zur Ausstellung der Rechnung und dem Verandbüro als Versandanzeige dienen können.

Alle Formulare sollen die organisatorisch normierten Merkmale an der gleichen Stelle haben, z. B. kann festgelegt werden, daß das Feld für die Auftagsnummer immer rechts oben, Datumszeile, Dienststellenstempel und Unterschrift immer unten von links nach rechts anzubringen sind.

Belegnormung verbilligt die Belegherstellung, erleichtert und beschleunigt die Bearbeitung und vermindert Fehler.

3.3.5 Stellenbeschreibungen

Aufbauorganisation und Ablauforganisation werden durch **Stellenbeschreibungen** ergänzt. Die Stellenbeschreibung muß von der Analyse des wirtschaftlich Notwendigen und organisatorisch Zweckmäßigen ausgehen.

Ungeachtet der Person, die die Stelle besetzen wird, sind in der Stellenbeschreibung anzugeben:
- Nummer und Bezeichnung der Stelle,
- Dienstrang des Stelleninhabers,
- Vorgesetzte Stelle,
- Unterstellte Stellen,
- Vertreter des Stelleninhabers,
- vom Stelleninhaber zu vertretende Personen,
- Beschreibung der Anforderungen und Aufgaben, die vom Stelleninhaber zu erfüllen sind,
- Arbeitsablaufbeschreibung: Was ist, von welcher Stelle kommend, wie zu bearbeiten und in welcher Form an welche Stelle weiterzugehen?.

Wiederkehrende Termine und Fristen sind anzugeben.
Ferner gehören dazu:
- Datum und Unterschrift des Vorgesetzten und des Stelleninhabers.
- Verteiler: alle Gruppenangehörigen, der Abteilungsleiter, der Hauptabteilungsleiter (oder entsprechende, je nach organisatorischer Ebene der Stelle).

3.3.6 Informale Organisation

Neben der geplanten **formalen Organisation** entsteht häufig im Betrieb ungewollt eine **informale Organisation,** so z. B., wenn der Informationsfluß schwerfällig ist. Die Betroffenen werden sich dann ungeachtet des formal vorgesehenen Informationsweges informatorisch kurzschließen.

Schwerwiegende Auswirkungen kann eine informale Verselbständigung haben, wenn dadurch in einzelnen Stellen ohne Auftrag gearbeitet wird. Einerseits wird dann die eigentliche Aufgabenstellung vernachlässigt, der Aufwand für die selbst gewählte Arbeit aber zu Lasten einer Auftragsnummer abgerechnet, für die nicht gearbeitet wurde. Eine wirtschaftliche Unternehmensführung wird dadurch unmöglich. Selbst die Kosten je Auftrag sind so nicht mehr zu ermitteln. Fälle dieser Art kommen z. B. im Forschungsbereich vor, wenn geniale Ingenieure ihren Ideen folgen, statt marktbezogenen Entwicklungsaufträgen.

Ein anderes Beispiel ist die informale Gruppenstruktur, abweichend von der formal geplanten. Sie entsteht, wenn der Gruppenleiter seine organisatorisch vorgesehene Kompetenz nicht mit fachlich und menschlich begründeter Autorität füllt. Seine Leitungsfunktion kann unter der größeren Autorität eines anderen Gruppenmitgliedes leiden. Das Arbeitsverhalten der Gruppe wird sich nach dem Vorbild des informalen Gruppenführers richten. Derartige Strukturen sollten bei der Gruppenorganisation und Stellenbesetzung genutzt werden.

3.3.7 Gliederungssysteme

Im kaufmännischen Bereich gibt es eine Reihe allgemein üblicher Gliederungssysteme: Farben, Symbole, andere Markierungen und alphanumerische Ordnungen. Alphanumerisch bedeutet, daß zum Kennzeichnen von Gruppen oder Reihenfolgen Buchstaben des Alphabets oder Ziffern verwendet werden.

So wird man Kundenkarteien zumeist alphabetisch, innerbetriebliche Sachverhalte jedoch grundsätzlich numerisch ordnen; dies schon im Hinblick auf die Elektronische Datenverarbeitung, selbst wenn sie zur Zeit noch nicht im Betrieb angewandt werden sollte. Denn auch Kleinbetriebe erleichtern und verbilligen sich manche Büroarbeit, wenn sie ihre Belege zur fachgerechten Bearbeitung an Datenverarbeitungsbetriebe geben. Über kurz oder lang wird es kaum einen Betrieb ohne eigenen Arbeits- und Informationscomputer geben. Bereits vorgefertigte, käufliche Programme (Software) ermöglichen es, nach einer gewissen Einübungszeit im Betrieb Verwaltungsarbeiten durchzuführen und aus den eigenen Betriebszahlen übersichtlich Entwicklungstendenzen und Abhängigkeiten abzulesen.

So wie große Unternehmungen ihre Standorte numerieren und an jedem Standort die Werke (oder Betriebe), so numeriert man auch im kleineren Betrieb jede Dienststelle (Büro, Werkstatt, Labor usw.). Bei Fertigungen mit aufwendigen maschinellen Anlagen werden auch die Fertigungsplätze numeriert. Es gibt dann Standortnummern, Werksnummern, Dienststellennummern, die in der Regel Kostenstellennummern genannt werden, weil dort die Kosten entstehen, und schließlich, innerhalb mancher Kostenstellen, Kostenplatznummern.

Im Interesse eines einheitlichen Ordnungssystems der Unternehmung hat sich die Anwendung einer Weiterentwicklung der Dezimalklassifikation bewährt. Sie wird in der DIN (Deutsche Industrie-Norm) 1421 beschrieben.

Die einfache Dezimalklassifikation (Zehnerklassifikation) erlaubt die Bildung von 10 Gruppen (0 bis 9), deren jede wieder in 10 Untergruppen (0 bis 9) untergliedert werden kann und so fort. Wo nicht mehr als 10 Untergruppen vorkommen können, ist diese einfache Dezimalklassifikation ausreichend.

Können jedoch mehr als 10, aber nicht mehr als 100 gleichstehende Gruppen vorkommen, so sind die Zahlen 00 bis 99 mit jeweils einem nachgestellten Punkt zu verwenden. Der Punkt macht deutlich, daß z. B. 87. nicht bedeutet: Gruppe 8, Untergruppe 7, sondern Gruppe 87. Sind mehr als 100, aber nicht mehr als 1000 Gruppen zu erwarten, so ist der Punkt hinter dreistellige Zahlen von 000. bis 999. zu setzen usw. Das System wurde von dem amerikanischen Bibliothekar Melvil Dewey entworfen und wird seit 1876 angewendet. Nach ihm wird es auch Deweysches System genannt.

3.4 Laufende und besondere Planung

Bei der Planung ist zwischen
- laufender Planung und
- besonderer Planung
zu unterscheiden.

Während die **laufende Planung** die betriebliche Leistungserstellung und -verwertung im Rahmen der gegebenen Organisation zum Gegenstand hat, befaßt sich die **besondere Planung** mit allen Vorhaben außerhalb des kontinuierlichen Betriebsablaufs. Jede erdenkliche Veränderung kann Gegenstand der besonderen Planung sein: Kapazitätserweiterung, Kapazitätsabbau, Umstrukturierung der Produktionskapazität, Verfahrensänderung, Errichtung eines weiteren Standortes, Errichtung eigener Vertriebsbüros, Beteiligung an anderen Unternehmungen, Auslandstätigkeit usw. Die laufende und die besondere Planung unterscheiden sich nicht nur in den Planungsgegenständen, sondern auch in den Grundlagen, von denen auszugehen ist, in den Zielen und in den Verfahren. Da sich die Finanzierungsgrundsätze für die besondere Planung wegen der Einmaligkeit jedes Vorhabens völlig von den Finanzierungsregeln für die laufende Leistungserstellung und -verwertung unterscheiden, ist auch die **Finanzplanung** in eine **laufende** und eine **besondere** Planung zu gliedern.

Gemeinsame Aufgabe der laufenden und der besonderen Planung ist die Umsetzung der unternehmenspolitischen Zielsetzungen in konkrete Vorgaben. Es werden verschiedenartige Pläne für die Strukturierung von Zusammenhängen, für Abläufe und für Ergebnisse angewendet, so daß zu unterscheiden sind:
- Strukturpläne (Standort-, Kapazitäts-, Finanzstrukturpläne),
- Ablaufpläne (Absatz-, Produktions-, Beschaffungspläne) und
- Ergebnispläne (Gewinn-, Leistungs-, Kostenpläne).

In Einklang mit der zeitlichen Abfolge unternehmerischer Zielsetzung und zunehmender Ungewißheit, je weiter die Planung in die Zukunft reicht, wird die Planung in eine **lang-**, eine **mittel-** und eine **kurzfristige Planung** gegliedert.

Die **langfristige Planung** enthält eine Grobplanung, die in der Regel über fünf Jahre hinausreicht und sich auf 10, 15, 20 oder mehr Jahre erstrecken kann. Sie hat vor allem für die langfristige Strukturplanung der Unternehmung Bedeutung (Standort-, Grundstücks-, Gebäudeplanung).

Die **mittelfristige Planung** betrifft die über ein Jahr hinausreichende Zeit bis zu fünf, mitunter auch mehr Jahren. Hier wird die Strukturplanung konkreter. Manche Objekte müssen in Angriff genommen werden. In Branchen mit langfristiger Fertigung reichen Ablauf- und Ergebnispläne bis in diesen Zeitraum (Schiffbau, Stauwerksbau, Errichtung von Fabriken). Auch die Personalplanung muß eine mittelfristige Planung sein. Während die langfristige Planung neben der Strukturplanung relativ wenige Zahlen enthält, wie vielleicht die geplante Umsatzentwicklung und die vorzusehende Personalentwicklung, beziffert die mittelfristige Planung schon konkreter Raum-, Maschinen- und Personalbedarf und skizziert Personalfortbildung, bauliche Veränderungen, Finanzbedarf usw.

Die **kurzfristige Planung** betrifft in der Regel das bevorstehende Geschäftsjahr. Hier haben Ablauf- und Ergebnispläne ihre größte Bedeutung. Neben die Absatz- und Ergebnisplanung des Vertriebsbereichs treten im Fertigungsbereich die Fertigungsplanung und die Arbeitsvorbereitung und im Bereich Materialwirtschaft die Lagerbestands- und Beschaffungsplanung. Die kurzfristige Planung bezieht sich auf die wichtigsten Zahlen der Unternehmung wie Personalbedarf, Produkte, Produktionsprogramm, Absatz, Bestände, Bau- und Einrichtungsvorhaben, Beschaffung, Umsatz, Gewinn und Finanzierung. Sie enthält daneben die detaillierte Kosten- und Leistungsplanung für alle Betriebsbereiche, untergliedert nach Dienststellen (Kostenstellen) und monatsweise untergliedert nach Kostenarten.

Diese **Sollzahlen** sind keine Mindestvorgaben, die man möglichst übertreffen soll. Es sind auf die **real erreichbare Wirtschaftlichkeit** des Betriebsgeschehens abgestellte, angemessene Zahlen. Wenn die Sollzahlen unerreichbar oder leicht zu übertreffen sind, dann stimmt die Planung nicht.

Durch Zusammenführung der verschiedenen untereinander koordinierten Teilpläne ergibt sich die Gesamtplanung einer Planperiode als Personal-, Sach- und Finanzplanung. Aufgabe der Planungsabteilung ist eine „integrierte Planung", d. h. eine Planung, bei der sich alle Teilpläne zu einer abgestimmten Gesamtplanung ergänzen. Zumindest muß die integrierte Planung in der Praxis angestrebt werden.

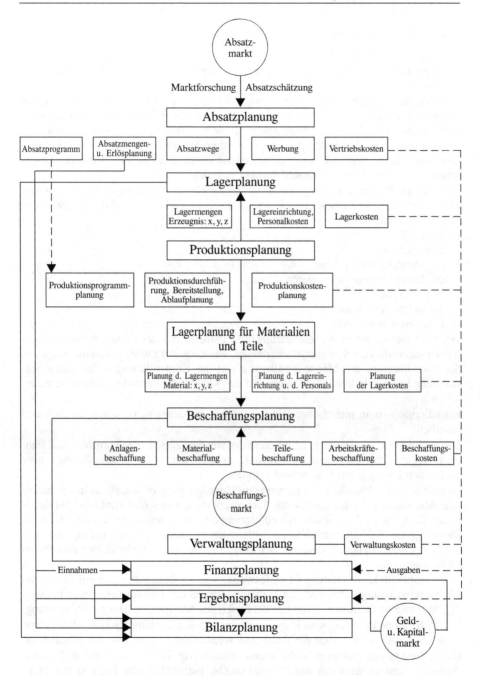

Abb. 14: Schematische Übersicht über das betriebliche Planungssystem
(In Anlehnung an Mellerowicz, Konrad: Planung und Plankostenrechnung, Bd. I –
Betriebliche Planung, 2. Aufl., Freiburg i. Br. 1970, S. 180.)

71

3.5 Leitung und Kontrolle

Im Abschnitt 3.3.2.2, „Die Organisation der Unternehmensleitung", wurde bereits deutlich, daß die Unternehmensleitung auf verschiedenen Ebenen der Leitungsstruktur stattfindet.

Je höher die Leitungsebene, desto weniger Routinearbeit ist für die leitende Person organisatorisch vorzusehen. Nur Vorgänge, die Kosten oder Risiken von nennenswerter Höhe auslösen, sollen, nach Wert gestaffelt, dem Abteilungsleiter oder der obersten Leitungsinstanz zur Unterschrift vorgelegt werden. Bei allen übrigen Aufträgen, die zu Aufwand führen, muß neben der Abzeichnung durch den Sachbearbeiter die Unterschrift des vorgesetzten Dienststellenleiters ausreichen.

Auf den verschiedenen Leitungsebenen gelten die gleichen Führungsprinzipien, wenngleich der Anteil der Leitungsaufgaben nach unten ab- und der Anteil der ausführenden Arbeit zunimmt.

Leiten heißt
- Ziele setzen,
- die Durchführung planen,
- die Durchführung organisieren,
- koordinieren,
- Menschen führen und
- Ergebnisse kontrollieren.

Während die Aufgaben der Zielsetzung, des Planens und der Organisation einer gewissen sachbedingten Systematik unterliegen, wie dargestellt wurde, sind die Aufgaben der **Koordination,** der **Menschenführung** und der **Kontrolle** wegen der engen Verknüpfung mit den individuellen Interessen der Mitarbeiter besonders schwierig zu erfüllen.

Koordination ist in mehrfacher Hinsicht vonnöten: sachlich, personell, zeitlich und räumlich.

Die **sachliche** Koordinierung ist bei konkurrierenden Zielen (Zielkonflikt) eine Führungsaufgabe, die Entscheidungsfähigkeit, neben dieser Charaktereigenschaft aber auch einen hohen Informationsstand erfordert.

Weiterhin ist die Fähigkeit zur **personellen** Koordinierung erforderlich, insbesondere „die Abstimmung der Denkweise des Technikers mit der des Wirtschaftlers" (Mellerowicz). Daneben ist die **zeitliche** Koordinierung ein immerwährender Prozeß, denn der überwiegende Teil der betrieblichen Tätigkeiten ist nicht technisch bedingt zwangsterminiert, sondern bedarf jeweils neuer Entscheidungen über Reihenfolgen und Fertigstellungstermine.

Eine **räumliche** Koordinierung ist stufenweise, von der Bauplanung bis zur Büro- und Werkstatteinrichtung, aber auch im laufenden Prozeß der Leistungserstellung notwendig, in manchen Branchen besonders bezüglich der Materialbewegung und -lagerung.

Mittel der Koordinierung sind Planung, Koordinierungskonferenzen, Koordinierungsausschüsse und nicht zuletzt die frühe und vollständige Information der Mitarbeiter.

Die nächste Leitungsaufgabe ist die **Menschenführung.** Die Entwicklung in Technik, Wirtschaft und Gesellschaft macht traditionelle, patriarchalische Formen der Menschenführung immer weniger sinnvoll und auch immer weniger möglich. Nur wer ein gutes Arbeitsklima und gute Leistungen verhindern will, wird den Mitarbeiter als

Untergebenen behandeln. Zunehmend ist der Vorgesetzte auf den speziellen Sachverstand und auf die selbständige Entscheidungsfähigkeit des Mitarbeiters angewiesen. Zuhören gehört daher zu den Leitungsaufgaben. Mängel kann man nur abstellen, wenn man sie kennt.

Andererseits sind Information und Motivation der Mitarbeiter durch den Vorgesetzten zunehmend Voraussetzungen dafür, daß die gesteckten Ziele erreicht werden. Die Unfähigkeit zu motivieren ist häufige Ursache von Unzufriedenheit der Mitarbeiter und unwirtschaftlicher Arbeit.

Für die sichere Funktionserhaltung der Unternehmung sind unter den heutigen Bedingungen Grundsätze der Menschenführung zu beachten, die zu folgenden Ergebnissen führen sollen:

– Interesse des Mitarbeiters an der gemeinsamen Zielerreichung (der Gruppe, der Abteilung, der Unternehmung),
– konfliktfreie Arbeit in der Gemeinschaft (in der Gruppe, in der Abteilung, in der Unternehmung),
– Vertrauen in die gerechte Verteilung von Lasten und Lohn (in der Gruppe, in der Abteilung, in der Unternehmung).

Als letzte Leitungsaufgabe ist die **Kontrolle** zu nennen.

Zielsetzung und Planung sind auf Dauer nur sinnvoll, wenn man kontrolliert, ob die Ziele erreicht werden und wo Abweichungen von der Planung eintreten.

Zuerst muß dem Mitarbeiter selbst die Kontrolle über seinen Arbeitsbereich möglich sein. Er selbst kann dann bei Abweichungen deren Ursachen ausfindig machen und nach Rationalisierungsmöglichkeiten suchen.

Die Objektivität ergebnisorientierten Wirtschaftlichkeitsstrebens liegt im Interesse der Arbeitnehmer wie der Kapitalgeber. Kein Kapitalgeber wird Geld in eine unrentable Unternehmung stecken. Kein Arbeitnehmer kann auf Dauer sein Einkommen aus einem unwirtschaftlichen Betrieb beziehen.

Zur Unternehmensleitung braucht man objektive Meßzahlen – auch zur Selbstkontrolle der Leitung. Meßzahlen, die einen betriebswirtschaftlich wichtigen Sachverhalt kennzeichnen, werden im Betrieb, wie schon erwähnt, **Kennzahlen** genannt.

Produktivitäts-, Wirtschaftlichkeits- und Rentabilitätsmeßzahlen sind drei wichtige Gruppen von Meßzahlen, aus denen jeder Leitende die für ihn wichtigen Kennzahlen auswählt.

Unter **Produktivität** versteht man die technische Ergiebigkeit von Einsatzmengen; im Betrieb also die technische Ergiebigkeit
– einer Arbeitsleistung,
– eines Betriebsmittels (Maschine, Anlage usw.) oder
– eines Werkstoffes.

Produktivitätsmeßzahlen geben ein Mengenverhältnis an, das Verhältnis von Ausbringung zu Einsatz (Output zu Input). Um sinnvolle Produktivitätsmeßzahlen zu bilden, muß zwischen den in Beziehung gesetzten Mengen zumindest ein gewisser Wirkzusammenhang bestehen.

Beispiele:

Bei Gießverfahren

$$\text{Produktivität} = \frac{\text{Ausbringung (in t)}}{\text{Einsatz (in t)}}$$

Beim Porzellanbrennen

$$\text{Produktivität} = \frac{\text{Verwertbare Stückzahl}}{\text{Charge (Stückzahl)}}$$

Produktivitätsvergleiche verschiedener Anlagen oder verschiedener Verfahren lassen sich nur durchführen, wenn sowohl die Ausbringungsmengen der verschiedenen Anlagen oder Verfahren der Art nach vergleichbar sind als auch die Einsatzstoffe. Für Vergleiche verschiedener Anlagen oder Verfahren sind Produktivitätskennzahlen daher nur sehr begrenzt in Teilbereichen verwendbar. Dagegen ist die Produktivität für Zeitvergleiche gut geeignet. Beim **Zeitvergleich** wird dieselbe Anlage oder dasselbe Verfahren, jedoch von verschiedenen Zeitpunkten oder verschiedenen gleich langen Zeiträumen verglichen.

Bewertet man Output und Input mit Geldeinheiten (DM), dann wird aus einem Mengenverhältnis ein Wertverhältnis. Damit verläßt man die Gruppe der Produktivitätsmeßzahlen und kommt zu den **Wirtschaftlichkeitsmeßzahlen.**

Die **Wirtschaftlichkeit** gibt ein **Wertverhältnis** an zwischen dem Wert einer Ausbringungsmenge und dem Wert einer Einsatzmenge; es wird der Wert einer Leistung zu ihren Kosten ins Verhältnis gesetzt.

$$\text{Wirtschaftlichkeit} = \frac{\text{Marktwert der Leistung (DM)}}{\text{Kosten der Leistung (DM)}}$$

Die Bewertung mit Geldeinheiten ermöglicht die Addition sowohl von Kosten, deren Mengen unterschiedlicher Produktionsfaktoren nicht addierbar sind, als auch die Addition komplex zusammengesetzter Leistungen. Dadurch läßt sich die Wirtschaftlichkeit auch dann ermitteln, wenn die Nichtaddierbarkeit der Mengen Produktivitätsvergleiche ausschließt.

In der Mehrzahl der Fälle, so bei allen Teilleistungen, die nicht selbständig marktgängig sind, muß statt des Marktpreises ein Ersatzwert angesetzt werden. Entweder schätzt man einen Marktpreis oder man setzt hilfsweise ein **wirtschaftlich angemessenes Soll** ein und beurteilt die Wirtschaftlichkeit nach dem Verhältnis der Istkosten der Leistung zu diesen Sollkosten. Dann ist das Ergebnis jedoch anders zu werten: Sind die Ist- gleich den Sollkosten, das Ergebnis also 1, dann ist die Leistung wirtschaftlich erbracht worden. Ein Ergebnis unter 1 zeigt Unwirtschaftlichkeit an, denn die Istkosten sind höher als die **wirtschaftlich angemessen Sollkosten.** Das Ergebnis der Rechnung ist also „wirtschaftlichkeitsproportional".

$$\text{Wirtschaftlichkeit} = \frac{\text{Sollkosten der Leistung (DM)}}{\text{Istkosten der Leistung (DM)}}; \qquad \text{Ziel: 1 oder} > 1$$

Da es jedem Unternehmen freisteht, eigene Meßzahlen zu bilden, können Zähler und Nenner auch ausgetauscht werden. Dann zeigen Werte über 1 Unwirtschaftlichkeit an.

$$\text{Wirtschaftlichkeit} = \frac{\text{Istkosten der Leistung (DM)}}{\text{Sollkosten der Leistung (DM)}}; \qquad \text{Ziel: 1 oder} < 1$$

Durch Einsatz sinnvoller Ersatzwerte sind die Anwendungsmöglichkeiten der **Wirtschaftlichkeitsmeßzahlen** so vielfältig, daß sie **neben den absoluten Zahlen des betrieblichen Rechnungswesens die Hauptrolle bei seiner Auswertung und für die Planung** spielen.

Während Produktivität und Wirtschaftlichkeit der Beurteilung der Leistung des Betriebes dienen, wird mit Hilfe der **Rentabilität** der Erfolg der Unternehmung als Ganzes beurteilt.

Die Rentabilität ist der Prozentsatz, um den sich das **risikotragende Kapital im Jahr vermehrt.** Risikotragendes Kapital ist das eingesetzte Eigenkapital. Diesem wird der im Geschäftsjahr erzielte Gewinn gegenübergestellt.

$$\text{Rentabilität} = \frac{\text{Gewinn (DM) x 100}}{\text{eingesetztes Eigenkapital (DM)}} = x\,\%.$$

Beispiel:
$$\text{Rentabilität} = \frac{8.000 \text{ DM Gewinn x 100}}{80.000 \text{ DM Eigenkapital}} = 10\,\%$$

Wenn der Fremdkapitalzins niedriger ist als die Rentabilität des risikotragenden Kapitals, dann kann diese zumeist durch zusätzlichen Fremdkapitaleinsatz noch erhöht werden.

Die mittel- oder langfristig erzielbare Rentabilität ist die ausschlaggebende Zahl für den Investor. Ist die durchschnittliche Rentabilität zu gering, dann wird der Kapitalgeber sein Geld nicht in die Unternehmung geben, sondern einem Verwendungszweck zuführen, der eine höhere Rendite verspricht.

Die große Bedeutung der Rentabilität als Kontrollzahl für die oberste Leitung kommt darin zum Ausdruck, daß Teilbereiche großer Unternehmungen, gegliedert z. B. nach Artikelgruppen, auch rechnerisch als „Profitcenters" auseinandergehalten werden, um die Rentabilität der Teilbereiche sichtbar und die Leiter der Bereiche für die Erreichung der gesetzten Rentabilitätsziele verantwortlich zu machen. In Mischkonzernen, die in verschiedenen Branchen tätig sind, ergibt sich für Leitung und Kontrolle von selbst eine differenzierte Aussage über die Rentabilität der verschiedenen Unternehmensteile.

Trotz der Unterschiede zwischen Produktivität, Wirtschaftlichkeit und Rentabilität kann man bei oberflächlicher Betrachtung annehmen, daß diese drei Meßzahlengruppen stets gleichgerichtete Schlüsse zulassen, daß also z. B. eine erhöhte Produktivität zwangsläufig höhere Wirtschaftlichkeit mit sich bringt und daß demzufolge auch die Rentabilität größer sein wird. Das stimmt nur der Tendenz nach, nicht aber zwangsläufig im Einzelfall.

Ausgehend von der im Betrieb vorhandenen Fertigungstechnik wird man für die meisten Arbeitsplätze Verfahren für eine Produktivitätssteigerung, also für eine bessere Ausnutzung des Faktoreinsatzes finden können. Was aber, wenn für das verbesserte Mengenergebnis keine entsprechende wirtschaftliche Verwendungsmöglichkeit besteht? Der Aufwand für das produktivere Verfahren wäre verschwendet.

Es ist viel wichtiger, die Teilproduktivitäten eines Betriebes im Hinblick auf sein Produktionsprogramm so zu harmonisieren, daß weder Überkapazitäten noch Engpässe entstehen. **Die Produktivität überall zu steigern, wo es möglich ist, kann unwirtschaftlich sein und auch die Rentabilität mindern.**

Ähnlich differenziert muß man das Verhältnis von Wirtschaftlichkeit und Rentabilität sehen.

Angenommen, ein Betrieb befasse sich mit der Herstellung von Heißluftballons. Die Produktionsanlagen seien sehr gut abgestimmt, die im Betrieb Beschäftigten arbeiteten bestens, das eingesetzte Material sei preisgünstig und fehlerfrei; kurz, der Betrieb arbeite höchst wirtschaftlich. Die hohe Wirtschaftlichkeit werde vor allem durch eine sehr große Produktionsmenge pro Tag erreicht, die eine weitgehende Automatisierung der Fertigung ermögliche.

Dennoch wird das Unternehmen nicht rentabel sein. Denn trotz höchster Wirtschaftlichkeit der Herstellung kauft niemand so große Mengen von Heißluftballons. Die Eigenkapitalrentabilität dürfte negativ sein. Das heißt, statt eines Gewinnes dürfte sich ein Verlust ergeben.

Dennoch ist ein Zusammenhang zwischen Wirtschaftlichkeit und Rentabilität gegeben. Eine Verbesserung der Wirtschaftlichkeit verbessert in der Regel auch das Ergebnis: Ein Verlust wird verringert, ein Gewinn wird erhöht.

Ist trotz hoher Wirtschaftlichkeit die Eigenkapitalrentabilität auf Dauer geringer als der Zins, den man bei einer Bank für das Kapital bekäme, dann ist die Fertigung „unrentabel". Die Fertigung ist umzustellen oder aufzugeben. Das Kapital fließt dann einer vom Konsumenten besser honorierten Verwendung zu.

Wirtschaftlichkeitskennzahlen, Gewinn und Rentabilität sind im kaufmännischen Rechnungswesen unabhängig von der Betriebsgröße wichtige Zahlen der Planungs- und Kontrollrechnung. Selbst im Kleinbetrieb kann die „Zweiaugenkontrolle" die Objektivität der Zahlen nicht ersetzen. Auch hier sollte man einige Kennzahlen monatlich ermitteln, um ihre Entwicklung zu beobachten. Nicht eklatante Endpunkte sollte man abwarten, sondern am Verlauf der Zahlenreihen frühzeitig Wendepunkte ablesen, um nötigenfalls rechtzeitig Entscheidungen zu treffen.

4 Rechtsformen der Unternehmungen und Zusammenschlußformen der Wirtschaft

4.1 Die Rechtsformen der Unternehmungen

4.1.1 Einführung

4.1.1.1 Die Ausgangsbedingungen

Die Leistungserstellung einer Volkswirtschaft vollzieht sich in Betrieben. Nicht jeder Betrieb ist auch eine Unternehmung. Als **Unternehmung** wird ein Betrieb erst bezeichnet, wenn er zu erwerbswirtschaftlichen Zwecken die nötige Geschäftsorganisation und eine darauf abgestellte Rechtsform erhalten hat. Zum Wesen der Unternehmung gehört die Risikobereitschaft des Eigenkapitals als Äquivalent zur Möglichkeit der Gewinnerzielung.

Die **Gewerbefreiheit** – die Freiheit für jedermann zur wirtschaftlichen Betätigung an jedem Ort zu jeder Zeit –, die nur durch wenige Ausnahmen eingeschränkt ist, war bereits **Grundsatz der Gewerbeordnung** vom 21.6.1869. Sie hat bis heute rund 65 Gesetzesänderungen erfahren (neueste Fassung vom 1.1.1987). Durch die Artikel 2 und 12 des Grundgesetzes wurde die Gewerbefreiheit gesichert. Ausnahmen, z.B. für Gastwirte, Makler und Taxiunternehmen, sind gesetzlich geregelt.

Jedes Gewerbe ist „anzeigepflichtig", d.h. es muß **beim zuständigen Gewerbeamt angemeldet** werden. Welche Gewerbe zusätzlich „erlaubnispflichtig" sind, erfährt man bei der Vorklärung der Erfordernisse einer selbständigen Tätigkeit von der Handwerkskammer bzw. von der Industrie- und Handelskammer oder vom Gewerbeamt.

4.1.1.2 Grundlegende Rechtsbegriffe

Unternehmungen können **Einzelunternehmungen** oder **Handelsgesellschaften** sein. Ihre Rechtsformen sind im Privatrecht gesetzlich geregelt.

Das **Privatrecht** ist der Teil des Rechts, der (von wenigen Ausnahmen abgesehen) die Beziehungen zwischen Privatpersonen regelt. Das Privatrecht ist hauptsächlich im Bürgerlichen Gesetzbuch (BGB von 1896; in Kraft seit 1.1.1900), im Handelsgesetzbuch (HGB von 1897; in Kraft seit 1.1.1900) und in Gesetzen über die Kapitalgesellschaften, im Urheberrecht sowie im sehr aufgesplitterten Arbeitsrecht verankert.

Daneben gibt es das **Öffentliche Recht.** Es ist der Teil des Rechts, der die Beziehungen zwischen den Behörden sowie zwischen Behörden und Privatpersonen regelt. Privatpersonen sind natürliche Personen (Menschen) und juristische Personen des privaten Rechts. Darauf wird weiter unten näher eingegangen.

Das öffentliche Recht umfaßt Verfassungsrecht, Staatsrecht, Verwaltungsrecht, Strafrecht und Verfahrensrecht für die Gerichte.

Im Interesse der Eindeutigkeit der weiteren Ausführungen werden vorab einige Rechtsbegriffe erklärt:

1. Eigentum
2. Haftung
3. Firma
4. Geschäftsführung
5. Vertretung
6. Juristische Person
7. Handelsregister

1. **Eigentum:** Der § 903 des Bürgerlichen Gesetzbuches, dessen Grundgedanke bereits im römischen Recht entwickelt wurde, lautet: „Der Eigentümer einer Sache kann, soweit nicht das Gesetz oder Rechte Dritter entgegenstehen, mit der Sache nach Belieben verfahren und andere von jeder Einwirkung ausschließen." Eigentum vermittelt daher die umfassendste **Besitz-, Nutzungs- und Verfügungsmacht** über eine Sache. Um Mißbrauch zu verhindern, heißt es jedoch in Artikel 14, Absatz 2 des Grundgesetzes der Bundesrepublik Deutschland: „Eigentum verpflichtet. Sein Gebrauch soll zugleich dem Wohle der Allgemeinheit dienen."
   Besitz ist gegenüber dem Eigentum ein eingeschränktes Recht, das nur in Übereinstimmung mit dem Eigentümer ausgeübt werden kann. Das setzt voraus:
   - einen **Mietvertrag** (man mietet ein Boot, eine Wohnung, eine Maschine vom Eigentümer),
   - einen **Pachtvertrag** mit dem Eigentümer (er ermöglicht dem Pächter mit der wirtschaftlichen Nutzung eines Grundstücks auch den Genuß der Früchte),
   - einen **Nutzungsvertrag,** der mit dem Eigentümer individuell ausgehandelt sein kann,
   - einen **Leihvertrag,** der den „Verleiher einer Sache verpflichtet, dem Entleiher den Gebrauch der Sache unentgeltlich zu gestatten" (§ 598 BGB) oder zumindest
   - die **Duldung** durch den Eigentümer.

2. **Haftung:** Haftung ist die Verpflichtung, für eine Schuld einzustehen.
   Eine gemeinschaftliche Haftung zusammen mit anderen Personen heißt „gesamtschuldnerische Haftung" oder „Haftung zur gesamten Hand".
   Die gesamtschuldnerische Haftung verpflichtet jeden einzelnen der Schuldner, dem Gläubiger für den Gesamtbetrag einzustehen. Wer die Schuld beglichen hat, kann die Schuldanteile seiner Mitschuldner im Innenverhältnis von diesen zurückverlangen.

3. **Firma:** § 17 HGB definiert den Begriff Firma:
   „(1) Die Firma eines Kaufmanns ist der Name, unter dem er ... seine Geschäfte betreibt und die Unterschrift abgibt.
   (2) Ein Kaufmann kann unter seiner Firma klagen und verklagt werden."
   Etwas anderes sind sog. Etablissementsbezeichnungen. Sie sind nur als Zusatz in Branchen zulässig, in denen ihre Anwendung üblich ist, wie bei Apotheken („Adler-Apotheke") oder Gaststätten („Waldklause").

4. **Geschäftsführung:** Der Begriff bezieht sich auf Führungsaufgaben im Innenbereich einer Unternehmung. Die Geschäftsführung umfaßt die Weisungsbefugnis gegenüber Beschäftigten, wie sie zur ordnungsgemäßen Geschäftsabwicklung erforderlich ist. Andererseits schließt sie die Verantwortung für eine ordnungsgemäße und gesetzliche Unternehmensführung ein. Dazu gehört unter anderem die Verantwortlichkeit für die Ordnungsmäßigkeit der Buchführung und des Jahresabschlusses.

5. **Vertretung:** Sie betrifft das Außenverhältnis. Wer Vertretungsvollmacht hat, ist berechtigt, namens der Firma rechtsgültig Erklärungen gegenüber Dritten abzugeben und Verträge zu schließen (mit Kunden, Lieferanten, Behörden usw.). Wo nicht zwischen Geschäftsführung und Vertretung unterschieden wird (evtl. in Gesellschaftsverträgen), wird ein zur Geschäftsführung Bestellter auch als vertretungsbevollmächtigt angesehen.

6. **Juristische Person:** Alle Menschen sind „natürliche Personen". Nach der Geburt wird man beim Standesamt angemeldet, zur Eintragung von Namen, Vornamen usw. in das Personenstandsregister. Dagegen werden „juristische Personen" nicht von Natur aus, sondern auf der Grundlage von Gesetzen juristisch geschaffen. Ihrem Wesen nach sind es Einrichtungen, Institutionen, Betriebe o.ä., die auf Beschluß von Menschen errichtet werden.

Zu unterscheiden sind
- juristische Personen des privaten Rechts und
- juristische Personen des öffentlichen Rechts.

Die Gründung einer juristischen Person auf der Grundlage von **privatem Recht** bedarf notarieller Beurkundung. In dieser Form können z.B. Vereine, Genossenschaften, Aktiengesellschaften oder Gesellschaften mit beschränkter Haftung gegründet werden. „Alle Deutschen haben das Recht, Vereine und Gesellschaften zu bilden" (Artikel 9 Abs. 1 des Grundgesetzes). Eine juristische Person ist beim Registergericht des Amtsgerichts, in dessen Bezirk sie ihren Sitz hat, zur Eintragung anzumelden. Handelsgesellschaften werden in das Handelsregister, Genossenschaften in das Genossenschaftsregister, Vereine in das Vereinsregister eingetragen.

Juristische Personen des **öffentlichen Rechts** sind Einrichtungen, denen ihr Status durch behördlichen Rechtsakt verliehen wird. Dazu gehören die Körperschaften des öffentlichen Rechts, die Anstalten des öffentlichen Rechts und die Stiftungen des öffentlichen Rechts.

Juristische Personen können nicht von sich aus handeln. Sie benötigen dazu **Organe.** Solche Organe sind z.B. beim Verein der Vorstand und die Mitgliederversammlung, bei der Aktiengesellschaft der Vorstand, der Aufsichtsrat und die Hauptversammlung.

Die juristischen Personen haften für die in ihrem Namen eingegangenen Verpflichtungen mit ihrem gesamten Vermögen; es haftet dann keine natürliche Person. (Wichtig bei Kapitalgesellschaften!)

Die **juristischen Personen des Öffentlichen Rechts** gehören rechtlich zu den **Behörden,** wogegen die **juristischen Personen des privaten Rechts** den **natürlichen Personen** rechtlich gleichgestellt sind.

7. **Handelsregister:** Die Handelsregister registrieren alle Firmen, die mit Sitz im betreffenden Gerichtsbezirk ein ‚Handelsgewerbe' betreiben. Firmen, die ein Handelsgewerbe betreiben, müssen zur Eintragung angemeldet werden.

Als **Handelsgewerbe** gelten gem. § 1 HGB nicht nur der Handel mit Waren und Wertpapieren, sondern auch die nicht nur handwerksmäßig betriebene Be- oder Verarbeitung von Waren, das Versicherungs-, Bank- und Geldwechslergeschäft, Personen- und Frachtbeförderung, Kommissions-, Speditions- und Lagerhaltungsgeschäfte, die Geschäfte der Handelsvertreter und Handelsmakler, Verlags-, Buchund Kunsthandelsgeschäfte und Druckereien, sofern sie nicht handwerksmäßig betrieben werden.

Als Handelsgewerbe gilt darüber hinaus jedes Unternehmen, das „nach Art und Umfang einen in kaufmännischer Weise eingerichteten Geschäftsbetrieb erfordert" und dementsprechend auch der Buchführungspflicht unterliegt, wie sie gem. § 238 HGB für alle Kaufleute vorgeschrieben ist.

Die **im HGB genannten Personengesellschaften** Offene Handelsgesellschaft (OHG) und Kommanditgesellschaft (KG) sind als Handelsgesellschaften eintragungspflichtig. **Kapitalgesellschaften** gelten kraft Gesetzes als eintragungspflichtige Handelsgesellschaften (§§ 3, 278, 282 AktGes, § 7 GmbHGes). Keine Eintragungspflicht besteht für land- und forstwirtschaftliche Betriebe und für Kleingewerbetreibende.

Die Handelsregistereintragungen sowie die zum Handelsregister eingereichten Schriftstücke kann jedermann kostenlos einsehen.

4.1.1.3 Rechtsformen und Mitbestimmungsrecht der Arbeitnehmer

Das **Betriebsverfassungsgesetz** hat das Recht der Arbeitnehmer festgeschrieben, in den Betrieben Betriebsräte zu wählen, die im Hinblick auf die Belange der Arbeitnehmer durch ein Informations-, Mitwirkungs- und Mitbestimmungsrecht ein Gegengewicht zur Entscheidungs- und Anordnungsbefugnis der Unternehmensleitung bilden (siehe Abschn. 3.1.3).

Daneben gibt es **Mitbestimmungsgesetze,** die sich auf die personelle Besetzung der im Gesellschaftsrecht vorgeschriebenen Organe beziehen. Aufgabe des Mitbestimmungsrechts ist es, in der Unternehmensleitung nicht nur Vertreter der Eigentümer — des Produktionsfaktors Kapital —, sondern auch Vertreter der Arbeitnehmer — des Produktionsfaktors Arbeit — zur Geltung zu bringen. Die weitestgehende Regelung hat das Mitbestimmungsgesetz vom 21. Mai 1951 sowie das Mitbestimmungsergänzungsgesetz vom 7. August 1956 für die Montanindustrie (Bergbau, Eisen und Stahl erzeugende Industrie) getroffen. So wurde darin erstmals die **paritätische Besetzung des Aufsichtsrats** festgelegt. Der die Geschäftsführung kontrollierende Aufsichtsrat wurde bis dahin von den Eigentümern der Unternehmungen bestimmt. Seine paritätische Besetzung bedeutet, daß die Hälfte der Aufsichtsratsmitglieder nunmehr von der Arbeitnehmerseite zu stellen ist. In einen Aufsichtsrat von z.B. 11 Mitgliedern werden fünf von den Aktionären, den Eigentümern der Unternehmung, gewählt, drei von der Gewerkschaft und zwei vom Betriebsrat mit Zustimmung der Gewerkschaft benannt. Das 11. Mitglied wird als Vorsitzender gewählt und benötigt je drei Stimmen von der Arbeitgeber- und der Arbeitnehmerseite.

Das Montan-Mitbestimmungsgesetz schreibt ferner einen **Arbeitsdirektor** für Personal- und Sozialfragen vor. Er darf nicht gegen die Stimmen der Mehrheit der im Aufsichtsrat befindlichen Arbeitnehmervertreter berufen werden.

Das Gesetz über die Mitbestimmung der Arbeitnehmer (MitbestG) vom 4. Mai 1976 sieht für die gesamte übrige Wirtschaft eine annähernd paritätische Mitbestimmung in den Aufsichtsräten vor; bei Stimmengleichheit gibt die Eigentümerseite den Ausschlag. Die vielen Differenzierungen im Mitbestimmungsrecht machen es erforderlich, in Einzelfragen auf Spezialliteratur zurückzugreifen oder eine Gewerkschaft zu befragen.

Im wesentlichen greift das Mitbestimmungsrecht nicht in die gesellschaftsrechtlichen Strukturen der Unternehmungen ein, ändert also nicht die Anzahl und die Art der Organe, sondern nur **die personelle Zusammensetzung einzelner Organe.** Die Fragen des Mitbestimmungsrechts der Arbeitnehmer werden deshalb bei der Darstellung der Rechtsformen nicht vertieft.

4.1.1.4 Die „beste" Rechtsform

Zum Abschluß der Einführung ist auf die oft gestellte Frage, welche Rechtsform die günstigste ist, einzugehen. Die Frage kann nicht generell beantwortet werden. Auch die Frage, ob ein Pkw, ein Campingwagen oder ein Lkw günstiger ist, kann nicht beantwortet werden, ohne daß man weiß, was der Betreffende damit anfangen will. Welche Rechtsform die beste für eine Unternehmung oder eine andere Einrichtung ist, hängt von den Gegebenheiten und den Zielen ab.

Wesentliche Unterschiede der Rechtsformen liegen in der **Leitung** der Unternehmung, in den Möglichkeiten der **Kapitalaufbringung** für die Unternehmung, in der **Haftung** für Schulden der Unternehmung, weniger in **steuerlichen** Auswirkungen.

Die Rechtsform, die für eine Unternehmung in Betracht kommt, soll angemessen sein wie ein Maßanzug. Die betriebswirtschaftlichen Aufgaben müssen insgesamt durch die Organisation, die sich aus der Rechtsform ergibt, gut gelöst werden können. Aufmerksamkeit ist deshalb der Bedeutung der Rechtsform für die Leitungsstruktur und für die Kapitalaufbringung, aber auch für die Haftungsverhältnisse zu schenken. Grundsätzlich sollten keine steuerlichen Gründe die Rechtsformwahl bestimmen.

Bei der Darstellung der wichtigsten Rechtsformen, die für Unternehmungen in Frage kommen, wird im folgenden auf die genannten Gesichtspunkte eingegangen.

4.1.2 Die Einzelunternehmung

Wer allein eine Unternehmung gründet, ist ein Einzelunternehmer. Die Unternehmung heißt **Einzelunternehmung.**

Es gibt eine Reihe von Gründen zur Wahl dieser Rechtsform.

Eine wichtige Voraussetzung, die in der Regel auch die Art der Unternehmung bestimmt, ist die berufliche Ausbildung, zumindest aber das Interesse und die Fähigkeiten für eine bestimmte Tätigkeit.

Im Vordergrund steht in der Regel das Ziel, mit eigenem Können sein eigener Herr zu sein. Der Wunsch, dabei möglichst gut zu verdienen, kommt hinzu. Wer realistisch ist, wird dies aber nur selten kurzfristig erwarten. Auch daß er letztlich viel mehr Zeit arbeiten wird, als ein nicht selbständiger Arbeitnehmer, muß der Einzelunternehmer in Kauf nehmen. Dagegen ist der soziale Status nicht zu unterschätzen, der dem Selbständigen ermöglicht, seine Aufgaben selbst zu bestimmen und seine Zeit selbst einzuteilen.

Wer mit diesen oder ähnlichen Erwartungen selbständig werden will, kann seine Vorstellungen nicht in einer als Gesellschaft konzipierten Unternehmung realisieren. Die Einzelunternehmung bietet sich an.

Der Einzelkaufmann hat „**seinen Familiennamen mit mindestens einem ausgeschriebenen Vornamen als Firma** zu führen", wenn seine Unternehmung nicht so klein ist, daß sie „nach Art oder Umfang einen in kaufmännischer Weise eingerichteten Geschäftsbetrieb nicht erfordert" (§§ 4 und 18 HGB). Ein Zusatz zur Firma ist nur zu Unterscheidungszwecken erlaubt, z. B. „Paul Neumann, Baugeschäft". Phantasienamen, etwa „PANEBAU" oder „Bau-Neumann" oder dergleichen, sind bei der Einzelunternehmung als Firmenname unzulässig.

Dem Einzelunternehmer obliegen **Geschäftsführung und Vertretung** seiner Unternehmung, die nicht von ihm getrennt existiert. Er vertritt die Unternehmung wie sich selbst.

Der Einzelunternehmer muß für die Finanzierung der Investitionen allein einstehen. Zunächst steht ihm nur sein verfügbares Geldkapital als **Eigenkapital** zur Verfügung. Dieses und sein übriges Eigentum (Grundstück, Haus) bilden bis zu einem gewissen Prozentsatz eine Beleihungsgrundlage, die einem Kreditgeber als Sicherheit für einen Kredit dienen kann. Dadurch sind die Möglichkeiten, **Fremdkapital** zu beschaffen, sehr begrenzt.

Eine Zuführung weiteren Kapitals ist durch Nichtentnahme von Gewinnen und durch einen stillen Gesellschafter möglich.

Da dem Einzelunternehmer Gewinn und Verlust allein zustehen, ist die **Nichtentnahme von Gewinnen (Selbstfinanzierung)** kein Problem, wenn Gewinnhöhe, Kapitalbedarf, wirtschaftlich notwendiger Investitionszeitpunkt und private Bedürfnisse in Einklang zu bringen sind. Dabei darf die Frage der Belastbarkeit der familiären Beziehungen nicht übersehen werden.

Fraglich ist, ob man einen **stillen Gesellschafter** findet, der bereit ist, Kapital zur Verfügung zu stellen.

Die stille Gesellschaft hat ihre Rechtsgrundlage in den §§ 230 ff. HGB. Daraus geht hervor, daß sich die Rechtsform „Einzelunternehmung" nicht ändert. Der stille Gesellschafter hat seine Vermögenseinlage „so zu leisten, daß sie in das Vermögen des Inhabers ... übergeht". Der Inhaber wird aus den Geschäften des Betriebes „allein berechtigt und verpflichtet" (§ 230 HGB). Er wird Besitzer, aber nicht Eigentümer der Vermögenseinlage.

„Der Firma darf kein Zusatz beigefügt werden, der ein Gesellschaftsverhältnis andeutet" (§ 18 HGB).

Stille Gesellschafter sind in der Regel Verwandte oder gute Bekannte des Geschäftsinhabers. Sie können, anders als eine Bank, Charakter, Vertrauenswürdigkeit und Tüchtigkeit des Einzelunternehmers einschätzen und wollen ihm vielleicht auch helfen. Die Kapitaleinlage hat daher stark den Charakter eines sogenannten Personalkredits, eines ohne Sicherung durch ein Pfandrecht an einer Sache der Person gegebenen Darlehens.

Eine Beteiligung des stillen Gesellschafters am Verlust kann vertraglich ausgeschlossen werden, nicht aber eine Beteiligung am Gewinn. Der stille Gesellschafter ist berechtigt, „die abschriftliche Mitteilung des Jahresabschlusses zu verlangen" und die Bücher und Papiere einzusehen (§ 233 HGB).

Der Einzelunternehmer haftet unbeschränkt mit seinem gesamten Vermögen, von dem die Unternehmung ein Bestandteil ist. Die Einlage eines stillen Gesellschafters gehört nicht zum haftenden Vermögen des Einzelunternehmers.

Soweit **Steuern** als Kosten der Unternehmung anfallen (sogenannte „Kosten"-Steuern), sind sie Betriebsausgaben, die den auszuweisenden Gewinn mindern. Hierzu gehören diejenigen Steuern, die unmittelbar durch die betriebliche Tätigkeit verursacht werden, wie z.B. die Kraftfahrzeugsteuer für ein Lieferfahrzeug oder − wenn ein Gewerbebetrieb geführt wird − die Gewerbesteuer.

Wie Einzelunternehmer, die einen Gewerbebetrieb führen, ist z.B. auch ein selbständiger Handelsvertreter gewerbesteuerpflichtig, da er stets ein Handelsgewerbe ausübt. Freiberuflich Tätige, wie **selbständige** Steuerberater, Rechtsanwälte, Ärzte, Vermessungsingenieure, Architekten, Journalisten usw. üben dagegen in der Regel kein Gewerbe aus und unterliegen ebensowenig wie Einzelunternehmer, die kein Gewerbe betreiben, der Gewerbesteuer.

Bei dem Einzelunternehmer, der ein Gewerbe betreibt, zählt der erzielte Gewinn zu den Einkünften aus Gewerbebetrieb und unterliegt im Rahmen seines Gesamteinkommens der Einkommensteuer. Entsprechend ist die Unternehmung ein Teil seines Vermögens, für das er zur Vermögensteuer herangezogen werden kann. Gewinnanteile des stillen Gesellschafters aus der Beteiligung sind von diesem als Einkünfte aus Kapitalvermögen in seiner Einkommensteuererklärung anzugeben. Die Vermögenseinlage bleibt sein Eigentum und damit Bestandteil seines Vermögens.

4.1.3 Die Personengesellschaften

4.1.3.1 Allgemeines

Personengesellschaften sind keine juristischen Personen, Geschäftsführung und Vertretung der Gesellschaft liegen bei den Gesellschaftern.

Personengesellschaften basieren maßgeblich auf dem persönlichen Einsatz ihrer Mitglieder. Die Verbindung der **Fähigkeiten mehrerer Personen** eröffnet größere Möglichkeiten im Vergleich zur Einzelunternehmung. Außerdem ist von mehr Personen **mehr Eigenkapital** zu erwarten. Während aber der Einzelunternehmer Herr im Hause ist, besteht bei Personengesellschaften stets die **Gefahr grundsätzlicher Führungsdifferenzen.** Schon aus diesem Grund ist die Anzahl der Gesellschafter, die sich zu einer Personengesellschaft zusammenschließen, meist nur gering. Die häufigste Verbindung findet zwischen einem technisch und einem kaufmännisch ausgebildeten Gesellschafter statt. Bei eindeutiger fachlicher Abgrenzung lassen sich am ehesten Führungsdifferenzen vermeiden. Als Grundlage der Zusammenarbeit sollten vor vertraglichen Vereinbarungen grundsätzliche Ziele schriftlich fixiert und von den Gesellschaftern unterschrieben werden. So kann vermieden werden, daß sich Gesellschafter, die bereit sind, einige Jahre für die Unternehmung Opfer zu bringen, mit Gesellschaftern verbinden, die sofort auf deren Kosten leben möchten.

Eine Personengesellschaft wird durch einen Gesellschaftsvertrag gegründet, der keiner notariellen Beurkundung bedarf.

Wegen der Bindung an bestimmte Einzelpersonen ist ein **Gesellschafterwechsel** im Normalfall ausgeschlossen. Mit dem Ausscheiden eines Gesellschafters endet die Personengesellschaft. Im Gesellschaftsvertrag können jedoch andere Vereinbarungen getroffen werden.

Abstimmungen nach Köpfen (und nicht nach Kapitalanteilen) sind die Regel; auch **Gewinnanteile** werden weitgehend nach Köpfen zugeteilt.

Das die Rechtssicherheit im Wirtschaftsleben stabilisierende Prinzip der Personengesellschaften ist − wie bei Einzelunternehmungen − die **persönliche Haftung der Gesellschafter.**

Beschränkungen der Haftung oder der Vertretungsmacht von Gesellschaftern gelten gegenüber Dritten, wenn sie in das Handelsregister eingetragen sind. Der Außenstehende kann dann keine Unkenntnis geltend machen.

BGB und HGB regeln die Innenverhältnisse von Personengesellschaften (Gesellschaft bürgerlichen Rechts, offene Handelsgesellschaft, Kommanditgesellschaft) jeweils für den Fall, daß vertraglich nichts anderes vereinbart wurde. Daher besteht für Personengesellschaften weitgehende Gestaltungsfreiheit.

Steuerlich gilt **für die Personengesellschaften** (GbR, OHG, KG) dasselbe, was oben für die Einzelunternehmung gesagt wurde. Die Einkommen- und Vermögensteuerpflicht treffen Personengesellschaften nicht, da sie weder natürliche noch juristische Personen sind. Wird jedoch eine gewerbliche Tätigkeit betrieben, so ist die Gesellschaft gewerbesteuerpflichtig. Diese Steuer mindert das verteilbare Ergebnis der Gesellschaft.

Die Anteile der Gesellschafter am Gewinn und am Vermögen der Gesellschaft unterliegen, wie beim Einzelunternehmer dargelegt, der Besteuerung im Rahmen der persönlichen Einkommen- und Vermögensteuerpflicht der einzelnen Gesellschafter.

4.1.3.2 Die Gesellschaft bürgerlichen Rechts (GbR)

Die Gesellschaft bürgerlichen Rechts (GbR) wird auch BGB-Gesellschaft genannt, weil sie im Bürgerlichen Gesetzbuch (§§ 705 bis 740) geregelt ist.

Sie ist eine Personengesellschaft, in der sich natürliche wie juristische Personen als Gesellschafter vertraglich zusammenschließen können, um einen gemeinsam festgelegten Zweck zu erreichen.

Die GbR spielt im Wirtschaftsleben eine unauffällige, aber nennenswerte Rolle. Sie ist zudem die **allgemeine Form der Personengesellschaften.** Die für sie geltenden Rechtsvorschriften sind auch für andere Personengesellschaften maßgeblich, soweit für diese im Handelsgesetzbuch keine speziellen Regelungen getroffen sind.

Die GbR eignet sich auch als Zusammenschlußform für Nichtkaufleute, wie Architekten, Ärzte (Praxisgemeinschaften) oder Rechtsanwälte (Anwaltssozietäten). Kaufleute verwenden sie für einmalige, in der Regel zeitlich begrenzte Zwecke. Typisch sind hierfür die Arbeitsgemeinschaften von Unternehmungen verschiedener Branchen, z.B. im U-Bahn-Bau, beim Bau von Hafenanlagen, Stahlwerken usw.; auch ein Bankenkonsortium zur Aktienemission, in dem sich Banken zusammenschließen, um einen zeitlich begrenzten Aktienverkauf durchzuführen, hat die Rechtsform der GbR.

Ein Vorteil dieser Rechtsform ist, daß Gründung und Auflösung unkompliziert und kostenlos sind. Ist der Gesellschaftszweck erfüllt, so hört die Gesellschaft auf zu existieren. Hat sich jedoch Gesellschaftsvermögen gebildet, so muß darüber eine Auseinandersetzung, d.h. eine Aufteilung des Gesellschaftsvermögens auf die Gesellschafter, erfolgen.

Die **Gesellschaft bürgerlichen Rechts** ist keine „Handelsgesellschaft" im Sinne des Handelsrechts. Sie hat daher **keine Firma.** Im Schriftwechsel müssen die Namen der einzelnen Gesellschafter angegeben werden.

Die **Geschäftsführung** steht allen Gesellschaftern gemeinsam zu. Ist die Geschäftsführung vertraglich einzelnen Gesellschaftern übertragen, dann sind die übrigen von der Geschäftsführung ausgeschlossen. Sofern vertraglich nichts anderes vereinbart ist, ist ein zur Geschäftsführung Befugter auch zur **Vertretung** der anderen Gesellschafter gegenüber Dritten ermächtigt.

Abgestimmt wird nach Köpfen.

Die Rechtskonstruktion der GbR gibt eher einer als Personengesellschaft organisierten Institution den rechtlichen Rahmen, als daß sie die geeignete Rechtsform für eine selbständige Unternehmung darstellt. **Die Kapitalaufbringung** ist daher für diese Rechtsform keine zentrale Frage. Die Gesellschafter leisten Beiträge in Geld, Sacheinlagen oder durch Mitarbeit. Nichtentnommene Gewinne erhöhen das Gesellschaftsvermögen, das allen gemeinsam gehört. Im übrigen sind vertraglich alle gewünschten Regelungen möglich.

Jeder Gesellschafter haftet für die Verbindlichkeiten der Gesellschaft **unbeschränkt** persönlich als Gesamtschuldner.

4.1.3.3 Die Offene Handelsgesellschaft (OHG)

Nach § 105 HGB ist eine Gesellschaft zum Betrieb eines Handelsgewerbes unter gemeinschaftlicher Firma dann eine „offene Handelsgesellschaft, wenn bei keinem der Gesellschafter die Haftung gegenüber den Gesellschaftsgläubigern beschränkt ist".

Als Handelsgesellschaft ist die OHG von allen Gesellschaftern „bei dem Gericht, in dessen Bezirk sie ihren Sitz hat, zur Eintragung in das Handelsregister anzumelden". Die Anmeldung hat Namen, Stand und Wohnort jedes Gesellschafters, die Firma und ihren Sitz zu enthalten. Zudem müssen dem Gericht beglaubigte Unterschriften derjenigen Gesellschafter eingereicht werden, welche die Gesellschaft vertreten sollen.

Auf die OHG trifft in besonderem Maße zu, daß sie für Gesellschafter geeignet ist, deren Fähigkeiten und Möglichkeiten sich in einer Weise ergänzen, daß für jeden mit einem wirtschaftlichen Erfolg zu rechnen ist, der einzeln nicht erreichbar wäre.

Die **Nachteile** dieser Rechtsform entsprechen denen jeder Personengesellschaft: Besteht dauernde Einigkeit in Grundsatzfragen? Reicht das Eigenkapital? Ist die unbeschränkte Haftung zur gesamten Hand kein zu großes Risiko?

Die **Vorteile** liegen in den geringen Gründungskosten, der weitgehenden Gestaltungsfreiheit des Gesellschaftsvertrages und der Interessenverbindung sachlich passender Partner.

Der **Jahresgewinn** dient zunächst zur Verzinsung der Kapitalanteile der Gesellschafter mit vier Prozent, wenn er dazu ausreicht. Der übrige Gewinn sowie ein Verlust werden nach Köpfen verteilt. Durch diese Regelung wird einerseits der Kapitaleinsatz entschädigt, die Überschußverteilung nach Köpfen macht aber deutlich, daß nicht das Kapital, sondern die persönliche Leistung als ergebnisbestimmend angesehen wird. Vertraglich sind andere Vereinbarungen möglich (siehe § 109 HGB).

Die **Firma** einer Offenen Handelsgesellschaft muß mindestens den Nachnamen eines der Gesellschafter und einen Zusatz „OHG" oder „& Co." oder die Nachnamen aller Gesellschafter enthalten. Die Angabe von Vornamen ist nicht erforderlich. Beispiele: „Neumann & Co." oder „Neumann OHG" oder „Neumann, Müller und Meier".

Zur **Geschäftsführung** sind alle Gesellschafter berechtigt und verpflichtet, sofern im Gesellschaftsvertrag nicht einzelne dazu bestimmt sind. In diesem Fall sind die anderen von der Geschäftsführung ausgeschlossen. Sie haben aber gem. § 118 HGB ein umfassendes persönliches Kontrollrecht.

„Zur **Vertretung** der Gesellschaft ist jeder Gesellschafter ermächtigt, wenn er nicht durch den Gesellschaftsvertrag von der Vertretung ausgeschlossen ist" (§ 125 HGB).

Die Art der **Beschlußfassung** sollte im Gesellschaftsvertrag geregelt werden. Die Mehrheit ist im Zweifel nach der Zahl der Gesellschafter zu berechnen.

Das **Eigenkapital** der OHG ist zunächst auf die von den Gesellschaftern eingebrachten Kapitalanteile beschränkt. Insgesamt ist eine breitere Kapitalbasis als bei der Einzelunternehmung durch die Zahl der Gesellschafter zu erwarten.

Entsprechend größer kann das beleihbare Gesamtvermögen (Gesellschafts- und Privatvermögen der Gesellschafter) als Sicherheit für die Beschaffung von **Fremdkapital** sein.

Bei guter Ertragslage kommt außerdem eine Selbstfinanzierung durch Nichtentnahme von Gewinnen in Betracht.

Jeder Gesellschafter haftet für die Verbindlichkeiten der Gesellschaft **unbeschränkt** persönlich als Gesamtschuldner. Das Haftungsrisiko ist durch den einzelnen weniger beeinflußbar als bei der Einzelunternehmung.

Für Rechtsgeschäfte, die ein nicht vertretungsberechtigter Gesellschafter vorgenommen hat, haften die Mitgesellschafter nicht, wenn der Ausschluß der Vertretungsmacht aus dem Handelsregister hervorgeht.

Die OHG als reine Personengesellschaft ist keine eigenständige juristische Person, daher ist sie weder einkommen- noch vermögensteuerpflichtig. Allerdings unterliegen die den Gesellschaftern zufließenden Gewinne aus der OHG als Einkünfte aus Gewerbebetrieb der Einkommensteuer und das auf den einzelnen Gesellschafter anteilig entfallende Betriebsvermögen bei diesem der Vermögensteuer. Die OHG ist jedoch durch ihre Rechtsform gewerbesteuerpflichtig.

4.1.3.4 Die Kommanditgesellschaft (KG)

Die Kommanditgesellschaft ist eine hinsichtlich der Haftung **abgewandelte offene Handelsgesellschaft.**

Eine KG liegt vor, wenn bei einem oder einigen der Gesellschafter die Haftung auf eine bestimmte Vermögenseinlage (Kommanditeinlage) beschränkt ist, „während bei dem anderen Teile der Gesellschafter eine Beschränkung der Haftung nicht stattfindet" (§ 161 HGB).

Die persönlich unbeschränkt haftenden Gesellschafter werden **Komplementäre,** die nur mit ihrer Kommanditeinlage haftenden Gesellschafter werden **Kommanditisten** genannt.

Die KG muß mindestens einen Komplementär haben. Dieser kann auch eine juristische Person (z.B. eine GmbH) sein. Die Stellung der Kommanditisten in der KG ist der des stillen Gesellschafters in der Einzelunternehmung vergleichbar.

Die KG ist wie die OHG zur **Eintragung in das Handelsregister** anzumelden. Die Anmeldung hat außer den für die OHG vorgesehenen Angaben die Kommanditisten zu benennen und den Betrag der Einlage eines jeden von ihnen (§ 162 HGB).

Die **Firma** einer Kommanditgesellschaft muß mindestens den Nachnamen eines Komplementärs „mit einem das Vorhandensein einer Gesellschaft andeutenden Zusatz" enthalten. Andere Namen als die der Komplementäre (Vollhafter) sind für den Firmennamen nicht zugelassen (§ 19 HGB).

In der KG sind die **Komplementäre geborene Geschäftsführer.** Die Kommanditisten sind von der Geschäftsführung ausgeschlossen. Gleiches gilt für die **Vertretung** der Gesellschaft.

Die Rechtsform der Kommanditgesellschaft wird aus sehr unterschiedlichen Gründen gewählt. Sie ist sehr zweckmäßig für ältere Familienunternehmen, in denen von Nachfolgegenerationen der Gründer nur noch einzelne Familienmitglieder als Komplementäre im Unternehmen verbleiben und als Geschäftsführer mitarbeiten, während die übrigen Erben als Kommanditisten eine Gewinnbeteiligung beziehen.

In den letzten Jahren hat die Verbreitung der KG als Rechtsform aus anderen Gründen stark zugenommen. Sie kann, da sie eine Personengesellschaft ist, einfach und ohne hohe Kosten gegründet werden. Zudem kann die unbeschränkte persönliche Haftung der Komplementäre dadurch vermieden werden, daß diese eine Gesellschaft mit beschränkter Haftung gründen und dann die juristische Person GmbH als Komplementär der KG fungieren lassen. Die Komplementärhaftung beschränkt sich damit auf das Gesellschaftsvermögen der juristischen Person GmbH.

Im Firmennamen wird diese Rechtsform-Konstruktion wie in folgendem Beispiel korrekt zum Ausdruck gebracht:

Komplementär sei die ‚Neumann GmbH'; die Kommanditisten werden als ‚& Co.' gekennzeichnet; zur eindeutigen Bezeichnung der Rechtsform wird ‚KG' hinzugefügt. Ergebnis: „Neumann GmbH & Co., KG".

Die einfache und kostengünstige Gründung der KG wird zur Illusion, wenn man **zusätzlich** eine juristische Person, die GmbH, zur Haftungsbeschränkung gründet. Und die Haftungsbeschränkung wird zur Illusion, wenn Banken mangels ausreichenden Vermögens der GmbH die **persönliche Bürgschaft** durch die GmbH-Gesellschafter als Sicherheit für Kreditzusagen an die KG verlangen, was üblich ist.

Das **Eigenkapital** der KG besteht zunächst aus den Kapitalanteilen der Komplementäre und den Kommanditeinlagen der Kommanditisten.

Als Beleihungsgrundlage für die Beschaffung von Fremdkapital kann das Gesellschaftsvermögen (einschließlich der Kommanditeinlagen) und das Privatvermögen der Komplementäre dienen.

Bei guter Ertragslage kann die Selbstfinanzierung aus nichtentnommenen Gewinnen hinzukommen.

Die Beschaffung weiteren Eigenkapitals in Form von Kommanditeinlagen setzt voraus, daß eine hohe Rentabilität zu erwarten ist. Dann kann die Gewinnbeteiligung mit einem auf die Einlage begrenzten Risiko sowohl den beteiligten Kommanditisten einen Anreiz bieten, ihre Einlagen aufzustocken als auch weitere Kapitalanleger veranlassen, sich als neue Kommanditisten zu beteiligen. Dennoch ist die Kapitalbeschaffung auf diesem Wege schwerfällig und nur selten sehr ergiebig.

Komplementäre haften, wie die Gesellschafter der OHG, persönlich **unbeschränkt** als Gesamtschuldner, während Kommanditisten persönlich nur haften, soweit sie ihre Kommanditeinlage noch nicht eingezahlt haben. Mit der Einzahlung sind sie frei von persönlicher Haftung.

Wie die Einzelunternehmung, die GbR und die OHG unterliegt die KG, da sie eine reine Personengesellschaft ist, weder der Einkommen- noch der Körperschaft- oder der Vermögensteuer. Die **sogenannten Kosten-Steuern** schmälern den Gewinn, wie bei der OHG. Vom verbleibenden Gewinn und vom Vermögen der Gesellschafter unterliegen die Anteile der Gesellschafter der Besteuerung im Rahmen ihrer persönlichen Einkommen- und Vermögensteuerpflicht.

4.1.4 Die Kapitalgesellschaften

4.1.4.1 Allgemeines

Kapitalgesellschaften sind juristische Personen des privaten Rechts. Sie haben selbständig Rechte und Pflichten. Sie können Eigentum erwerben, vor Gericht klagen und verklagt werden.

Zum Handeln benötigen sie **Organe.** Die Mitglieder der geschäftsführenden Organe von Kapitalgesellschaften müssen natürliche Personen sein. Neben dem Gesellschaftsrecht ist das Mitbestimmungsrecht wegen der personellen Zusammensetzung der Organe aus Vertretern teils der Kapitalgeber, teils der Arbeitnehmer zu beachten.

Das betrifft vornehmlich die Aufsichtsgremien, aber auch Leitungsgremien, wenn ein Arbeitsdirektor für Personal- und Sozialfragen vorgeschrieben ist. (Siehe Gesetz über die Mitbestimmung der Arbeitnehmer (MitbestG) vom 4. Mai 1976; Montan-Mitbestimmungsgesetz vom 21. Mai 1951; §§ 76 bis 77a, 81, 85 und 87 des wiederholt geänderten Betriebsverfassungsgesetzes vom 11. 10. 1952.)

Kapitalgesellschaften benötigen **Gründer.** Diese rufen auf der Grundlage **eines notariell beurkundeten Vertrages** die Kapitalgesellschaft ins Leben. Sie müssen das **Gründungskapital** aufbringen und es der juristischen Person zur Aufnahme des Geschäftsbetriebes als Eigenkapital zur Verfügung stellen. Dafür erhalten sie verbriefte Anteilsrechte.

Da Kapitalgesellschaften ungeachtet ihres Geschäftsgegenstandes stets als Handelsgesellschaften gelten, **sind sie zur Eintragung in das Handelsregister anzumelden.** Kapitalgesellschaften sind kein Personenzusammenschluß, sondern ein Kapitalzusammenschluß. **Abstimmungen** der Gesellschafter erfolgen deshalb nicht nach Köpfen, sondern **nach Kapitalanteilen.**

Für Verbindlichkeiten einer Kapitalgesellschaft **haftet kein Gesellschafter. Die Gesellschaften selbst haften** als juristische Personen mit ihrem Gesellschaftsvermögen.

Die Gründer erwarten eine hohe Rendite ihres eingesetzten Kapitals und einen Wertzuwachs ihrer Anteilsrechte. Ein **Gesellschafterwechsel** hat keinen rechtlichen Einfluß auf den Bestand einer Kapitalgesellschaft.

Wie bei der Einzelunternehmung und den Personengesellschaften mindern auch bei den Kapitalgesellschaften die Kosten-Steuern, die zu zahlen sind (Gewerbe-, Grund-, Kraftfahrzeugsteuer), als Betriebsausgaben den Gewinn.

Juristische Personen unterliegen zudem mit ihren Gewinnen der **Körperschaftsteuer,** die man als die Einkommensteuer der Körperschaften ansehen kann. Ein Gewinnteil, der nicht ausgeschüttet, sondern durch eine Rücklage in der Unternehmung angesammelt (thesauriert) wird, unterliegt seit 1.1.1991 einem Steuersatz von 50% (zuvor 56%); ein an die Gesellschafter ausgeschütteter Gewinnteil wird mit einem Satz von 36% besteuert.

An die Anteilseigner ausgeschüttete Gewinne werden bei diesen als Einkünfte aus Kapitalvermögen der Besteuerung im Rahmen ihrer persönlichen Einkommensbesteuerung unterworfen. Wird von einem Steuerpflichtigen die bereits von der Kapitalgesellschaft gezahlte (die Gewinnausschüttung mindernde) Körperschaftsteuer in seiner Steuererklärung geltend gemacht, so wird ihm zur Vermeidung einer Doppelbesteuerung die für seinen Gewinnanteil bereits entrichtete Körperschaftsteuer auf seine Einkommensteuerschuld angerechnet.

Die **Vermögensteuer** wird doppelt erhoben, einmal bei der Kapitalgesellschaft für das Betriebsvermögen und nochmals beim Gesellschafter für seine Anteilsrechte.

Die wirtschaftlich wichtigsten Kapitalgesellschaften sind die GmbH und die AG. Zwischen ihnen bestehen erhebliche Unterschiede hinsichtlich ihrer Möglichkeiten und ihrer Anwendbarkeit im Wirtschaftsleben.

4.1.4.2 Die Gesellschaft mit beschränkter Haftung (GmbH)

Die GmbH ist nach der rechtlichen Struktur (Leitungsaufbau, Kapitalaufbringung, Höhe des Mindestnennkapitals) die „kleine Kapitalgesellschaft". Dennoch findet man sie in der Praxis gelegentlich auch als Rechtsform wirtschaftlich großer Unternehmungen (Beispiele: Robert Bosch GmbH, Osram GmbH).

Die GmbH kann durch eine oder mehrere Personen errichtet werden. Ihre **Gründung** geht häufig von denselben Absichten aus wie die Gründung der OHG, daß nämlich wenige, sich sachlich ergänzende Partner gemeinsam unternehmerisch tätig sein wollen. Man möchte jedoch den Vorteil der Haftungsbeschränkung haben, den die GmbH bietet, und nimmt dafür in Kauf, ein Mindestkapital für die Gründung bereitstellen zu müssen.

Zur Gründung einer GmbH wird ein „**Stammkapital**" von **mindestens 50.000 DM** als Eigenkapital benötigt. Das Stammkapital ist von den Gesellschaftern in Form von „**Stammeinlagen**" aufzubringen. Jede Stammeinlage muß mindestens 500 DM betragen. Größere Stammeinlagen müssen in DM durch 100 teilbar sein. Auch Sacheinlagen sind zulässig (z.b. Grundstücke, Maschinen, Kraftfahrzeuge). Sie sind mit ihrem Wert im Gesellschaftsvertrag anzugeben.

Der **Anmeldung zum Handelsregister** müssen unter anderem beigefügt sein:
- der notariell beurkundete Gesellschaftsvertrag, aus dem auch die Firma und der Betrag des Stammkapitals hervorgehen,
- eine Liste der Gesellschafter mit Namen, Stand, Wohnort sowie
- von jedem der Betrag der von ihm übernommenen Stammeinlage,
- Unterlagen über die Werte vereinbarter Sacheinlagen,
- die Angaben über die Geschäftsführer und
- deren Vertretungsbefugnisse sowie
- deren Unterschriften zur Aufbewahrung beim Gericht.

Die **Firma** einer GmbH muß entweder dem Gegenstand des Unternehmens entlehnt sein (**Tiefbau**gesellschaft ...) oder die Namen der Gesellschafter oder den Namen wenigstens eines der Gesellschafter mit einem ein Gesellschaftsverhältnis andeutenden Zusatz enthalten (Neumann & Co. ...). In allen Fällen ist zwingend die zusätzliche Bezeichnung „mit beschränkter Haftung" zu führen (§ 4 Gesetz betreffend die Gesellschaften mit beschränkter Haftung (GmbHG)).

Die gesetzlich vorgeschriebenen **Organe der GmbH** sind
1. **die Gesellschafterversammlung** und
2. **die Geschäftsführer.**

Hinzukommen kann, wenn durch den Gesellschaftsvertrag oder wegen der Größe der Unternehmung gesetzlich vorgeschrieben,
3. **ein Aufsichtsrat.**

Die **Gesellschafterversammlung** ist das oberste Organ der GmbH. Sie entscheidet z.B. über
- die Feststellung des Jahresabschlusses und die Verwendung des Ergebnisses,
- die Bestellung und Abberufung von Geschäftsführern,
- die Prüfung und Überwachung der Geschäftsführung,
- die Bestellung von Prokuristen und Handlungsbevollmächtigten.

Abstimmungen erfolgen nach Kapitalanteilen. Das GmbH-Gesetz sieht vor, daß je hundert DM eines Geschäftsanteils eine Stimme gewähren. Beschlüsse werden mit einfacher Mehrheit gefaßt, d.h. mit mehr als der Hälfte der abgegebenen Stimmen. Änderungen des Gesellschaftsvertrages erfordern jedoch eine Mehrheit von drei Vierteln der abgegebenen Stimmen (qualifizierte Mehrheit) und müssen notariell beurkundet werden. Soll die vertragliche Leistungspflicht der Gesellschafter erhöht werden, so bedarf es der Zustimmung sämtlicher beteiligter Gesellschafter.

Eine GmbH muß einen oder mehrere Geschäftsführer haben. Zu Geschäftsführern können Gesellschafter oder andere Personen bestellt werden. Den Geschäftsführern obliegt die laufende **Geschäftsführung** einschließlich der Verpflichtung, für die ordnungsmäßige Buchführung zu sorgen.

Auch die **Vertretung** der Gesellschaft liegt bei den Geschäftsführern. Eine Beschränkung dieser Befugnis ist Dritten gegenüber rechtlich unwirksam; sie muß von den Geschäftsführern selbst eingehalten werden. Nur in Prozessen der Gesellschaft gegen ihre Geschäftsführer vertreten die Gesellschafter die GmbH.

Sollte ein **Aufsichtsrat** vorhanden sein, so hat er die Geschäftsführung zu beaufsichtigen, ohne selbst geschäftsführend tätig zu werden. Die Verantwortlichkeit der Geschäftsführer bleibt unbeeinflußt.

Das Vermögen der GmbH ändert sich im Laufe der Geschäftstätigkeit. Entsprechend ändert sich der Wert eines **Geschäftsanteils.** Sein **Verkauf und damit der Gesellschafterwechsel ist umständlich,** weil die Bewertung eines Anteils die Bewertung der Unternehmung als Ganzes voraussetzt.

Zusätzliches **Eigenkapital** der GmbH kann durch Selbstfinanzierung aus nichtentnommenen Gewinnen, durch eine vereinbarte Nachschußpflicht der Gesellschafter auf die Stammeinlagen und durch Aufnahme neuer Gesellschafter beschafft werden.

Die Möglichkeit, **Fremdkapital** aufzunehmen, ist vom Vermögen der GmbH und seiner Beleihbarkeit abhängig.

Den Gläubigern der Gesellschaft **haftet das Gesellschaftsvermögen.** Je nach dem Geschäftserfolg weicht das Vermögen vom Stammkapital ab.

Bezüglich der Steuern, die die GmbH zu zahlen verpflichtet ist, ist auf die allgemeinen Ausführungen zu den Kapitalgesellschaften im vorangehenden Abschnitt hinzuweisen.

Ist ein Gesellschafter zugleich Geschäftsführer der GmbH, so steht ihm dafür ein Gehalt zu, das von ihm in seiner Einkommensteuererklärung unter den Einkünften aus nicht selbstständiger Arbeit anzugeben ist.

4.1.4.3 Die Aktiengesellschaft (AG)

Die AG ist die Rechtsform für große Unternehmungen.

Mindestens fünf Personen müssen als Gründer den Gesellschaftsvertrag, der **Satzung** genannt wird, beschließen und **notariell beurkunden lassen.** Sie müssen das zur Gründung erforderliche Eigenkapital der AG aufbringen, das mindestens 100.000 DM betragen muß und „Grundkapital" heißt. Der Betrag wird in **Aktien** zerlegt. Sie verbriefen Kapitalanteilsrechte. Der Nennwert einer Aktie kann 50 DM, 100 DM oder ein Vielfaches von 100 DM betragen.

Jede Aktie gewährt ein Stimmrecht. Vorzugsaktien, die etwa bezüglich der Gewinnverteilung Vorrechte einräumen (Vorausdividende), können ohne Stimmrecht ausgegeben werden. Mehrstimmrechtsaktien sind unzulässig.

Bei der **Eintragung der AG in das Handelsregister** sind anzugeben:
- Firma und Sitz der Gesellschaft,
- Gegenstand des Unternehmens,
- Höhe des Grundkapitals,
- Tag der Feststellung der Satzung durch notarielle Beurkundung,
- die Vorstandsmitglieder und
- die Vertretungsbefugnisse der Vorstandsmitglieder.

Die **Firma** der **Aktiengesellschaft** soll in der Regel dem Gegenstand der Unternehmung entnommen sein und muß die Bezeichnung „Aktiengesellschaft" enthalten. Nach dem Aktiengesetz muß die AG folgende Organe haben:
1. **Vorstand,**
2. **Aufsichtsrat** und
3. **Hauptversammlung.**

Die Reihenfolge, in der die Organe genannt sind, betont die starke Stellung des Vorstandes gegenüber den Aktieninhabern, den Aktionären, die ihre Interessen in der Hauptversammlung wahrnehmen.

Der **Vorstand** wird vom Aufsichtsrat bestellt. Er besteht aus einer oder mehreren Personen. Soweit nach dem Mitbestimmungsrecht für Sozial- und Personalangelegenheiten ein Arbeitsdirektor in den Vorstand zu berufen ist (MitbestGes. v. 4.5.1976), darf er vom Aufsichtsrat nicht gegen die Stimmen der Mehrheit der dem Aufsichtsrat angehörenden Arbeitnehmervertreter gewählt werden.

Dem Vorstand obliegen **Geschäftsführung und Vertretung** der AG in eigener Verantwortung. Er hat dem Aufsichtsrat zu berichten:
– mindestens vierteljährlich über den Gang der Geschäfte und
– mindestens jährlich über die Eigenkapitalrentabilität, die beabsichtigte Geschäftspolitik und andere Grundsatzfragen.

Der **Aufsichtsrat** einer AG besteht aus drei bis einundzwanzig Mitgliedern, je nach Höhe des Grundkapitals und dem, was die Satzung bestimmt. Mindestens die Hälfte der Aufsichtsratsmitglieder (je nach dem gesetzlichen Anteil der Arbeitnehmervertreter) wird von den Aktionären in der Hauptversammlung gewählt. Vereinzelt gibt es ein Entsendungsrecht, das an bestimmte Aktien gebunden ist.

Der Aufsichtsrat ist das **Kontrollorgan** der AG.
– Er hat die Geschäftsführung zu überwachen. Dazu darf er die Bücher einsehen und Bestände überprüfen.
– Bestimmte Arten von Geschäften (z.B. Grundstückskäufe) kann er von seiner Zustimmung abhängig machen.
– Er darf selbst keine Maßnahmen der Geschäftsführung treffen.
– Wenn es das Wohl der Gesellschaft erfordert, hat er eine Hauptversammlung einzuberufen.

Die **Hauptversammlung,** die mindestens einmal jährlich stattfindet, besteht aus den Aktionären. Sie vertreten ihr geschäftliches Interesse an der AG durch Ausübung ihres Stimmrechts vornehmlich in folgenden Fragen:
– Wahl der von den Aktionären zu bestellenden Aufsichtsratsmitglieder,
– Annahme oder Ablehnung der vom Vorstand vorgeschlagenen Gewinnverwendung,
– Entlastung von Vorstand und Aufsichtsrat für die abgelaufene Berichtsperiode,
– Bestellung des Abschlußprüfers,
– Entscheidung von Grundsatzfragen, wie Satzungsänderungen, Kapitalerhöhung oder -herabsetzung.

Über Fragen der Geschäftsführung kann die Hauptversammlung nur entscheiden, wenn der Vorstand es verlangt.

Beschlüsse werden mit einfacher **Mehrheit des in der Hauptversammlung vertretenen Grundkapitals** gefaßt. Satzungsänderungen, Kapitalerhöhungen und -herabsetzungen erfordern eine qualifizierte Mehrheit von drei Vierteln des vertretenen Grundkapitals, wenn die Satzung nicht noch höhere Anforderungen stellt.

Das als **Eigenkapital** der AG eingesetzte Grundkapital setzt sich aus dem Nennwert aller Aktien zusammen. Die zunächst von den Gründern zu übernehmenden Aktien werden in der Regel von einem Bankenkonsortium breit gestreut verkauft. Man nennt dies **Aktienemission am anonymen Kapitalmarkt.** Jedermann kann Aktien durch Kauf bei einer Bank erwerben. Dabei kann er jedoch die Aktien nur zu dem Kurs zeichnen (bei der Bank bestellen), zu dem sie bei der Ausgabe aufgelegt werden. Der Ausgabekurs darf den Nennwert der Aktie nicht unterschreiten. Erst im nachfolgenden Handel bildet sich für Aktien, die an der Börse zugelassen sind (notierte Anteile), durch Angebot und Nachfrage bedingt, ein Kurswert der Aktie (Aktienkurs, Börsenkurs). In der Regel weicht der Kurswert einer Aktie von deren Nennwert ab, häufig um das Mehrfache. Darin drückt sich weitgehend die Einschätzung des Vermögenswertes der betreffenden Aktiengesellschaft aus.

Dem Inhaber einer Aktie, dem **Aktionär,** steht eine Reihe von Rechten zu: das **Stimmrecht** in der Hauptversammlung, ein Gewinnanteil, der **auf den Nennwert** der Aktie bezogen **Dividende** genannt wird, sowie im Falle einer Erhöhung des Grundkapitals ein **Bezugsrecht** für sogenannte „junge Aktien", proportional zum Aktienbesitz. Nicht von den Altaktionären in Anspruch genommene Bezugsrechte führen zum Verkauf der restlichen jungen Aktien am offenen Kapitalmarkt.

Ein **Gesellschafterwechsel vollzieht sich leicht** durch Weiterverkauf, Vererben oder Verschenken von Aktien durch den Inhaber.

Zwar ist das Verfahren der Gründung einer AG und die Emission der ersten Aktien, wie auch die spätere Ausgabe junger Aktien zur Erhöhung des Grundkapitals, teuer. Es kann aber ein weltweiter Kapitalmarkt erreicht werden.

Die von der Gesellschaft erwirtschafteten Gewinne werden zum Teil zur **Selbstfinanzierung** einbehalten, zum Teil als Dividende an die Aktieninhaber ausgeschüttet. Ausreichend hohe Dividendenzahlungen dienen der Kurspflege. Sie zeigen die wirtschaftliche Leistungsfähigkeit der AG und fördern die Bereitschaft von Anlegern, bei Kapitalerhöhungen Aktien der Gesellschaft zu kaufen.

Neben dieser Eigenfinanzierung steht der AG die Finanzierung mit **Fremdkapital** (Kredite) **entsprechend dem Wert ihres Vermögens als Beleihungsgrundlage** zur Verfügung.

Die Gesellschaft **haftet als juristische Person** ihren Gläubigern mit dem **Gesellschaftsvermögen.** Das ist der Wert des jeweils vorhandenen Vermögens, nicht der Nominalbetrag des Grundkapitals.

Aktionäre haften naturgemäß nicht für Schulden der AG (sie können nicht gerichtlich dafür belangt werden). Sie können als Anteilseigner durch Kursverfall ihrer Aktien Verluste erleiden.

Im Hinblick auf die Besteuerung der AG und der Aktionäre kann auf die allgemeingültigen Ausführungen zu den Steuern bei Kapitalgesellschaften am Ende des Abschnittes 4.1.4.1 verwiesen werden.

4.1.4.4 Die Kommanditgesellschaft auf Aktien (KGaA)

Die KGaA wird vom Gesetz als juristische Person bezeichnet (§ 278 AktG), ist aber wirtschaftlich eine Mischform aus Personengesellschaft und Kapitalgesellschaft.

Die Komplementäre bleiben als „geborene Geschäftsführer" unabwählbar und haften persönlich zur gesamten Hand; andererseits wird das „Grundkapital" in Aktien zerlegt und von „Kommanditaktionären" erworben, die nicht persönlich für Schulden der Gesellschaft haften.

Für die **Kommanditgesellschaft auf Aktien** gelten weitgehend Gründungsvorschriften wie für die AG, während sich die Rechtsverhältnisse der persönlich haftenden Gesellschafter untereinander sowie bezüglich der Geschäftsführung und Vertretung nach den Vorschriften des Handelsgesetzbuches über die Kommanditgesellschaft richten (§ 278 AktGes, §§ 161 bis 177 a HGB).

Die in der **Firma** enthaltene Bezeichnung der Rechtsform muß „Kommanditgesellschaft auf Aktien" lauten.

Die Komplementäre bleiben wie in der Kommanditgesellschaft Herr im Hause, dennoch könnte über den Aktienmarkt ein großer Kapitalbedarf gedeckt werden. Die sehr geringe Einflußmöglichkeit der Kommanditaktionäre in der Hauptversammlung macht diese Rechtsform für Kapitalanleger aber nicht attraktiv.

Die praktische Bedeutung dieser Rechtsform ist gering.

4.1.5 Andere Rechtsformen

4.1.5.1 Die Genossenschaft (eGmuH und eGmbH)

Die Genossenschaften haben wirtschaftlich eine außerordentliche Bedeutung auf Grund der Vielfalt ihrer Anwendungsmöglichkeiten.

Die auf der Grundlage eines **Statuts** und nach Wahl der Organe **Vorstand und Aufsichtsrat** von mindestens sieben Personen errichtete Genossenschaft wird durch Eintragung in das **Genossenschaftsregister** eine vereinsähnliche juristische Person mit **offener Mitgliederzahl.** Das oberste Organ ist die **Generalversammlung,** der alle Mitglieder, d. h. Gründer oder später eingetretene, mit je einer Stimme angehören, ungeachtet der Höhe ihrer Kapitalbeteiligung.

Die Genossenschaft hat **kein festes Grundkapital.** Sein Mindestbetrag ergibt sich aus der Zahl der Mitglieder und deren als Voraussetzung für die Aufnahme in die Genossenschaft geleisteten Pflichteinlagen. Der Höchstbetrag ergibt sich aus der Zahl der Mitglieder und dem im Statut (oder gesetzlich) bestimmten Höchstbeteiligungsbetrag, der Geschäftsanteil genannt wird. Bei Austritt eines Genossen wird ihm sein Geschäftsguthaben ausgezahlt.

Ihrem Wesen nach sind zwei Arten von Genossenschaften zu unterscheiden:
- Vollgenossenschaften und
- Hilfsgenossenschaften.

In **Vollgenossenschaften** gibt es nur den Genossenschaftsbetrieb, in dem die Mitglieder gemeinsam tätig sind.

Hilfsgenossenschaften dienen dem Zweck, selbständig bleibenden Mitgliederwirtschaften die Bewältigung wirtschaftlicher Teilaufgaben zu ermöglichen.

In einer planwirtschaftlichen Volkswirtschaft sind Vollgenossenschaften üblich (LPG, PGH). Dagegen sind sie in der Marktwirtschaft gesamtwirtschaftlich ohne Bedeutung. Die marktwirtschaftlichen Bedingungen fördern durch den Schutz des Eigentums wirtschaftliche Eigeninitiative und Selbständigkeit. Die Folge ist, daß zahlreiche produktiv Tätige auf ihrem Fachgebiet sehr leistungsfähig sind, aber auf Grenzgebieten, wie der Vermarktung oder der Finanzierung, dauerhaft der Hilfe eines spezialisierten Betriebes bedürfen.

Zu diesen wirtschaftlich bedeutenden Hilfsgenossenschaften kann man z. B. die folgenden Arten zählen:

– **Einkaufsgenossenschaften** (Konsumgenossenschaften der Verbraucher, Einkaufsgenossenschaften des Handels wie die EDEKA eGmbH, Bezugsgenossenschaften des Handwerks und der Landwirtschaft),
– **Nutzungsgenossenschaften** (Landwirtschaftsmaschinennutzung),
– **Produktionsgenossenschaften** (zur marktgerechten Weiterverarbeitung spezieller Produkte, z. B. Milch zu Milcherzeugnissen),
– **Absatzgenossenschaften** (der Handwerker, der Landwirtschaft),
– **Kreditgenossenschaften** (Genossenschaftsbanken),
– **Verkehrsgenossenschaften,**
– **Wohnungsbaugenossenschaften** u. a.

Ihr Zweck ist nicht Gewinnerzielung für die Genossenschaft, sondern wirtschaftliche Selbsthilfe ihrer Mitglieder.

Hinsichtlich der **Haftung** gibt es zwei Formen: die eGmuH, die eingetragene Genossenschaft mit unbeschränkter Haftpflicht, und die eGmbH, die eingetragene Genossenschaft mit beschränkter Haftpflicht.

Im Falle der **unbeschränkten Haftpflicht** haften die Genossen für die Schulden der Genossenschaft persönlich mit ihrem Vermögen. Bei **beschränkter Haftpflicht** haften sie mit der im Statut festgelegten Haftpflichtsumme, die nicht unter der Summe der Geschäftsanteile liegen darf. Im Konkursfalle können die Genossen die Pflicht zu Nachschlußzahlungen haben.

Als eine juristische Person, die im Sinn des HGB Kaufmann ist, ist die **Genossenschaft steuerlich den Kapitalgesellschaften vergleichbar.** Erwerbs- und Wirtschaftsgenossenschaft unterliegen der Gewerbesteuer und sind nach § 1 des Körperschaftsteuergesetzes unbeschränkt körperschaftsteuerpflichtig. Entsprechendes gilt für die Vermögensteuer.

Eine Reihe von Genossenschaftsarten, z. B. der Land- und Forstwirtschaft, sind jedoch von der Körperschaft- und der Gewerbesteuer befreit.

4.1.5.2 Der eingetragene Verein (e. V.)

Es gibt **wirtschaftliche Vereine,** die Rechtsfähigkeit durch staatliche Verleihung erhalten.

Nichtwirtschaftliche Vereine können sehr verschiedenen Zwecken dienen. Werden sie nicht in das Vereinsregister beim Amtsgericht eingetragen, so wird auf sie im wesentlichen das Recht der Gesellschaft bürgerlichen Rechts angewendet. Die Eintragung eines solchen Vereins in das **Vereinsregister** beim Amtsgericht zur Erlangung der Rechtsfähigkeit erfordert eine **Satzung,** die von mindestens sieben Gründungsmitgliedern beschlossen wurde.

Der eingetragene Verein hat mindestens zwei **Organe:**
– den Vorstand und
– die Mitgliederversammlung.

Der **Vorstand** wird durch Beschluß der Mitgliederversammlung bestellt. Er vertritt den Verein.

Finanziert wird der Verein in der Regel durch Eintritts-Gelder neuer Mitglieder, laufende Beiträge der Mitglieder und Umlagen für besondere Zwecke.

Beispiele für die Anwendung der Rechtsform des eingetragenen Vereins sind:
- Sportvereine (Fußball-, Tanzsport-, Tennisverein),
- Hobby-Vereine (Foto-Club, Aquarianer-Verein, Philatelisten-Verein),
- Hunde-Clubs,
- politische Parteien,
- Gewerkschaften,
- Arbeitgeberverbände,
- wohltätige Vereine (Verein zu Suchtbekämpfung, Selbsthifeverein, Arbeiter-Samariter-Bund),
- Fördervereine (Verein zur Förderung der beruflichen Weiterbildung, Verein zur allgemeinen Kunstförderung)

und alle weiteren erdenklichen Arten von Vereinen.

Als Körperschaften sind Vereine nach § 1 des Körperschaftsteuergesetzes grundsätzlich körperschaftsteuerpflichtig. Die Steuer wird jedoch nur erhoben, wenn die Einnahmen insgesamt 60.000 DM im Jahr übersteigen. Unterhält der Verein einen Gewerbebetrieb, z. B. eine Kantine oder ein Segelverein einen Bootsverleih, so unterliegt er der Gewerbesteuer. Eine besondere Form des Vereins ist der durch die §§ 15 ff. VAG (Versicherungs-Aufsichts-Gesetz) geregelte **Versicherungsverein auf Gegenseitigkeit** (V. V. a. G.). Seine Mitglieder sind Versicherungsnehmer ihres als Versicherer fungierenden Vereins. Sein Zweck ist der Risikoausgleich unter den Mitgliedern.

4.1.5.3 Die Stiftung des privaten Rechts

Stiftungen sind **Vermögensmassen,** die gestiftet werden, um damit einen bestimmten, meist gemeinnützigen Zweck zu erfüllen. Eine Stiftung wird als juristische Person errichtet und durch Organe oder eine Behörde verwaltet. Die Verfassung der Stiftung ist vom Stifter schriftlich festzulegen („Stiftungsgeschäft"). Die Stiftung bedarf der behördlichen Genehmigung.

Beispiele für Stiftungen privaten Rechts sind:
- „Kaiserin-Friedrich-Stiftung"
  Zweck: Fortbildung berufstätiger Ärzte.
- „Stiftung Deutsche Kinemathek"
  Zweck: Sammlung und Dokumentation der Filmgeschichte. Die Stiftung finanziert sich hauptsächlich aus Spenden und öffentlichen Förderungsmitteln.
- „Stiftung Deutschlandhaus"
  Zweck: Pflege und Erhaltung des ostdeutschen Kulturgutes.
- „Stiftung Verbraucherinstitut"
  Zweck: Weiterbildung von Beratern für Wohn-, Verbraucher-, Ernährungs-, Umwelt-, Schuldnerberatung u. ä.
- „Stiftung Warentest"
  Zweck: Unterrichtung der Öffentlichkeit über objektiv feststellbare Merkmale des Nutz- und Gebrauchswertes von Waren und Leistungen, die überregional in grundsätzlich gleichbleibender Beschaffenheit angeboten werden.
- „Carl-Zeiss-Stiftung"
  Zweck: Soziale Betriebsgestaltung durch die vom Stifter Ernst Abbé im Statut festgelegte verbesserte Rechtsstellung der Beschäftigten in den zur Stiftung gehörigen Betrieben „Carl Zeiss, Jena" und „Jenaer Glaswerk Schott & Gen.". Errichtung 1889; 1948 in Jena enteignet.

4.1.5.4 Juristische Personen des öffentlichen Rechts

Körperschaften, Anstalten und Stiftungen des öffentlichen Rechts sind selbständige Einrichtungen, die ihren Status durch Gesetz verliehen bekommen.

Eine Körperschaft des öffentlichen Rechts ist eine Personenvereinigung, deren Bestand als juristische Person unabhängig vom Wechsel ihrer Mitglieder ist. Sie nimmt außerhalb der unmittelbaren staatlichen Behördenorganisation öffentliche Aufgaben unter staatlicher Aufsicht wahr.

Diese Rechtsform haben z. B.: Ortskrankenkassen, die Barmer Ersatzkasse, Landesversicherungsanstalten, die Bundesversicherungsanstalt für Angestellte, Berufsgenossenschaften, Universitäten, die Kammern (Handwerks-, Industrie- und Handels-, Apotheker-, Ärzte-, Anwaltskammern).

Die Namen der Einrichtungen können irreführend sein, wie z. B. die Bezeichnung Landesversicherungsanstalt beweist.

Anstalten des öffentlichen Rechts haben im Gegensatz zu den Körperschaften des öffentlichen Rechts keine Mitglieder. Man kann sie aber entsprechend ihren Zwecken nutzen, wie die als juristische Personen verselbständigten Sendeanstalten ARD und ZDF gegen Gebühren.

Bei den **Stiftungen des öffentlichen Rechts** handelt es sich um Vermögen einer öffentlich rechtlichen Institution, die einen vom Stiftungsberechtigten bestimmten, in der Regel gemeinnützigen Zweck erfüllen sollen. Als Beispiele sind zu nennen:

- „Stiftung Preußischer Kulturbesitz". Ihr Zweck ist die Erhaltung, Pflege und Präsentation des Preußischen Kulturbesitzes.
- „Kaiser Wilhelm- und Augusta-Stiftung". Ihr Zweck ist es, bedürftigen Einwohnern Wohnraum gegen Entgelt zur Verfügung zu stellen und, soweit die Mittel reichen, für diese Betreuungsmaßnahmen durchzuführen.

Eine **Sonderform** als juristische Person des öffentlichen Rechts ist die **Deutsche Bundesbank**. Sie hat hoheitliche Aufgaben mit bankwirtschaftlichen Mitteln zu erfüllen.

4.1.5.5 Regie- und Eigenbetriebe

Die verwaltungsnahen **Öffentlichen Betriebe** kann man unterteilen in
- Regiebetriebe und
- Eigenbetriebe.

Regiebetriebe werden in unmittelbarer Regie durch Behörden geführt. Beispiele hierfür sind: städtische Krankenhäuser, städtische Bühnen, öffentliche Büchereien, städtische Sportanlagen, städtische Badeanstalten.

Gleichartige Einrichtungen gibt es auch als Privateinrichtungen: private Krankenhäuser, private Bühnen, Büchereien und Sportanlagen als private Vereinssportanlagen usw.

Werden Regiebetriebe der Behörden wirtschaftlich verselbständigt, ohne daß sie eine eigene Rechtsform erhalten, dann gehören sie zu den nachfolgend behandelten Eigenbetrieben.

Als **Eigenbetriebe** werden gemeindeeigene Betriebe ohne eigene Rechtspersönlichkeit bezeichnet, die wirtschaftlich und organisatorisch verselbständigt sind. Grund der Verselbständigung ist vorwiegend die zunehmende Größe einer ursprünglich unter unmittelbarer Regie der Behörden ausgeführten gemeinwirtschaftlichen Aufgabe. Häufig werden die in wirtschaftlicher und technischer Hinsicht fachlicher Leitung bedürfenden kommunalen Versorgungs-, Entsorgungs- und Verkehrsbetriebe als Eigenbetriebe geführt.

4.1.6 Überblick

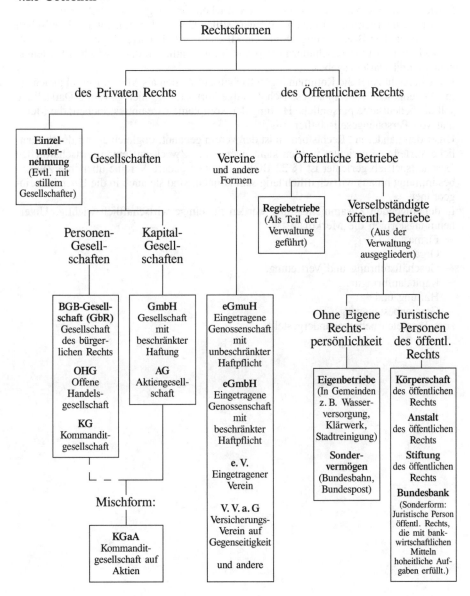

Abb. 15: Betriebliche Rechtsformen

Die vorstehende Übersicht soll zeigen, wo sich die einzelnen Rechtsformen, in die Betriebe eingekleidet sein können, im rechtlichen Ordnungssystem befinden.

Die Einzelunternehmung ist auch mit einem stillen Gesellschafter nicht als Gesellschaft eingeordnet. Die Bezeichnung „Stille Gesellschaft" ist eher irreführend. Das Verhältnis zwischen den Gesellschaftern entspricht im wesentlichen dem zwischen Darlehnsnehmer und Darlehnsgeber.

Die Übersicht zeigt die Kommanditgesellschaft auf Aktien als Mischform, obgleich sie im Aktiengesetz als Kapitalgesellschaft aufgeführt ist. Die hier gewählte Darstellung soll die bedeutsame persönliche Haftung der Komplementäre unterstreichen, die Merkmal von Personengesellschaften ist.

Unter den „anderen" Rechtsformen ist der Verein genannt, obgleich er nur durch staatliche Verleihung errichtet werden kann, wenn sein Zweck auf einen wirtschaftlichen Geschäftsbetrieb gerichtet ist (§ 22 BGB). Da auch andere Vereine über ihre Zweckbestimmung hinaus wirtschaftlich tätig sein können, sind sie auch in die Übersicht eingeordnet.

In der folgenden Zusammenfassung werden für einige wirtschaftlich wichtige Unternehmungsformen die Merkmale

- Firma,
- Organe,
- Geschäftsführung und Vertretung,
- Kapitalaufbringung,
- Haftung und
- Gewinnbesteuerung

zum Vergleich nebeneinandergestellt.

Rechtsform▶ Merkmale ▼	Einzelunter-nehmung	Personengesellschaften		Kapitalgesellschaften (Juristische Personen)	
		OHG	KG	GmbH	AG
Firma	Vor- und Nachname; evtl. Zusatz	Zumindest ein Nachname und OHG oder & Co.	Wie OHG, aber Name vom Komple-mentär mit Zusatz KG	Nach Gegen-stand oder alle Gesellschafter-Namen oder ein Name mit Zusatz Ges.; immer mit „mbH"	In der Regel nach Gegen-stand; immer mit Zusatz Aktiengesell-schaft
Organe	keine	keine	keine	Gesellschafter-versammlung Geschäftsführer (Aufsichtsrat)	Vorstand Aufsichtsrat Haupt-versammlung
Geschäfts-führung und Vertretung	durch den Einzel-unternehmer	durch die Gesellschafter	durch die Komplementäre	durch die Geschäftsführer	durch den Vorstand
Kapital-aufbringung	Eigenkapital und nicht ent-nommene Ge-winne (evtl. stiller Gesell-schafter) Fremd-kapital nach Be-leihbarkeit des Vermögens	Eigenkapital der Gesell-schafter und nichtent-nommene Ge-winne, Fremd-kapital nach Beleihbarkeit des Vermögens	Eigenkapital der Komple-mentäre; Kommandit-einlagen; nicht-entnommene Gewinne. Fremdkapital nach Beleih-barkeit des Vermögens	Stammeinlagen (Stammkapital mind. 50.000 DM); nichtent-nommene Gewinne; evtl. Nachschüsse. Fremdkapital nach Beleihbar-keit des Gesellschafts-vermögens	Aktienemission (Grundkapital mind. 100.000 DM); nicht-entnommene Gewinne. Fremdkapital nach Beleih-barkeit des Gesellschafts-vermögens
Haftung	Einzelunter-nehmer unbeschränkt (Das Kapital des stillen Gesellschafters haftet nicht.)	Jeder Gesell-schafter un-beschränkt als Gesamt-schuldner	Jeder Komple-mentär un-beschränkt als Gesamt-schuldner; Kommanditisten bis zur Höhe ihrer Einlage	GmbH mit ihrem Gesell-schaftsvermögen	AG mit ihrem Gesellschafts-vermögen
Gewinn-besteuerung	Als Einkünfte beim Unternehmer	Gewinnanteile als Einkünfte beim Gesell-schafter	Gewinnanteile als Einkünfte beim Gesell-schafter	Bei GmbH (KSt.). Ausge-zahlte Anteile beim Gesell-schafter (ESt.)	Bei AG (KSt.). Dividende beim Aktionär (Ein-kommensteuer)

Abb. 16: Wichtige Merkmale ausgewählter Rechtsformen im Vergleich

4.2 Zusammenschlußformen der Unternehmungen

4.2.1 Einführung

Kooperation ist Zusammenarbeit, Konzentration ist Zusammenschluß. **Unternehmungszusammenschlüsse** können auf der Grundlage von **Verträgen** oder auf der Grundlage von **Beteiligungen** zustande kommen.

Schließen sich Unternehmungen gleicher Produktions- oder Handelsstufen zusammen, dann spricht man von einem **horizontalen** (auf einer Ebene liegenden) **Zusammenschluß.** Beispiele: Betonwerke schließen sich zusammen oder Ziegeleien schließen sich zusammen oder Lebensmittelhandelsgeschäfte schließen sich zusammen.

Werden Unternehmungen vor- und nachgelagerter Produktions- oder Handelsstufen verbunden, dann liegt ein **vertikaler** (senkrechter) **Zusammenschluß** vor. Ein Beispiel bietet die folgende Verbindung: Spinnerei − Weberei − Konfektionsnäherei − Textilhandel.

Schließlich gibt es eine Konzentration, bei der keine wirtschaftliche Verbindung zwischen den Tätigkeitsgebieten der Unternehmungen besteht. Untereinander branchenfremde Unternehmungen, auch unterschiedlicher Produktions- oder Handelsstufen, können zusammengefaßt sein. Es ist ein **Konglomerat,** eine „nicht organische Anhäufung".

Die **Produktionsgenossenschaften,** die unter der Zentralverwaltungswirtschaft in Ostdeutschland gebildet wurden, waren horizontale Zusammenschlüsse der zuvor privaten Einzelbetriebe. Denn obgleich eine Genossenschaft ein vereinsähnlicher **Zusammenschluß von Personen** ist, mußten diese als Geschäftseinlage ihre Betriebe einbringen.

Wirtschaftlich gesehen waren diese Zusammenschlüsse **in der Landwirtschaft** sinnvoll, nachdem zuvor in den ersten Nachkriegsjahren der Großgrundbesitz enteignet und durch Neubauernstellen für Ostflüchtlinge aufgesiedelt worden war. Zumindest der Getreideanbau auf Großflächen rationalisiert die landwirtschaftliche Produktion.

Wo es auf die individuelle Leistung ankommt, wie im Handwerk, ist die horizontale Zusammenführung von Betrieben sicher verfehlt.

Die **Kombinate** des industriellen Sektors waren überwiegend horizontale, teils auch vertikale Zusammenschlüsse. Das Ergebnis war die Bildung von Monopolen. Nach der Öffnung zum Weltmarkt ist diese Konstruktion nicht verfehlt, da am Weltmarkt mit großen, leistungsfähig zusammengesetzten Unternehmungen konkurriert werden muß. Allerdings mußten die Strukturen der Kombinate nunmehr allein am internationalen Wettbewerb auf ihre Zweckmäßigkeit überprüft werden. Ihre Zerlegung aus Prinzip entbehrt ebenso wirtschaftlicher Begründung wie ihr prinzipielles Zusammenhalten.

Die Zerlegung liegt nahe, wenn durch den Zusammenschluß keine deutliche Rationalisierung erreicht wird und durch Eigentumsverselbständigung unternehmerische Aktivität angereizt werden kann. Oft ist die Kombinatsumbildung in einen neuerlichen Konzern nur mit dem Ziel zu rechtfertigen, Verwaltungsposten zu schaffen, ohne Vorteil für die Wirtschaftlichkeit.

Ein **Joint Venture,** um diesen zeitweilig modernen Begriff zu gebrauchen, ist eine Unternehmensverbindung. Je nach vertraglicher Ausgestaltung reicht sie von der Kooperation, der Zusammenarbeit, bis zur Konzentration, dem Zusammenschluß zur Erreichung bestimmter wirtschaftlicher Ziele, wobei jede der verbundenen Unternehmungen schwerpunktmäßig die ihr gemäße spezielle Teilleistung einbringt. Z.B. stellt die ortsansässige Unternehmung Grundstück, Fabrikgebäude, Arbeitskräfte, Kundenkreis und anderes, während die andere Unternehmung technisches Wissen (know how), Maschinen, Vorprodukte und Betriebskapital einbringt. Die Unbestimmtheit des Begriffes „Joint Venture" hat zu seiner Beliebtheit geführt. Wenn es auf Eindeutigkeit ankommt, sind solche Begriffe wenig hilfreich.

In der marktwirtschaftlichen Praxis kommen Unternehmensverbindungen in unterschiedlichster Struktur vor. Die folgende systematische Darstellung wirtschaftlicher und rechtlicher Konzentrationstypen dient der Verdeutlichung, schließt aber in der Praxis Mischungen und schwer zuzuordnende Übergänge zwischen den Typen nicht aus.

4.2.2 Typen von Zusammenschlüssen

Zu unterscheiden sind unterschiedlich starke Unternehmungsverbindungen in wirtschaftlicher und rechtlicher Hinsicht, vom
- Konsortium über das
- Kartell, die
- Interessengemeinschaft und den
- Konzern bis zum
- Trust.

Das **Konsortium** wurde bei der Erläuterung der Gesellschaft bürgerlichen Rechts als Beispiel genannt (Bankenkonsortium zur Aktienemission). Es ist die schwächste Zusammenschlußform. Der **horizontale, auf einen bestimmten Geschäftszweck bezogene wirtschaftliche Zusammenschluß** der Konsorten (Mitglieder des Konsortiums) erfolgt **durch formlosen Vertrag** als Gesellschaft bürgerlichen Rechts. Die selbständige Rechtsform der Konsorten bleibt unberührt. Nach Erreichen des Zweckes löst sich das Konsortium formlos auf. In der Praxis kann es dauerhaft sein.

Das **Kartell** ist ein **horizontaler wirtschaftlicher Teilzusammenschluß auf vertraglicher Grundlage,** der in der Regel auf Dauer angelegt ist. Ziel ist es, den Wettbewerb im Absatzbereich aufzuheben oder zu verringern. Die wirtschaftliche und rechtliche Selbstständigkeit der Unternehmungen bleibt im übrigen unberührt.

Das Gesetz gegen Wettbewerbsbeschränkungen von 1957 (GWB), auch Kartellgesetz genannt, verbietet Wettbewerbsbeschränkungen grundsätzlich, läßt aber Ausnahmen zu.

Man unterscheidet nach §§ 1 bis 9 des Kartellgesetzes:
- unzulässige Kartelle,
- erlaubnispflichtige Kartelle und
- anmeldepflichtige Kartelle.

Alle **Kartelle** sind **unzulässig,** soweit sie nicht zu den Ausnahmen gehören, die nach den §§ 2 bis 9 GWB erlaubt werden können oder nur angemeldet werden müssen.

Im Inland unzulässige Kartelle sind z.B.:
- Preiskartelle, denn einheitliche Preise würden das wichtigste Marktregulativ ausschalten;
- Quotenkartelle zur Festlegung von Produktions- oder Absatzquoten der Mitglieder;
- Gebietskartelle zur Festlegung der Absatzgebiete;
- Syndikate, also gemeinschaftliche zentrale Verkaufsbüros.

Die **Erlaubnis** der Kartellbehörde kann erteilt werden für:
1. Strukturkrisenkartelle – „um eine planmäßige Anpassung der Kapazität an den Bedarf herbeizuführen".
2. Rationalisierungskartelle – um „die Leistungsfähigkeit oder Wirtschaftlichkeit ... in technischer, betriebswirtschaftlicher oder organisatorischer Beziehung wesentlich zu heben und dadurch die Befriedigung des Bedarfs zu verbessern".
3. Ausfuhrkartelle – wenn die zur Sicherung und Förderung der Ausfuhr dienenden Verträge auch den Inlandswettbewerb berühren, aber die erstrebte Regelung des Wettbewerbs im Ausland nicht anders sicherzustellen ist.
4. Einfuhrkartelle – sofern „die deutschen Bezieher keinem oder nur unwesentlichem Wettbewerb der Anbieter gegenüberstehen".
5. „Ministerkartelle" – können fallweise vom Wirtschaftsminister genehmigt werden, „wenn ausnahmsweise die Beschränkung des Wettbewerbs aus überwiegenden Gründen der Gesamtwirtschaft und des Gemeinwohls notwendig ist".

Nur **anmeldepflichtig** sind (jeweils mit gewissen Auflagen):
1. Konditionenkartelle – zur einheitlichen Festlegung „allgemeiner Geschäfts-, Lieferungs- und Zahlungsbedingungen einschließlich der Skonti".
2. Normen- und Typenkartelle – „die lediglich die einheitliche Anwendung von Normen oder Typen zum Gegenstand haben".
3. Rabattkartelle – „soweit diese Rabatte ein echtes Leistungsentgelt darstellen".
4. Angebotsschemakartelle – die „einheitliche Methoden der Leistungsbeschreibung oder Preisaufgliederung festlegen".
5. Spezialisierungskartelle – „die die Rationalisierung ... durch Spezialisierung zum Gegenstand haben, wenn sie einen wesentlichen Wettbewerb auf dem Markt bestehen lassen".
6. Kooperationskartelle – „die die Rationalisierung wirtschaftlicher Vorgänge durch ... Zusammenarbeit zum Gegenstand haben, wenn dadurch der Wettbewerb auf dem Markt nicht wesentlich beeinträchtigt wird **und** der Vertrag oder Beschluß dazu dient, die Wettbewerbsfähigkeit kleiner oder mittlerer Unternehmen zu fördern".
7. Ausfuhrkartelle – „sofern sie sich auf die Regelung des Wettbewerbs auf Märkten außerhalb des Geltungsbereichs dieses Gesetzes beschränken".

Offenkundig will der Gesetzgeber Rationalisierungsmöglichkeiten auf der horizontalen Ebene (gleiche Produktions- oder Handelsstufe) im Interesse besserer Bedarfsdeckung bis an die Grenze merklicher Wettbewerbseinschränkungen, aber nicht darüber hinaus zulassen.

Alle Kartelle werden beim Bundeskartellamt in Berlin in das Kartellregister eingetragen. Da Kartelle der Mißbrauchsaufsicht durch das Kartellamt unterliegen, können sie erforderlichenfalls auch nach ihrer Zulassung wieder untersagt werden.

Auch in der **Interessengemeinschaft** (I.G.) bleibt die rechtliche Selbständigkeit der Unternehmungen erhalten. Die **wirtschaftliche Gemeinschaft auf Teilgebieten** führt jedoch, je nach der vertraglichen Übereinkunft, insoweit zur Aufgabe der Unabhängigkeit.

Zu unterscheiden sind im wesentlichen Rationalisierungs-, Produktions-, Betriebs-, Absatz- und Gewinngemeinschaften.

Als Gewinngemeinschaft eignet sich die I.G. zu rentablen Investitionen aus den erwirtschafteten Überschüssen der Partner und zu steuerlich günstiger Gewinnverteilung.

Seit der Entflechtung der I.G. Farben durch die Alliierten in der Nachkriegszeit wird der Begriff I.G. für Zusammenschlüsse gemieden.

Konzerne stehen unter **einheitlicher wirtschaftlicher Leitung,** während die rechtliche Struktur unterschiedlich sein kann.

Grundsätzlich sind Konzerne erlaubt. Das Bundeskartellamt kann jedoch **Zusammenschlüsse untersagen, die zu einer marktbeherrschenden Stellung führen würden.** Das wird angenommen, wenn der Marktanteil 20 % überschreitet.

Ein Konzern kann ein
- **Vertragskonzern** durch Unternehmensvertrag (§ 291 f. AktG) oder ein
- **Beteiligungskonzern** durch Anteilserwerb sein.

Er kann ein
- **Gleichordnungskonzern** nach § 18 Abs. 2 des Aktiengesetzes sein, mit Schwestergesellschaften, oder ein
- **Unterordnungskonzern** nach § 18 Abs. 1 AktG mit Muttergesellschaft und Tochtergesellschaft(en).

Die stärkste Konzentrationsform ist der **Trust.** Der aus dem Amerikanischen übernommene, ideologisch belastete und im deutschen Gesellschaftsrecht nicht verwendete Begriff bezeichnet einen Unternehmenszusammenschluß, bei dem eine zentrale wirtschaftliche Führung besonders ausgeprägt ist.

Ohne auf die im Aktiengesetz vorgenommene Differenzierung der Beziehungen verbundener Unternehmen (§ 15 AktGes) und ihrer Zusammenschlußmöglichkeiten (§§ 16 bis 19 und 3. und 4. Buch AktGes) einzugehen, werden hier zwei rechtlich verschiedene Trustformen unterschieden:

- entweder hält eine **Holding-Gesellschaft** (Dachgesellschaft, Kontrollgesellschaft) die Mehrheitsanteile an den dadurch wirtschaftlich weisungsabhängigen, aber rechtlich selbständigen Gesellschaften (jede zugehörige AG behält Vorstand, Aufsichtsrat und Hauptversammlung),
- oder durch **Fusion** (Verschmelzung) werden die Unternehmungen rechtlich zu einer einzigen zusammengefügt, so daß es, wenn es eine AG ist, nur noch einen einzigen Vorstand, einen Aufsichtsrat und eine Hauptversammlung für die Gesamtunternehmung gibt. Es gibt keine wirtschaftliche und keine rechtliche Selbständigkeit der einzelnen Unternehmungen mehr.

Die Frage, ob Konzentrationen für den Verbraucher vorteilhaft oder nachteilig sind, kann nicht generell beantwortet werden. Sie können einerseits − besonders bei kleinen und mittleren Unternehmungen − Rationalisierungen in den Bereichen Beschaffung, Produktion und Absatz ermöglichen. Andererseits wird der Wettbewerb, der sich zugunsten der Verbraucher auswirkt, eingeschränkt. Daraus können nicht nur hohe Angebotspreise folgen, sondern auch eine Einschränkung der Angebotsvielfalt. Das gilt besonders für Zusammenschlüsse von Unternehmungen, die einen großen Marktanteil haben.

Ob Konzentration das Angebot am Markt verbessert oder nachteilig ist, kann daher nur von Fall zu Fall entschieden werden. Eine Beeinträchtigung des Wettbewerbs ist für den Konsumenten grundsätzlich nachteilig.

4.3 Nationale und internationale Organisationen der Wirtschaft

4.3.1 Ihre Bedeutung

Jede Unternehmung ist in ein soziales Umfeld eingebettet, das unmittelbar aus **Kunden, Lieferanten und Behörden** besteht. Der rechtliche Ordnungsrahmen regelt viele Teile dieser Beziehungen.

Eine besondere Rolle spielen die Beziehungen zwischen den in der Unternehmung zusammenarbeitenden und gegenseitig von ihren Leistungen abhängigen **Sozialpartnern.** In Einzelunternehmungen und Personengesellschaften sind es auf der einen Seite die Unternehmer, auf der anderen die Arbeitnehmer; in Kapitalgesellschaften sind es die angestellten Vorstände bzw. Geschäftsführer, die den übrigen Arbeitnehmern gegenüberstehen.

Die gesetzliche **Tarifautonomie** bewirkt, daß die Lohn- und Gehaltstarife und zahlreiche Arbeitsbedingungen zwischen den Sozialpartnern vertraglich in **Tarifverträgen** vereinbart werden. Damit werden die Sozialpartner zu **Tarifpartnern.** Eine entscheidende Rolle spielen in dieser Beziehung die zur Wahrnehmung dieser Aufgaben gegründeten Vereine: die **Gewerkschaften** und die **Arbeitgeberverbände.**

Dem sozialen **Innenbereich** der Unternehmungen, für dessen Mitgestaltung Arbeitgeber- und Arbeitnehmerverbände tätig sind, schließt sich ein **Umfeld** an, in dem diese Verbände ebenfalls Aufgaben wahrnehmen; hinzu kommen aber **zahlreiche fach- oder branchenbezogene Verbände.** Sie dienen in Form eingetragener Vereine speziellen Interessen ihrer Mitglieder, sei es durch Information, Beratung, Öffentlichkeitsarbeit oder Vertretung ihrer Mitglieder.

Übergeordnete Beziehungen sind vor allem im Verwaltungsrecht der **Gemeinde-, Landes- und Bundesverwaltungen** geregelt. Diese Einrichtungen sind Körperschaften des öffentlichen Rechts, die auch als **Gebietskörperschaften** bezeichnet werden.

Auf einer nächsthöheren Ebene kommen die übergeordneten Sozial- und Wirtschaftsbeziehungen in **internationalen Wirtschaftsgemeinschaften** und anderen volkswirtschaftlich bedeutsamen **Vertragsgemeinschaften** zum Ausdruck. Wenn es nicht nur zwei- oder mehrseitige (multilaterale) **Verträge zum gegenseitigen Vorteil der Vertragspartner,** sondern Institutionen, wie etwa die EG, sind, dann haben diese in der Regel die Rechtsform von **Körperschaften des öffentlichen Rechts.** Die generelle Aufgabe solcher Einrichtungen ist es, das internationale Zusammenleben **im Interesse ihrer Mitglieder** rechtlich zu regeln.

Einige der nationalen und der internationalen Verbands- und Vertragsbeziehungen werden im folgenden angesprochen.

4.3.2 Nationale Organisationen

4.3.2.1 Arbeitnehmerorganisationen

Arbeitnehmervereinigungen spielen vor allem als **Gewerkschaften** eine wesentliche Rolle. Sie sind Selbsthilfeorganisationen von unselbständig Beschäftigten auf freiwilliger Basis. Ihre übliche Rechtsform ist der Verein. Sie finanzieren sich aus Mitgliedsbeiträgen und z.T. aus gewerkschaftseigenen Unternehmungen.

Wichtige **Aufgaben der Gewerkschaften** sind:
- **Verbesserung der wirtschaftlichen und sozialen Situation** ihrer Mitglieder,
- **Abschluß von Tarifverträgen** (betr. Lohnhöhe, Arbeitszeit, Arbeitserleichterungen) mit den Arbeitgeberverbänden,

- Vertretung der Arbeitnehmerinteressen in der Öffentlichkeit,
- Beratung der Mitglieder in Arbeitsrechtsfragen,
- Mitwirkung in verschiedenen Gremien, wie z.B.
  in Betriebs- und Aufsichtsräten der Unternehmungen,
  in Arbeitsgerichten,
  in den Aufsichtsorganen der Sozialversicherungsträger.

Zur Durchsetzung ihrer Forderungen dienen Verhandlungen mit den Tarifpartnern (Arbeitgeberverbänden oder einzelnen Arbeitgebern), nötigenfalls unter Einschaltung eines Schlichters, und der Streik. Das Ziel ist der Abschluß von Tarifverträgen. Diese ergänzen die gesetzlichen Mindestregelungen. Nach ihrem Geltungsbereich sind Firmen-, Orts-, Bezirks-, Landes- und Bundestarifverträge zu unterscheiden. Es gab in der Bundesrepublik Deutschland 1989 rund 35.000 geltende Tarifverträge.

Man kann Mantel-, Sonder- und Lohntarifverträge unterscheiden.

Manteltarifverträge werden in der Regel für drei oder mehr Jahre abgeschlossen. Sie regeln Arbeits- und Urlaubszeiten, Probezeiten, Kündigungsfristen, Arbeitsbefreiungen wegen Hochzeit, Umzugs und Sterbefall, Arbeitsschutz, Rationalisierungsschutz, Überstundenzuschläge und andere grundlegende Vereinbarungen über Arbeitsverhältnisse.

Sondertarifverträge ergänzen die Manteltarifverträge. Sie regeln z. B. Zahlungen der Arbeitgeber an Arbeitnehmer zur vermögensbildenden Anlage, Sonderschulungen zur Fortbildung, die Zahlung eines 13. Monatsgehaltes, Sonderurlaub und ähnliches.

Lohntarifverträge haben meistens eine Geltungsdauer von einem Jahr. Sie regeln speziell die Höhe der Entgelte in den Lohngruppen, den Gehaltsgruppen und die Ausbildungsvergütungen.

Der Organisationsgrad der Arbeitnehmer lag 1989 bei 40%. Von diesen organisierten Arbeitnehmern waren rund

7,8 Millionen im Deutschen Gewerkschaftsbund (DGB)
  mit seinen 16 Einzelgewerkschaften,
0,8 Millionen im Deutschen Beamtenbund (DBB),
0,5 Millionen in der Deutschen Angestellten-Gewerkschaft (DAG),
0,3 Millionen im Christlichen Gewerkschaftsbund (CGB) und
0,3 Millionen im Deutschen Bundeswehr-Verband (DBV).

Die 16 Einzelgewerkschaften des DGB sind:
- IG Bau, Steine, Erden (IG = Industriegewerkschaft)
- IG Bergbau und Energie
- IG Chemie, Papier, Keramik
- IG Druck, Papier und Kunst
- IG Metall
- Gewerkschaft der Eisenbahner Deutschlands
- Gewerkschaft Erziehung, Wissenschaft (GEW)
- Gewerkschaft Gartenbau, Land- und Forstwirtschaft
- Gewerkschaft Handel, Banken und Versicherungen
- Gewerkschaft Leder
- Gewerkschaft Holz und Kunststoff
- Gewerkschaft Nahrung, Genußmittel und Gaststätten
- Gewerkschaft Öffentliche Dienste, Transport und Verkehr (ÖTV)
- Deutsche Postgewerkschaft

– Gewerkschaft Textil – Bekleidung
– Gewerkschaft der Polizei

Die größte Einzelgewerkschaft im DGB ist die IG Metall mit ca. 2,6 Millionen Mitgliedern, gefolgt von der Gewerkschaft Öffentliche Dienste, Transport und Verkehr (ÖTV) mit ca. 1,2 Millionen Mitgliedern (Stand 1989).

4.3.2.2 Arbeitgeberorganisationen

Die über 800 **Arbeitgeberverbände** in Deutschland haben ihre größte Bedeutung als Tarifpartner der Gewerkschaften. Ihre Hauptaufgaben decken sich weitgehend mit den gewerkschaftlichen Zielbereichen. **Dachverband** der Arbeitgeberverbände ist die **Bundesvereinigung der Deutschen Arbeitgeberverbände e.V. (BDA)** in Köln. Der Dachverband selbst tritt nicht als Tarifpartner auf.

Kammern sind **regionale Selbstverwaltungseinrichtungen** ihrer Mitglieder (Apothekerkammern, Anwaltskammern, Ärztekammern, Industrie- und Handelskammern, Handwerkskammern usw.) in der Rechtsform von Körperschaften des öffentlichen Rechts. In der Bundesrepublik Deutschland gibt es heute 83 Industrie- und Handelskammern (IHK). Es besteht Zwangsmitgliedschaft für alle gewerbesteuerpflichtigen Einzelkaufleute, Handelsgesellschaften und juristischen Personen, die im Kammerbezirk eine gewerbliche Niederlassung, Betriebsstätte oder Verkaufsstelle unterhalten. Finanziert werden die Kammern durch Pflichtbeiträge ihrer Mitglieder.

Zu den **Aufgaben der Industrie- und Handelskammern** gehören:
– **Vertretung der Gesamtinteressen** der gewerblichen Wirtschaft des Bezirks gegenüber der Öffentlichkeit und der Verwaltung,
– **Förderung der gewerblichen Wirtschaft** des Bezirks unter abwägenden und überfachlich ausgleichenden Gesichtspunkten,
– **Unterstützung und Beratung der Behörden** durch Vorschläge, Gutachten, Berichte und Stellungnahmen,
– **Beratung der Mitglieder** in allgemeinen betrieblichen Fragen (Handelsbräuche, Recht, Steuern, Rationalisierung, Exportfragen),
– Maßnahmen zur **Förderung und Durchführung der beruflichen Bildung und Ausbildung** sowie das entsprechende Prüfungswesen,
– **Ausstellung von Ursprungszeugnissen** für Warenexport und anderen dem Wirtschaftsverkehr dienenden Bescheinigungen. Warenursprungszeugnisse werden von manchen Staaten aus Zoll- oder anderen Gründen bei der Einfuhr von Waren verlangt.

Der Dachverband der Industrie- und Handelskammern ist der **Deutsche Industrie- und Handelstag e.V. (DIHT) mit Sitz in Bonn. Zu seinen Aufgaben** gehört es,
– die Auffassungen der Kammern und die vielfältigen Belange der ihnen angehörenden Unternehmen zu vertreten,
– für die Abstimmung der Industrie- und Handelskammern auf allen relevanten Arbeitsgebieten zu sorgen und
– die Beziehungen zu den **43 deutschen Auslandshandelskammern** – die wesentlich der Förderung der Exportbeziehungen dienen – und zur **Internationalen Handelskammer** in Paris zu unterhalten.

Die **Handwerkskammern** nehmen ähnliche Aufgaben für die Handwerksbetriebe einer Region wahr. Auch die Handwerkskammern sind Körperschaften öffentlichen

Rechts zum Zwecke der Selbstverwaltung dieses Wirtschaftssektors. Es besteht Zwangsmitgliedschaft für alle gewerbesteuerpflichtigen Handwerksbetriebe aller Branchen eines Kammerbezirks.

Die selbständigen Handwerksmeister einer Region werden in die Handwerksrolle der Kammer eingetragen. Zugleich sind auch deren Gesellen und Lehrlinge Kammermitglieder. Stets ist ein Geselle Stellvertreter des Kammerpräsidenten. Der Dachverband der Handwerkskammern ist der **Deutsche Handwerkskammertag.**

Die **fachlichen Vereinigungen** der verschiedenen Handwerke sind die **Innungen.** Sie sind keine Vereine, sondern, historisch bedingt, Körperschaften des öffentlichen Rechts, wie die Kammern. Die Innungen sind in **Kreishandwerkerschaften** zusammengefaßt, die im **Zentralverband des Deutschen Handwerks (ZdH)** verbunden sind.

Unabhängig davon sind **Wirtschaftsfachverbände.** Sie dienen als eingetragene Vereine fachbezogen der Beratung der Mitglieder und der Interessenvertretung von Unternehmern einzelner Branchen oder Unternehmensarten gegenüber der Öffentlichkeit und gegenüber dem Staat.

4.3.3 Internationale Organisationen

4.3.3.1 Die Europäische Gemeinschaft (EG)

Als Grundlage der EG gelten die Römischen Verträge von 1957, in Kraft seit dem 1.1.1958. Eine bedeutsame Vertragsergänzung enthält die EEA, die Einheitliche Europäische Akte von 1985, in Kraft seit dem 1. Juli 1987, die eine Beschleunigung des Zusammenschlusses bewirken soll.

Gründerstaaten waren die drei „großen" Staaten – Deutschland, Frankreich, Italien – und die drei „kleinen" BeNeLux-Staaten – Belgien, „Nederlande", Luxemburg. 1973 kamen Großbritannien, Dänemark und Irland hinzu, 1981 Griechenland und 1986 Spanien und Portugal (ohne Macao).

Die **EG ist eine Zollunion,** d.h., daß ihre Mitgliedsstaaten einheitliche Außenzölle gegenüber Nichtmitgliedsländern haben.

Die **Hauptziele der EG** sind:
– Schaffung eines einheitlichen Wirtschaftsraumes,
– Niederlassungsfreiheit für Personen und Gewerbe im EG-Gebiet,
– freier Dienstleistungs- und Kapitalverkehr sowie
– Förderung des politischen Zusammenhalts der Mitgliedsstaaten.

Weitere Ziele sind, **über einen gemeinsamen Markt hinaus** eine **einheitliche Währung** und die **politische Einheit** herbeizuführen und diese Staatengemeinschaft für weitere Staaten offen zu halten.

Die **Leitungsorgane der EG** sind:
– der **Ministerrat,** auch Rat genannt, dem die Gesetzgebung obliegt, die in der Bundesrepublik Parlamentssache ist,
– die **Kommission,** die die Regierung darstellt, so daß ihr die Gesetzesdurchführung obliegt. Sie hat ein Vorschlagsrecht an den Ministerrat.
– das **Parlament,** dessen Einfluß durch Beratung und Kontrolle ergänzt wird um ein teilweises Entscheidungsrecht über Haushaltsmittel. Eine zunehmende Beteiligung an der Gesetzgebung wird angestrebt, da die Abgeordneten die Interessen der Wähler aus den Mitgliedsstaaten nur unvollkommen vertreten können.

Zwei weitere Organe haben kontrollierende Funktionen:
– Der **Europäische Rechnungshof** überprüft die Ordnungsmäßigkeit der Haushaltsmittelverwendung.

– Dem **Europäischen Gerichtshof** obliegt die Rechtsprechung mit dem Ziel der Einhaltung des EG-Rechts. Er kann von jedermann angerufen werden, der wegen Nichteinhaltung des Rechts der Gemeinschaft beschwert ist, wenn die Rechtsinstanzen des eigenen Landes dem nicht abgeholfen haben.

Der **Ministerrat** darf nicht mit dem **Europarat** verwechselt werden. Der Europarat, mit Sitz in Straßburg, hat das Ziel, seine Mitgliedsstaaten zur Förderung der Ideale und Grundsätze gemeinsamen europäischen Erbes zu verbinden. Er förderte z.B. die Europäische Menschenrechts-Konvention, die Europäische Sozialcharta und die Europäische Terrorismus-Konvention.

Der Ministerrat als Gesetzgebungsorgan der EG besteht jeweils aus denjenigen 12 Fachministern der Mitgliedsstaaten, die für ein Problem zuständig sind. Er tritt nach Bedarf zusammen. Seine Gesetzgebungstätigkeit dokumentiert, daß die Mitgliedsstaaten sich nicht in einem Akt einem europäischen Parlament unterordnen wollten. Sie führt aber zur Abgabe von Hoheitsrechten an die EG, deren Parlament über kurz oder lang seine eigentliche Aufgabe wahrnehmen muß.

Leitungsgremien der EG			
Gremium	Minsterrat	Kommission	Europ. Parlament
Stimmen	(76 Stimmen)	(17 Stimmen)	(518 Stimmen)
Deutschland	10	2	81
Frankreich	10	2	81
Großbritannien	10	2	81
Italien	10	2	81
Spanien	8	2	60
Niederlande	5	1	25
Belgien	5	1	24
Griechenland	5	1	24
Protugal	5	1	24
Dänemark	3	1	16
Irland	3	1	15
Luxemburg	2	1	6

Abb. 17: Die drei Leitungsgremien der EG

Das heutige **Europa der Zwölf** hat Anpassungsprobleme infolge der Vielfalt unterschiedlicher Rechtsordnungen auf allen Gebieten (Schulsysteme, Berufsausbildung,

Wirtschaftsordnung, Steuerrecht, Sozialwesen, bürgerliches Recht, Arbeitsrecht, öffentliches Recht usw.) und erheblicher Unterschiede in der Ausrüstung der Wirtschaft und im Lebensstandard.
Obgleich die EG von den großen Märkten EG, USA, UdSSR und Japan mit ca. 340 Millionen Einwohnern die weitaus meisten Menschen hat, liegt ihr Bruttosozialprodukt an zweiter Stelle hinter den USA. Sie hat jedoch den führenden Anteil am Weltexport. Durch eine Reihe von Verträgen sind die EG-Staaten in ein den freien Handel stabilisierendes System der westlichen Industriestaaten eingebunden.

4.3.3.2 Andere internationale Organisationen der Wirtschaft

1. Europäische Freihandelszone (EFTA)
Die European Free Trade Association (EFTA) wurde 1960 zum Schutz der Handelsinteressen der europäischen Nicht-EG-Länder gegründet. Sie ist eine Freihandelszone, in der Zollfreiheit zwischen den sechs Mitgliedsstaaten − Finnland, Island, Norwegen, Österreich, Schweiz und Schweden − herrscht. Jeder Mitgliedsstaat hat aber verschieden hohe Zölle gegenüber Drittländern. Bei der Einfuhr in ein EFTA-Land werden deshalb Warenursprungszeugnisse verlangt. Der Zollabbau zwischen EFTA und EG steht auf der Tagesordnung.

2. Rat für gegenseitige Wirtschaftshilfe (RGW)
Der RGW, international COMECON genannt, wurde 1949 in Moskau gegründet. Zu seinen Mitgliedsstaaten zählten zuletzt die Sowjet-Union, Bulgarien, die DDR, Kuba, die Mongolische VR, Polen, Rumänien, die Tschechoslowakei, Ungarn und Vietnam. Zielsetzung und Funktion des RGW endeten 1990.
Zweck des Rates war die Abstimmung der Volkswirtschaftspläne der Mitgliedsstaaten, um den Warenaustausch durch internationale Arbeitsteilung zu verbessern. Weitere Ziele: Normung, Schwerpunktbildung für Forschung und Austausch wissenschaftlicher Erkenntnisse; langfristig: wirtschaftliche Integration.
Im RGW war Einstimmigkeit der Beschlüsse erforderlich, was das System schwerfällig machte. Durch die nicht frei konvertierbaren Währungen der Mitgliedsstaaten und die Planung, die die Länder zu Staatshandelsländern machte, fand zwischen ihnen großenteils Warentausch statt.

3. Organisation für Wirtschaftliche Zusammenarbeit und Entwicklung (OECD)
Die Organization for Economic Co-operation and Development (OECD) ging 1960 aus der OEEC, der Organisation für Europäische Wirtschaftliche Zusammenarbeit hervor. Sie hatte die Aufgabe, den vom amerikanischen Außenminister Marshall 1948 vorgeschlagenen Plan (Marshall-Plan) zum Wiederaufbau Europas mit ERP-Mitteln in die Tat umzusetzen (ERP = European Recovery Program).
Die OECD hat 24 Vollmitglieder, die sogenannten „westlichen Industrieländer": Australien, Belgien, Dänemark, Deutschland, Finnland, Frankreich, Griechenland, Großbritannien, Irland, Island, Italien, Japan, Kanada, Luxemburg, Neuseeland, Niederlande, Norwegen, Österreich, Portugal, Schweden, Schweiz, Spanien, Türkei, USA, ferner Jugoslawien mit einem Sonderstatus.
Die Ostblockstaaten hatten die Marshall-Plan-Hilfe als „Programm der politischen und ökonomischen Expansion des USA-Imperialismus"*) zurückgewiesen.

---

*) Kleines Politisches Wörterbuch, Dietz Verlag, Berlin 1973, S. 510.

Ursprünglich war das **Ziel** der OECD, durch vertragliche Vereinbarungen **Handelshindernisse abzubauen** und die **freie Konvertierbarkeit der Währungen** herzustellen. Heute sind ihre Hauptaufgaben die Abstimmung der **Konjunkturpolitik,** der **Währungspolitik** und die **Koordinierung der Entwicklungshilfe.**
Ihre Kooperationspartner sind die großen übernationalen Wirtschaftsorganisationen der Kontinente und der UN. Die OECD ist die führende Organisation zur marktwirtschaftlichen Regelung der Weltwirtschaft.

4. Allgemeines Zoll- und Handelsabkommen (GATT)

Das General Agreement on Tariffs and Trade (GATT) wurde 1947 als Provisorium gegründet und ist seit 1984 mit 93 Mitgliedsstaaten eine selbständige Organisation innerhalb der UNO.
Besondere Bedeutung hat die einheitliche Durchsetzung der **Meistbegünstigungsklausel,** die jeden Mitgliedsstaat verpflichtet, eine einem Land gewährte Zollbegünstigung auch jedem anderen Mitgliedsland zuzugestehen. Dies trägt erheblich zum freien Welthandel bei.

5. Der Internationale Währungsfonds (IWF)

Der IWF hat 151 Mitgliedsstaaten. Er wird von der Weltbankgruppe verwaltet. Sie vergibt
- langfristige Großkredite an Entwicklungsstaaten,
- sehr langfristige zinslose Kredite an die wirtschaftlich bedürftigsten Staaten und
- fördert privatwirtschaftliche Initiativen in den Entwicklungsländern durch Kredite und z. T. durch Beteiligungen.
37,7 % der Mitgliedsquoten bringen die Entwicklungsländer auf, 62,3 % die Industrieländer.

5 Finanzierung

5.1 Investition — Begriff und Arten

Eine **Investition** ist eine langfristige Geldkapitalanlage in Betriebsvermögen.

Mit dem hier verwendeten betriebswirtschaftlichen Begriff Geldkapital ist nicht der volkswirtschaftliche Produktionsfaktor Kapital (Produktionsgüter) gemeint. Betriebswirtschaftlich gesehen ist Kapital Geldkapital, das man zum Erwerb von Betriebsvermögen (Anlagevermögen und Umlaufvermögen) investieren kann.

Nach ihren Zwecken kann man folgende **Investitionsarten** unterscheiden:
- Erstinvestitionen,
- Ersatzinvestitionen,
- Rationalisierungsinvestitionen,
- Erweiterungsinvestitionen und
- Sonderinvestitionen.

Erstinvestitionen erfolgen bei der Errichtung eines Unternehmens. Sie müssen geplant und finanziert werden. Da in der Regel das Eigenkapital dafür nicht ausreicht, müssen vor der Planung die Möglichkeiten und Grenzen der Fremdfinanzierung ermittelt werden. Dabei ist zu beachten, daß in der Anlaufphase noch keine Erlöse erzielt werden, so daß auch Werkstoffe, Löhne, Gehälter, Sozialleistungen usw. vorfinanziert werden müssen, bis Verkaufserlöse für verkaufte Produkte erzielt werden.

Ersatzinvestitionen müssen vorgenommen werden, wenn Produktionsgüter (z.B. Maschinen) verbraucht oder technisch überholt sind. Sie dienen der Substanzerhaltung der Unternehmung.

Für eine Ersatzinvestition wird auch der Begriff **Reinvestition** verwendet. Re-Investition bedeutet Wieder- oder Rück-Investition.

Reine Ersatzinvestitionen sind oft nicht möglich, weil nach Jahren der Nutzung einer Maschine durch technische Weiterentwicklung der im Handel erhältlichen Maschinen aus der geplanten Ersatzinvestition häufig zugleich eine Rationalisierungsinvestition wird.

Zweck einer **Rationalisierungsinvestition** ist es, durch eine technisch möglich gewordene Rationalisierung (Senkung der Stückkosten) die Wirtschaftlichkeit zu heben.

Eine **Erweiterungsinvestition** hat Ähnlichkeit mit einer Erstinvestition, besonders, wenn ein zusätzlicher Produktionsapparat, ein zusätzlicher Betrieb errichtet werden soll. Anderenfalls tritt sie oft in Kombination mit Ersatz- und Rationalisierungsinvestitionen auf.

Der Begriff **Sonderinvestition** ist ein Sammelbegriff, um auszudrücken, daß die Investition für einen besonderen Zweck vorgenommen wird. Hierzu gehören z.B. **Modernisierungsinvestitionen** im Einzelhandel. Die Neugestaltung einer Kaufhausfassade kann als **Werbeinvestition** aufgefaßt werden. Ähnliche Zwecke können vorliegen, wenn ein Produktionsbetrieb in Zweigniederlassungen Kundendienststellen oder Großhandelsberatungen einrichtet.

Die Investitionsarten sind oft nicht voneinander abzugrenzen.

Da betriebswirtschaftliche Gliederungen grundsätzlich nach Zwecken vorzunehmen sind, kann man die Investitionen auch anders gliedern, z.B. nach den Objekten, für die eine Investition vorgenommen werden soll. Entsprechend der Gliederung des Vermögens kann man unterscheiden:

- Sachinvestitionen,
- Finanzinvestitionen und
- Investitionen in immaterielles Vermögen.

Sachinvestitionen beziehen sich hauptsächlich auf
- Grundstücke und Gebäude,
- Maschinen, Einrichtungen und Geschäftsausstattung,
- Werkzeuge,
- Bestände an Roh-, Hilfs-, Betriebsstoffen und anderen Waren.

Finanzinvestitionen sind
- Beteiligungen an anderen Unternehmungen,
- Wertpapierkäufe und
- Forderungen (vergebene Kredite).

Investitionen in immaterielles Vermögen betreffen:
- Forschung und Entwicklung,
- Patente, Lizenzen, Rechte und
- Öffentlichkeitsarbeit (Public Relations) zur Imagebildung.

5.2 Finanzierungsarten – Finanzierungsmittel

Den güterwirtschaftlichen Bereichen Beschaffung, Leistungserstellung und Leistungsverwertung mit dem Betriebsvermögen in Form von Anlagevermögen (Grundstücke, Gebäude, Maschinen, Anlagen, Einrichtungen) und in Form von Umlaufvermögen (Vorräte, Kassenbestand) steht die „finanzielle Sphäre" der Unternehmung gegenüber.

Investitionen müssen finanziert werden. Nach Mellerowicz ist Finanzierung „Kapitalbeschaffung für Betriebszwecke".

Finanzierungsmittel sind
- Eigenkapital und
- Fremdkapital.

Eigenkapital ist bei Einzelunternehmungen Eigentum des Unternehmers, bei Personengesellschaften Eigentum der Unternehmer (Gesellschafter), bei Kapitalgesellschaften Eigentum der Anteilseigner (Gesellschafter, Aktionäre).

Fremdkapital erhalten die Unternehmungen von Kreditgebern, insbesondere von Banken.

Um die Finanzierungsmittel grob **nach ihrer Fristigkeit** zu gliedern, unterscheidet man
- langfristige Mittel und
- kurzfristige Mittel.

Eigenkapital steht unbefristet zur Verfügung. Man wird es also für Investitionen verwenden, die das Kapital am längsten binden. Das sind das Geschäftsgrundstück und die Geschäfts- bzw. Fabrikationsgebäude. Steht dann noch Eigenkapital zur Verfügung, so wird man es für langlebige Anlagen disponieren, wie z.B. Krananlagen, Hafenanlagen, einen Gleisanschluß oder langlebige Maschinen. Es bildet die wichtigste Voraussetzung für die Beschaffung von Fremdkapital.

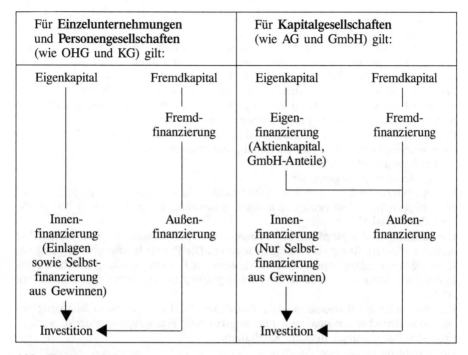

Für **Einzelunternehmungen** und **Personengesellschaften** (wie OHG und KG) gilt:		Für **Kapitalgesellschaften** (wie AG und GmbH) gilt:	
Eigenkapital	Fremdkapital	Eigenkapital	Fremdkapital
	Fremd- finanzierung	Eigen- finanzierung (Aktienkapital, GmbH-Anteile)	Fremd- finanzierung
Innen- finanzierung (Einlagen sowie Selbst- finanzierung aus Gewinnen)	Außen- finanzierung	Innen- finanzierung (Nur Selbst- finanzierung aus Gewinnen)	Außen- finanzierung
Investition ◄		Investition ◄	

Abb. 18: Finanzierungsarten nach der Herkunft des Kapitals

Begriffserläuterung:
Eigenkapital   = Kapital der Anteilseigner
Fremdkapital   = Kapital von Dritten (Kredite)
Fremdfinanzierung = Finanzierung mit Fremdkapital
Eigenfinanzierung = Finanzierung einer Kapitalgesellschaft mit Eigenkapital
               (Aktienkapital, GmbH-Anteile)
Innenfinanzierung = Einlagen der Eigentümer sowie Selbstfinanzierung aus Gewinnen;
               bei Kapitalgesellschaften nur Selbstfinanzierung aus Gewinnen
Außenfinanzierung = Fremdfinanzierung, bei Kapitalgesellschaften Fremd- **und** Eigenfinanzierung.

Die primären Quellen des Eigenkapitals einer Unternehmung sind:
– in der Einzelunternehmung das Geldkapital des Unternehmers;
– in Personengesellschaften die Kapitaleinlagen der als Unternehmer tätigen Gesellschafter;
– in Kapitalgesellschaften:
  bei der GmbH das Stammkapital (Summe der Stammeinlagen),
  bei der AG das Grundkapital (Nennwert aller Aktien).
Die sekundären Quellen des Eigenkapitals aller Unternehmungen sind:
– nicht ausgeschüttete Gewinne (Selbstfinanzierung),
– Kapital aus Umsatzerlösen, das noch nicht zur Ersatzinvestition benötigt wird (Lohmann/Ruchti-Effekt) und
– Erlöse aus Nebengeschäften, darunter auch Skonti.

Der nach Lohmann und Ruchti, die darauf aufmerksam machten, benannte Effekt ergibt sich nach erstmaliger Investition. Denn während der Lebensdauer eines Vermögensgegenstandes fließen der Unternehmung normalerweise in den Umsatzerlösen bereits Geldmittel zu, die bis zur notwendigen Ersatzinvestition eine zeitweilige Geldreserve bilden. Diese ist zwischenzeitlich für zusätzliche Investitionen verfügbar.

Skonti sind keine Rabatte, sondern Zinsen. Sie stehen dem Unternehmer zu, wenn er vor dem Fälligkeitstermin (dem Zahlungsziel) sofort nach Warenempfang zahlt. 3% Skonto für ca. 27 Tage entsprechen einem Jahreszins von rund 40%.

Besondere Formen der **Eigenkapitalbildung** für **Existenzgründung**, **Übernahme** eines Betriebes oder einer **tätigen Beteiligung** sind zur Zeit
– der Ansparzuschuß und
– die Meistergründungsprämie.

Der **Ansparzuschuß** zu privaten Sparleistungen für die genannten Zwecke in der gewerblichen Wirtschaft beträgt 20% der Eigenleistung, höchstens jedoch 10.000 DM für jeden Gründer.

Die **Meistergründungsprämie** soll Handwerksmeister veranlassen, sich unmittelbar nach der Meisterprüfung selbständig zu machen. Die Prämie beträgt einmalig und unabhängig vom eigenen Kapital 20.000 DM, wenn die Existenzgründung innerhalb eines Jahres nach Ablegung der deutschen Meisterprüfung in dem betreffenden Handwerk erfolgt.

Der das Eigenkapital übersteigende Finanzbedarf für Investitionen in langfristig gebundenes Betriebsvermögen muß mit langfristigem Fremdkapital gedeckt werden.

Fremdkapital bekommt man am Kreditmarkt.

Der **Kreditmarkt** hat zwei Sparten:
– den Kapitalmarkt (langfristige Kredite) und
– den Geldmarkt (kurzfristige Kredite).

Kurzfristige Kredite können sein:
– Bankkredite (Überziehungskredit bei Girokonten oder kurzfristiger Geldkredit z.B. für 30 oder 90 Tage oder bis zu einem Jahr);
– Lieferantenkredite, die eine Form der Kundenfinanzierung sind, wobei der Kunde den Kredit von einem Lieferanten erhält, der am Verkauf seiner Ware so stark interessiert ist, daß er dem Kunden die Warenübernahme durch ein langes Zahlungsziel (Fälligkeit nach 60 oder 90 Tagen) schmackhaft machen will;
– Kundenkredite, die der Lieferant vom Kunden in Form von Anzahlungen bei der Warenbestellung als Sicherheit für die Abnahme der bestellten, eventuell speziell herzustellenden Erzeugnisse erhält.

Zur Finanzierung der langfristigen Investitionen sollen kurzfristige Kredite nicht verwendet werden. Zwar kann man in vielen Fällen davon ausgehen, daß eine Bank den kurzfristigen Kredit wiederholt prolongiert (die Rückzahlungsfrist verlängert). Tritt aber eine unvorhergesehene kritische Situation am Kreditmarkt ein, dann wird der Kreditgeber gerade im entscheidenden Zeitpunkt keine Prolongation vornehmen. Durch Mißachtung des Grundsatzes der finanzwirtschaftlichen Entsprechung sind schon sehr viele Unternehmungen illiquide geworden und in Konkurs gegangen.

Nach dem **Grundsatz der finanzwirtschaftlichen Entsprechung** sind langfristig gebundene Vermögensgegenstände, also das Anlagevermögen, mit langfristig verfügbarem Kapital zu finanzieren, während für kurzfristig gebundene Vermögensgegenstände, also für das Umlaufvermögen, kurzfristig verfügbare Mittel verwendet werden können.

Für **Investitionen** sind deshalb grundsätzlich **neben dem Eigenkapital nur Kapitalmarktkredite in Betracht zu ziehen** (langfristiges Fremdkapital), wobei die Fristigkeit der Dauer der Kapitalbindung entsprechen soll.
Kredite können als
− Realkredit oder als
− Personalkredit
vergeben werden.
Realkredit wird ein Kredit genannt, für den der Kreditgeber eine reale Sicherheit erhält. Der Kreditnehmer muß ihm das Recht einräumen, im Falle der Nichtzahlung der Zinsen oder der Nichtrückzahlung des Kapitals über die Sicherheiten (z. B. Grundstück, Haus, Maschinen, Ansprüche gegen Dritte) zu verfügen. In der Regel enthält ein Kreditvertrag die Vereinbarung, daß bei nicht fristgerechter Zinszahlung sofort die Rückzahlung des gesamten Kredits fällig wird und der Kreditgeber sich aus dem Verkauf der Sicherheiten schadlos halten kann.
Einen **Personalkredit** erhält man auf Grund von Vertrauen in die Person des Kreditnehmers. Ein Personalkredit wird gelegentlich von Privatpersonen gegeben, die den Kreditnehmer gut kennen und Vertrauen in seine Tüchtigkeit und Zuverlässigkeit haben. Banken geben Personalkredite in der Regel nicht als (langfristige) Kapitalmarktkredite, sondern nur als kurzfristige Geldmarktkredite in geringer Höhe, und nur, nachdem sie sich über die Höhe und Regelmäßigkeit des Einkommens des Kreditnehmers informiert haben. Hierher gehören insbesondere die Überziehungskredite, die Banken ihren Girokonteninhabern einräumen. Birgt der gewünschte Personalkredit der Höhe oder der Laufzeit nach ein Risiko, so wird eine Bank verlangen, daß ein Bürge gestellt wird, der zusätzlich haftet.
Nach dem Kreditgeber kann man unterscheiden:
− Bankkredite,
− Privatkredite,
− Lieferantenkredite,
− Kundenkredite und
− staatliche Kredite.
Dem Umfang nach spielen **Bankkredite** die größte Rolle bei der Fremdfinanzierung von Investitionen, denn es ist das Geschäft der Banken, neben anderen Geschäften, die sie betreiben (z. B. Wertpapierhandel), Kredite zu nehmen (z. B. Spareinlagen) und Kredite zu geben. Deshalb beschafft sich eine Unternehmung langfristige Kredite, die eine Laufzeit von mehreren Jahren haben, in der Regel von einer Bank. Diese vergibt langfristigen Kredit grundsätzlich nur als Realkredit.
Privatkredite kommen nur vereinzelt und dann meist in geringem Umfang für die langfristige Fremdfinanzierung von Investitionen in Frage, weil es meist schwer ist, eine finanzkräftige Privatperson ausfindig zu machen, die zur langfristigen Kreditvergabe bereit ist.
Beispiele für Privatkredite sind Hypothekarkredite von Privatpersonen und die Einlagen stiller Gesellschafter in Einzelunternehmungen.
Beim Hypothekarkredit wird zu Gunsten des Kreditgebers in Höhe der Schuld eine „Hypothek" auf ein Grundstück des Kreditnehmers eingetragen. Es entsteht ein Realkredit. Kommt der Schuldner seinen Zinszahlungs- oder Rückzahlungsverpflichtungen nicht nach, so kann nach üblichen Verträgen der Gläubiger das Grundstück zwangsversteigern lassen, um aus dem Erlös sein Geld zurückzubekommen.

Die Einlage eines stillen Gesellschafters hat den Charakter eines Darlehens als Personalkredit. Der stille Gesellschafter hat keine reale Sicherheit für seine Einlage. Er steht z. B. beim Konkurs des Einzelunternehmers allen anderen, nicht besonders gesicherten Gläubigern gleich.

Lieferantenkredite nennt man die **von Lieferanten** dem Kunden durch Gewährung eines Zahlungsziels für zumeist ein bis drei Monate, manchmal auch länger eingeräumten kurzfristigen Kredite. Für langfristige Investitionen sind sie ungeeignet.

Als **Kundenkredite** werden **vom Kunden** geleistete Anzahlungen bezeichnet. Sie dienen dem Produzenten oder Händler zur Vorfinanzierung oder zur Sicherheit bei aufwendigen oder ausgefallenen Aufträgen, nicht für Investitionen.

Manchmal wird auch der zur Finanzierung eines Kunden **gegebene Kredit** als Kundenkredit bezeichnet. In manchen Branchen ist dies üblich. Der Begriff ist daher nicht eindeutig.

Gelegentlich werden für langfristige Investitionen **staatliche Kredite** als Personalkredite aus Hilfsprogrammen vergeben. Gegebenenfalls sind darüber die örtlichen Wirtschaftsbehörden zur Auskunft verpflichtet.

5.3 Finanzierungspraxis

5.3.1 Grundlagen

Der **Begriff „Finanzierung"** ist nicht so eindeutig, wie er nach den bisherigen Darlegungen zu sein scheint. Dies muß erwähnt werden, damit bei der Erörterung von Finanzierungsfragen keine Mißverständnisse auftreten.

Als Finanzierung wurde hier die Beschaffung von Eigen- und Fremdkapital für Betriebszwecke bezeichnet. Nicht nur Investitionen in Betriebsvermögen werden durch diesen Begriff abgedeckt, sondern auch die Geldmittelbeschaffung für Lohn- und Gehaltszahlungen, für die Unterhaltung eines ausreichenden Kassenbestandes, für Werbeaktionen und sogar für Kredite, wie man sie z. B. als Lieferant den Kunden gewährt. Diese Definition der Finanzierung entspricht der Begriffsanwendung der Praxis.

In der Betriebswirtschaftslehre wird der Begriffsinhalt sehr viel weiter gefaßt. Danach umfaßt Finanzierung **alle Maßnahmen zur Regulierung der Kapitalausstattung** einer Unternehmung. Das schließt also neben den Maßnahmen zur Kapitalbeschaffung auch die Maßnahmen zur Schuldenrückzahlung ein; desgleichen löst demnach ein Kapazitätsabbau Maßnahmen zur Kapitalanpassung aus, die zur Finanzierung gerechnet werden.

Des weiteren war zunächst umstritten, ob lang- und kurzfristige Mittel Finanzierungsmittel sind. So wurde nach älterer Lehrmeinung nur die Beschaffung langfristig verfügbarer Mittel, nicht aber kurzfristiger Kredite zur Finanzierung gerechnet. Ähnlich war die Art der Mittel, die zur Finanzierung rechnen, zunächst strittig. Bei Finanzierungsfragen geht es zuerst darum, woran es fehlt, wofür also **Geldkapital** benötigt wird. Die **Einbringung vorhandener Güter** (Grundstück, Lkw.) wurde deshalb zunächst nicht zur Finanzierung gerechnet. Da es aber gleichgültig ist, ob eine Finanzierungsmaßname über Bargeld oder durch direkte Verfügbarkeit des anzuschaffenden Gutes erfolgt, wird auch die unmittelbare Einbringung von Gütern als Mittel der Finanzierung angesehen.

Nach dem Begriff der Finanzierung sind die **Finanzierungsgrundsätze** zu erörtern. Sie sind keine Gesetze, sondern aus der Praxis und der Wissenschaft entwickelte Regeln, die z. T. umstritten sind. Da sich die Erfordernisse unterschiedlicher Unternehmungsstrukturen mit wechselnden Marktanforderungen treffen, sollen allgemeine Finanzierungsgrundsätze zwar in jeder Situation in Betracht gezogen werden; sie sind aber nicht zwingend anzuwenden.

Folgende Finanzierungsgrundsätze, die zum Teil Investitionsgrundsätze sind, kann man nennen:
- Eine Unternehmung soll nicht mehr Kapital einsetzen als zur wirtschaftlichen Erfüllung des Betriebszweckes erforderlich ist.
- Der Einsatz von Eigenkapital setzt voraus, daß seine Rentabilität dadurch auf Dauer im Durchschnitt höher wird als in jeder anderen Verwendungsart.
- Der Einsatz von Fremdkapital setzt voraus, daß dadurch der Gewinn erhöht wird.
- Die Kapitalausstattung soll so reguliert werden, daß jeweils diejenige Lösung gewählt wird, die zu höherer Rentabilität führt.
- Kapitalbindung darf die Liquidität nicht gefährden.
- Liquidität muß vorrangig vor Sicherheit und Rentabilität gesichert werden.
- Dem langfristig gebundenem Vermögen soll das langfristig verfügbare Kapital (Eigenkapital und langfristiges Femdkapital) entsprechen; kurzfristig gebundenes Vermögen, also ein Teil der Vorräte, liquide Mittel, kurzfristige Forderungen können mit kurzfristigem Fremdkapital finanziert werden. (Grundsatz der finanzwirtschaftlichen Entsprechung).
- Als langfristig gebundenes Vermögen ist nicht nur das Anlagevermögen, sondern auch ein Teil des Umlaufvermögens, nämlich der praktisch nie unterschrittene Teil der Bestände an Roh-, Hilfs-, Betriebsstoffen und liquiden Mitteln anzusehen.
- Die Erhaltung der Unternehmung ist aus Verkaufserlösen, die Betriebsvergrößerung aus neuem Eigen- oder Fremdkapital zu finanzieren.

Einige z. T. widersprüchliche Faustregeln sind die folgenden:
- Anlagevermögen ist mit Eigenkapital und langfristigem Fremdkapital zu finanzieren.
- Anlagevermögen ist nur mit Eigenkapital, Umlaufvermögen kann mit Fremdkapital (teils lang-, teils kurzfristigem) finanziert werden.
- Das kurzfristige Fremdkapital soll nicht größer sein als die Hälfte des Umlaufvermögens.

Schließlich sind die **Grenzen der Fremdfinanzierung** zu beachten. Eine eingehende Abhandlung darüber führt hier zu weit. Nur ein Grundsatz sei hervorgehoben: Ein aufgenommener Kredit muß mit Nebenkosten, Zins und Tilgung zu den vereinbarten Fälligkeitsterminen aus den Umsatzerlösen bezahlt werden können, nachdem zuvor daraus die Kosten der Produktionsfaktoren gedeckt und ein angemessener Gewinn abgezogen wurde. Da man ganz ohne Risiko kein Unternehmen führen kann, müssen diese Ziele mit einer an Sicherheit grenzenden Wahrscheinlichkeit erreicht werden können. Kann die Einhaltung einer dieser Bedingungen nicht mit der gebotenen Sicherheit erwartet werden, dann wird mit dieser Kreditaufnahme eine Grenze der vertretbaren Fremdfinanzierung überschritten.

5.3.2 Investitionsentscheidungen

Bei den Finanzierungsarten können **nach der Häufigkeit** unterschieden werden:
- laufende Finanzierung und
- besondere Finanzierung.

Von den verschiedenen Investitionsarten (Erst-, Ersatz-, Erweiterungs-, Rationalisierungs- und Sonderinvestitionen) fallen nur die regelmäßigen Ersatzinvestitionen unter die **laufende Finanzierung.** Einmalige (gelegentliche) oder außergewöhliche Investitionen unterliegen der **besonderen Finanzierung.**

Bei der Finanzierung von **Investitionen** handelt es sich um eine „langfristige Geldanlage". Will man Geld **langfristig** binden, dann muß man entweder **Eigenkapital** verwenden, das niemand vorzeitig zurückfordern kann, oder man muß **langfristiges Fremdkapital** beschaffen.

Vor jeder Kreditaufnahme müssen alle denkbaren Möglichkeiten geprüft werden, das Ziel mit geringeren Verpflichtungen zu erreichen. **Jede Kreditaufnahme erfordert nicht nur die Erwirtschaftung der Rückzahlungsbeträge, sondern mindert die Möglichkeit der Eigenkapitalbildung durch die Verpflichtung zur Zinszahlung.** Die Härte der Kreditgeber im Falle unpünktlicher Zins- oder Tilgungszahlungen darf nicht unterschätzt werden. Auf Grund der Regel: „Der erste Verlust ist der kleinste", wird ein Kreditgeber aus der Befürchtung heraus, zunehmend mehr zu verlieren, versuchen, zu retten was zu retten ist.

Auf der anderen Seite kann eine der Höhe nach zu knappe Kapitaldisposition ebenfalls zu Schwierigkeiten führen. Eher sollte mit dem Kreditinstitut ein vorsorglich größerer Kreditrahmen vereinbart werden, den man nicht ausschöpfen muß, als daß man zahlungsunfähig wird. Auch sollten die anfänglich verfügbaren Geldmittel für mindestens einen Monat länger vorgesehen werden, als erste ausreichende Umsatzerlöse erwartet werden. Ein notwendiger Anschlußkredit kann teuer werden.

Das Ziel der persönlichen Haftungsbeschränkung durch Gründung einer GmbH kann in der Regel nicht erreicht werden. Es sei denn, die GmbH verfügt als juristische Person über ein großes, unbelastetes Vermögen, das bei Fremdkapitalbedarf als Sicherheit der Bank verpfändet werden kann. Die Hoffnung, sich mit einem Stammkapital von 50.000 DM von der persönlichen Haftung frei zu machen, ist trügerisch. Dieser für ein Wirtschaftsunternehmen geringe Haftungsbetrag fordert eine Bank dazu heraus, bei Kreditwunsch von den Anteilseignern oder auch von den Geschäftsführern zu verlangen, daß sie eine selbstschuldnerische Bürgschaft übernehmen. Das ist gleichbedeutend mit der unbeschränkten persönlichen Haftung für den Kredit. Lehnen Gesellschafter oder Geschäftsführer dies ab, so ist zu vermuten, daß sie ein nicht vertretbares Risiko der Bank zugedacht haben.

Liquidität geht vor Sicherheit und Rentabilität. Aber die erwartete **Rentabilität entscheidet darüber, ob man investieren oder sein Eigenkapital besser anderweitig verzinsen lassen soll.**
Rechnerisch ist die Fremdfinanzierung vorteilhaft, wenn die Rentabilität des Eigenkapitals dadurch erhöht wird. Ist das Eigenkapital sehr gering, aber bei entsprechendem Fremdkapitaleinsatz die Gewinnerwartung nach Abzug der Zinsen sehr hoch, dann ist

die Kreditaufnahme vertretbar. Die Eigenkapitalrentabilität und der Gewinn werden steigen. Man darf aber nicht das Risiko der terminlich zwingenden Zins- und Rückzahlungsverpflichtung übersehen. Die unternehmerische Entscheidung muß im Einzelfall nach Abwägung von Chance und Risiko fallen.

Vor der Aufnahme eines Kredites sind neben dem Datenkranz, der die Unternehmung absatzmarkt- und beschaffungsmarktseitig umgibt (mögliche Änderung der Kundenwünsche, der Marktpreise, der Werkstoffe, der Konkurrenzangebote usw.) folgende wichtige Entscheidungsgrundlagen zu prüfen:
- Effektivzins des Kredits,
- erwartete Eigenkapitalrentabilität,
- monatliche Zins- und Rückzahlungsbelastung,
- mit Vorsicht voraussehbare Liquiditätsentwicklung,
- mit anderen Lösungen vergleichende Wirtschaftlichkeitsberechnung.

Der **Effektivzins** weicht in aller Regel vom häufig irreführenden nominellen Jahreszinssatz ab. Für die eigene Rentabilitätsberechnung ist allein der Effektivzins und nicht der angegebene Nominalzins maßgeblich. Banken sind aufgrund der Preisangabenverordnung verpflichtet, dem Kunden den Effektivzins eines Kredits zu nennen. Er wird berechnet unter Berücksichtigung einer eventuell unter 100 % liegenden Auszahlung, unter Berücksichtigung der Zinszahlungs- und Tilgungszeitpunkte und aller Nebenkosten, die dem Kunden als Abschlußkosten, als sogenannte Geldbeschaffungskosten, Spesen oder sonstige Kosten von der Bank in Rechnung gestellt werden. Nur der Effektivzins ermöglicht dem Kunden den Vergleich konkurrierender Kreditangebote.

Für die rechnerische Beurteilung der Vorteilhaftigkeit einer Investition gibt es eine Reihe von Verfahren. Es muß jedoch betont werden, daß rechnerisch immer bestimmte Voraussetzungen gemacht werden. Das Ergebnis liefert eine Information. Die Entscheidung liegt beim Unternehmer.

Bei der **Investitionsrechnung** sind
- statische Verfahren und
- dynamische Verfahren
zu unterscheiden.

Als **statische Verfahren** sind zu nennen:
- Kostenvergleichsrechnung,
- Gewinnvergleichsrechnung,
- Rentabilitätsrechnung und
- einfache Amortisationsrechnung.

Zu den **dynamischen Verfahren** zählen:
- Kapitalwertmethode,
- Annuitätenmethode,
- interne Zinsflußmethode und
- dynamische Amortisationsrechnung.

Investitionsrechnungen sollen den gesamten, durch eine Investition bedingten Geldabfluß und Geldzufluß gegenüberstellen und so ermitteln, ob die Investition rechnerisch günstig oder ungünstig wäre.

Statische Investitionsrechnungen nehmen die Vergleiche vor, indem das Ergebnis für jedes Jahr oder im Durchschnitt der Jahre angegeben wird. **Dynamische Verfahren** beziehen das Ergebnis auf einen Zeitpunkt. Ein Geldbetrag, der erst in einigen Jahren zufließt, ist heute weniger nützlich. Die Aus- und Einzahlungen werden deshalb bei

dynamischer Investitionsrechnung von ihren jeweiligen Zeitpunkten aus z. B. auf den Investitionszeitpunkt zurückgerechnet (z. B. durch Abrechnung von Zinsen).
Eine **Kostenvergleichsrechnung** ist angebracht, wenn die kostengünstigere von zwei Anlagen ermittelt werden soll. Das kann sich auf einen Vergleich der alten mit einer neuen Anlage beziehen oder auf den Vergleich zweier neuer Anlagen, von denen eine gekauft werden soll. Der Unternehmer muß angeben, für welche gewünschte Jahresleistung die Vergleiche anzustellen sind.
Bei der **Gewinnvergleichsrechnung** vergleicht man die jährlich erzielbaren Gewinne. Dabei ist z. B. der Wegfall von Kosten, die bei der alten Anlage durch notwendige Nacharbeiten, Ausschuß oder mehr Personaleinsatz entstehen, als Gewinn der neuen Anlage zuzurechnen.
Die **Rentabilitätsrechnung** gibt Auskunft über die durchschnittliche Rentabilität einer Investition. Die Rentabilität gibt die durch Gewinne erzielte Verzinsung des Eigenkapitals an. Als Ziel kann man setzen, daß die Rentabilität über der bisherigen Eigenkapitalrentabilität liegen soll. Um dies beurteilen zu können, errechnet man die Rentabilität der Investition wie folgt:

$$\frac{\text{Durchschnittlicher Jahresgewinn}}{1/2 \text{ Anschaffungskosten}} \times 100 = \text{Rentabilität} \dots \%$$

Rechnet man mit einer Nutzungsdauer der Anlage von fünf Jahren und Jahresgewinnen von 100.000 DM, 150.000 DM, 200.000 DM, 200.000 DM und 100.000 DM, dann ergibt sich im Zähler der Formel 750.000 DM : 5 = 150.000 DM durchschnittlicher Jahresgewinn.
Die Anschaffungskosten seien 2.000.000 DM. Da in fünf Jahren bei gleichmäßiger Nutzung und entsprechend linearer Abschreibung im Durchschnitt während der fünf Jahre die halben Anschaffungskosten gebunden sind, ist in den Nenner 1.000.000 DM einzusetzen:

$$\frac{150.000}{1.000.000} \times 100 = \text{Rentabilität } 15 \%$$

Nach der **einfachen Amortisationsrechnung** ist eine Investition vertretbar, wenn die errechnete Amortisationszeit kürzer ist als die von der Unternehmensleitung höchstens gebilligte Amortisationszeit. Das Verfahren ist sinnvoll, wenn mit technischen Änderungen gerechnet wird, wenn Fertigungsumstellungen nach einer bestimmten Zeit geplant sind oder andere Zeitgrenzen abzusehen sind.

5.3.3 Mittel und Wege

Bei der Gründung einer Unternehmung muß die Finanzierungsplanung mindestens berücksichtigen:
1. Anlage- und Einrichtungsinvestitionen, einschließlich der benötigten Werkzeuge,
2. Roh-, Hilfs- und Betriebsstoffe sowie Handelswaren,
3. Einführungswerbung und
4. Geldmittel für die Lohnzahlung und sonstige Kosten zur Überbrückung der Anlaufphase, einschließlich eines Mindestbetrages für den eigenen Lebensbedarf und Unerwartetes.

Eine risikoarme Möglichkeit der Kapitalersparnis im Einzelhandel, besonders auch in der Gründungsphase, ist die Übernahme von (versicherter!) **Kommissionsware.** Das ist Handelsware, die bis zum Verkauf Eigentum des Großhändlers oder Produzenten bleibt. Der Einzelhändler hat den Vorteil, Ware ohne Kapitaleinsatz vorzeigen und anbieten zu können. Der Lieferant verfügt über eine kostenlose Vertriebsstelle.

Gelegentlich können für die Finanzierung langfristiger Investitionen **staatliche Kredite** oder andere **Finanzierungshilfen** in Betracht kommen, die aus Hilfsprogrammen zeitweilig als Personalkredite nach Prüfung der Erfolgsaussichten zur Verfügung gestellt werden. Sie werden vergeben, wenn bestimmte Voraussetzungen erfüllt sind.

Zu nennen sind hier
– das ERP-Existenzgründungsprogramm und
– das Eigenkapitalhilfe-Programm.

So stehen aus dem Europäischen Wiederaufbauprogramm (European Recovery Program – ERP) Mittel des Sondervermögens für **Existenzgründungen** zur Verfügung. Günstige Darlehen sollen der Entwicklung der gewerblichen Wirtschaft, des Handels, des Handwerks, des Kleingewerbes und des Beherbergungsgewerbes dienen.

Gefördert werden
– die Errichtung und Einrichtung von Betrieben,
– die Übernahme von Betrieben oder Beteiligungen mit eigener Mitarbeit und
– die Anschaffung eines Warenlagers.

Aus dem **Eigenkapitalhilfe-Programm** können für erfolgversprechende Existenzgründungen der gewerblichen Wirtschaft oder freier Berufe angemessene **risikotragende Mittel** zur Verfügung gestellt werden. Diese Mittel haften unbeschränkt und erfüllen somit Eigenkapitalfunktion als Investitions- und Beleihungskapital. Werden ca. 12 % der Investitionssumme aus Eigenmitteln aufgebracht, so kann die Eigenkapitalhilfe Beträge bis zu 350.000 DM zur Verfügung stellen. Dieser Förderhöchstbetrag kann u. U. bis auf 400.000 DM aufgestockt werden. Nicht nur Existenzgründungen im Bereich der mittelständischen Wirtschaft und der freien Berufe können dadurch gefördert werden, sondern auch Festigungs- und Modernisierungsmaßnahmen bestehender Existenzen, wenn sie der Investition für eine Neugründung entsprechen.

Anträge auf Eigenkapitalhilfe für Vorhaben in den fünf ostdeutschen Ländern müssen über eine Sparkasse oder Bank an die „Deutsche Ausgleichsbank" gerichtet werden, damit diese Kreditinstitute zuvor die Finanzierbarkeit des Vorhabens prüfen.

Einen Schritt weiter als die Aufnahme von rückzahlungspflichtigem Fremdkapital geht die (auch zusätzlich mögliche) **Aufnahme von Beteiligungskapital.**

Damit geht ein Teil der Unternehmung in das Eigentum des Beteiligten über. Je nach Vertragsgestaltung kann dies die gewohnte Entscheidungsfreiheit einschränken. Andererseits vergrößern solche Mittel die Eigenkapitalbasis der Unternehmung, was eine weitere Fremdkapitalaufnahme und eine Vergrößerung der Unternehmung erleichtert.

Zu nennen sind hierfür das
– ERP-Beteiligungsprogramm und
– privates Beteiligungskapital.

Über die Möglichkeit **für Einzelunternehmer,** eine stille Beteiligung aus dem ERP-Sondervermögen zu bekommen, kann als Treuhänder dieses Vermögens die Berliner Industriebank AG Auskunft geben. Wegen begünstigter, aber untergeordneter, **privater Beteiligungen** kann die örtliche Handwerks- oder Industrie- und Handelskammer befragt werden.

Weitere Finanzierungshilfen gibt es aus Bundesmitteln für **Forschung und Entwicklung** für die **Markteinführung innovativer Produkte** und für die Inanspruchnahme von **Betriebsberatungen.** Diese Mittel kommen nach Abschluß der Unternehmensaufbauphase in Betracht. Sie stehen teils als zinslose Darlehen, teils als Zuschuß zur Verfügung. Die bewilligten Beträge können erheblich sein.

Eine Form der **Kapitalrisikominderung** zur Erleichterung der Finanzierung sind **öffentliche Bürgschaften.** Sie ermöglichen es, von Banken Kredite zu bekommen, für die man selbst nicht genügend Sicherheiten stellen kann.

Angehörige freier Berufe können unter bestimmten Bedingungen Ausfallbürgschaften der „Deutschen Ausgleichsbank" in Anspruch nehmen. Das gilt z. B. für die Gründung einer Arzt- oder Anwaltspraxis, eines Ingenieurbüros wie auch für eine tätige Beteiligung daran.

Über die Möglichkeit, bestehende Kreditgarantiegemeinschaften in Anspruch zu nehmen, geben die IHKs und die Handwerkskammern Auskunft.

Jeweils aktuelle Informationen über sogenannte „öffentliche Finanzierungshilfen" geben neben den Industrie- und Handelskammern, den Handwerkskammern und der Deutschen Ausgleichsbank auch alle anderen Banken und Sparkassen.

5.3.4 Leasing

Leasen heißt mieten statt kaufen. Ein Leasing-Unternehmen als Leasinggeber kauft den benötigten Gegenstand und vermietet ihn an den Nutzer, den Leasingnehmer.

Wenn nicht im engeren Sinne des Begriffs „Finanzierung", als Kapitalbeschaffung für Betriebszwecke, so doch im weiteren Sinne des Begriffs, umfassend alle Maßnahmen zur Regulierung der Kapitalausstattung einer Unternehmung, gehört auch Leasing darunter. Es hat Rückwirkungen auf Investitionsentscheidungen.

Tatsächlich gibt es einzelne Unternehmungen, die mangels Eigenkapitals in langfristig gemieteten Räumen mit geleasten Maschinen arbeiten. Wenn der Jahresgewinn, nach Abzug auch der Leasing-Kosten, ein gutes Auskommen sichert, ist eine solche, fast eigenkapitallose Unternehmung eine existenzfähige Erwerbsquelle. Der Absatzmarkt muß jedoch nachhaltig sicher sein. Berechnet man den Gewinn als Prozentsatz eines sehr geringen Eigenkapitals, dann ergibt sich eine extrem hohe Rentabilität. Für die Beurteilung einer Erwerbsquelle ist allerdings nicht nur die Eigenkapitalrentabilität, sondern auch der absolute Jahresgewinn ausschlaggebend. Und das Risiko eines Fehlschlages ist zu bedenken, denn solche Leasing-Verträge haben Mindestlaufzeiten, die nicht durch Kündigung verkürzt werden können.

Das einfache Mieten einer Sache ist nicht neu; es wird auch als Operate-Leasing bezeichnet. Davon unterscheidet sich das „echte" Leasing, das Finanzierungs-Leasing (Finance-Leasing). Dieses unterliegt bestimmten zeitlichen und sachlichen Bedingungen, damit der Gegenstand steuerrechtlich zum Vermögen des Leasinggebers gerechnet werden kann. Entsprechend muß dann die vereinbarte unkündbare **Grundmietzeit** zwischen 40 % und 90 % der betriebsgewöhnlichen Nutzungsdauer des Leasinggegenstandes liegen. Die sachliche Voraussetzung ist die sogenannte **Fungibilität** des Vermögensgegenstandes, was erfordert, daß er auch nach Ende der Mietzeit vom Leasinggeber weiterverwertet (vermietet oder verkauft) werden kann.

Der Leasingnehmer kann den benötigten Vermögensgegenstand beim Hersteller oder Lieferanten auswählen und das (bankenähnliche) Leasing-Unternehmen ersuchen, den

Gegenstand zu kaufen, damit er es vom Leasing-Unternehmen leasen kann. Oder der Leasingnehmer wendet sich direkt an ein händlerähnliches Leasing-Unternehmen, besonders wenn es auf eine Branche spezialisiert ist und daher fachlich beraten kann.

Zwei Typen von Leasing-Verträgen sind zu unterscheiden: Voll- und Teilamortisations-Verträge.

Bei **Vollamortisations-Verträgen** decken die Zahlungen des Leasingnehmers sämtliche Kosten (Anschaffungs- oder Herstellkosten, Zinsen und sonstige Nebenkosten) und den Gewinn des Leasinggebers.

Bei **Teilamortisations-Verträgen** amortisieren sich Gesamtkosten plus Gewinn während der Mietzeit nicht vollständig. Bleibt nach Weiterverwertung des Leasinggegenstandes durch den Leasinggeber ein Teil der Kosten ungedeckt, so muß in der Regel der Leasingnehmer diese nachträglich übernehmen. Nicht selten erwirbt deshalb der Leasingnehmer selbst den Gegenstand zum Restwert.

Beim Kauf muß man in voller Höhe der Anschaffungskosten des Vermögensgegenstandes Investitionskapital, also Eigenkapital oder einen Kredit einsetzen. Für Fremdkapital sind dann über einige Jahre Zins- und Tilgungsbeträge zu zahlen. Der Gegenstand ist als Vermögensbestandteil auszuweisen.

Beim Leasing zahlt man statt dessen über mehrere Jahre den jährlichen Mietpreis. Die jährliche Belastung ist dadurch zumeist höher als es die Abschreibungen wären. Es entfällt aber die hohe sofortige Eigenkapitalinanspruchnahme bzw. die Notwendigkeit der Kreditaufnahme. Hat man liquide Mittel, so werden sie nicht in Höhe des Kaufpreises belastet. Die Mittel stehen vielmehr zu anderweitiger Verwendung zur Verfügung. Außerdem braucht der Gegenstand beim Leasingnehmer nicht als Betriebsvermögen ausgewiesen zu werden und es kann bei entsprechendem Leasing-Vertrag erreicht werden, daß man bei technischer Weiterentwicklung während der Mietzeit immer das neueste Gerät zur Verfügung hat.

Stets sind vor einer Finanzierungsentscheidung gewissenhaft zu prüfen: vergleichende Wirtschaftlichkeitsrechnungen, die Liquiditätsplanung und **die steuerlich günstigere Lösung.**

Bei geringer Gewinnerwartung ist der Kauf eines Vermögensgegenstandes (und sofortiger Vorsteuerabzug, der die Mehrwertsteuerabführung mindert) eher zu erwägen. Andererseits entspricht Leasing hundertprozentiger Fremdfinanzierung, ohne daß man zur Sicherheit Eigenkapital einsetzen muß. Die Leasingkosten müssen sich aber aus den Erträgen, die der Leasinggegenstand erbringt, sicher bezahlen lassen. Man produziert dann insoweit ohne Eigenkapital; doch die Haftung für die übernommenen Zahlungsverpflichtungen nimmt einem selbst der beste Berater nicht ab.

6 Kaufmännisches Rechnungswesen, insbesondere Kostenrechnung

6.1 Die Teilgebiete des Rechnungswesens

Das kaufmännische Rechnungswesen gliedert sich nach Aufgaben in vier Gebiete:
1. Geschäftsbuchführung,
2. Kostenrechnung (Betriebsabrechnung und Kalkulation),
3. Auswertung und
4. Planungsrechnung.

6.1.1 Geschäftsbuchführung

Die Geschäftsbuchhaltung, auch Finanzbuchhaltung genannt, enthält den Teil des kauf-männischen Rechnungswesens, der durch Handelsrecht und Steuerrecht gesetzlich vor-geschrieben ist: die Geschäftsbuchführung. Ihr Hauptzweck ist die **Gewinnermittlung** nach den „Grundsätzen ordnungsmäßiger Buchführung (GoB)".

Die **Pflicht zur Buchführung,** d.h. zur Aufzeichnung der Handelsgeschäfte und der Vermögenslage nach den GoB, folgt für alle Kaufleute (§§ 1 ff. HGB) aus § 238 HGB. Die **inhaltlichen Anforderungen** ergeben sich grundlegend aus den §§ 238 ff. HGB und weiteren Bestimmungen, insbesondere des Aktiengesetzes, des GmbH-Gesetzes und des Genossenschaftsgesetzes.

Auch **steuerrechtliche Vorschriften** begründen für Kaufleute eine Buchführungs-pflicht. Sie ergibt sich aus den §§ 140 f. der Abgabenordnung (AO).

Die wichtigsten inhaltsbezogenen steuerlichen Vorschriften für die Unternehmung ent-halten die AO, das Einkommensteuergesetz (EStG), das Gewerbesteuergesetz (GewStG), das Körperschaftsteuergesetz (KStG) und das Umsatzsteuergesetz (UStG).

Aus Gründen der Steuergerechtigkeit verlangt § 141 AO auch von Unternehmern, die nach Handelsrecht nicht buchführungspflichtig sind (Minderkaufleute, Land- und Forstwirte, die nicht ins Handelsregister eingetragen sind), eine ordnungsgemäße Doppelte Buchführung, wenn bestimmte Unternehmensgrößen überschritten werden (z.B. Betriebsvermögen über 125.000 DM, Jahresgewinn über 36.000 DM).

Freiberufler sind nicht buchführungspflichtig. Ihre Einkünfte können jedoch vom Finanzamt geschätzt werden, wenn ordnungsgemäße Aufzeichnungen nicht vorliegen. Das macht, ebenso wie für **Kleingewerbetreibende,** freiwillige Aufzeichnungen zumindest in Form der Einfachen Buchführung empfehlenswert.

In der Geschäftsbuchführung bucht der Kaufmann die in Geldwerten erfaßbaren soge-nannten **Geschäftsvorfälle,** die sich zwischen der Unternehmung und der Außenwelt (dem Beschaffungsmarkt, dem Absatzmarkt oder den Behörden) abspielen, wie auch den innerbetrieblichen Verbrauch und die im Betrieb erzeugten Produkte (Halbfertig- und Fertigerzeugnisse, Dienstleistungen). Das innerbetriebliche Geschehen im einzel-nen, den detaillierten Ablauf von Kostenverbrauch und Leistungserstellung, verfolgt die Geschäftsbuchhaltung nicht; dies überläßt sie der Betriebsabrechnung.

Die Geschäftsbuchführung ist vergangenheitsorientiert, da sie auf Grund von Belegen zahlenmäßig erfaßt, was geschäftlich geschehen ist.

Der gesetzlich für den Regelfall vorgeschriebene **Abrechnungszeitraum ist das Geschäftsjahr.** Es muß nicht mit dem Kalenderjahr übereinstimmen. Ist das Geschäfts-jahr beendet, so ist ein Jahresabschluß aufzustellen, der aus der Handelsbilanz und der Gewinn- und Verlustrechnung besteht.

Bei der Doppelten Buchführung wird jeder Geschäftsvorfall doppelt (daher ihr Name), d. h. jeweils auf Gegenkonten gebucht. Man kann Bestands- und Erfolgskonten unterscheiden. Sie erfassen
- einerseits alle **Bestände** an Gütern, Schulden, Forderungen und Geld auf den Bestandskosten,
- andererseits die **Aufwendungen und Erträge** auf den Erfolgskonten.

Zum **Abschluß des Geschäftsjahres** werden die Erfolgskonten mit der **Gewinn- und Verlustrechnung** (GuV-Rechnung) und die Bestandskosten mit der **Bilanz** abgeschlossen.

Bedingt durch das System der Doppelten Buchführung führt das Ergebnis der GuV-Rechnung (Gewinn oder Verlust), wenn es in die Bilanz eingesetzt wird, die Bilanz zum Ausgleich.

Aus der so aufgestellten **Handelsbilanz** ist, soweit steuergesetzliche Bewertungsvorschriften dies erfordern, eine **Steuerbilanz** abzuleiten, die der Besteuerung zugrunde gelegt wird.

Die ehemals durch die staatliche Wirtschaftsführung in das betriebliche Rechnungswesen eingeführten Bilanzen werden im kaufmännischen Rechnungswesen nicht aufgestellt. Sie entfallen ebenso wie vom Staat zur Verfügung gestellte Fonds. Abgesehen von den aus der Steuergesetzgebung folgenden Einflüssen, entstehen alle Bestände und Geschäftsvorfälle eines Geschäftsjahres aus der selbständigen Tätigkeit der Unternehmung. Sie werden nur in der Unternehmung im Rechnungskreis der Geschäftsbuchführung erfaßt. Er enthält die güterwirtschaftliche und die finanzwirtschaftliche Seite der Unternehmung. Die Rechnung führt am Ende des Abrechnungszeitraumes zu einer einzigen zusammenfassenden Erfolgszahl, dem Gewinn (oder Verlust) der Unternehmung im Geschäftsjahr.

Die zum Abschluß eines Geschäftsjahres aufgestellte Handelsbilanz ist für das Folgejahr als Eröffnungsbilanz zu übernehmen.

Nach § 4 Absatz 3 des Einkommensteuergesetzes (EStG) können Steuerpflichtige, die gesetzlich nicht zur Buchführung und zu regelmäßigen Abschlüssen verpflichtet sind und dies auch nicht freiwillig tun, als Gewinn den Überschuß der Betriebseinnahmen über die Betriebsausgaben ansetzen. Erforderlich ist dafür die fortlaufende Aufschreibung aller Ausgaben und daneben aller Einnahmen zur Überschußermittlung (sog. **Überschußrechnung**).

6.1.2 Kostenrechnung

Die Kostenrechnung besteht aus zwei Teilen:
- der Betriebsabrechnung und
- der Kalkulation.

Die **Betriebsabrechnung** (als Dienststellenbezeichnung auch Betriebsbuchhaltung genannt) wird freiwillig aus betriebswirtschaftlichen Gründen eingerichtet. Zugleich können dadurch auch für die handelsrechtliche und steuerrechtliche Bewertung der Halb- und Fertigerzeugnisse die Herstellungskosten nachgewiesen werden. Die Betriebsabrechnung ist dort unumgänglich, wo durch die Größe des Betriebes ein geordnetes, wirtschaftliches Handeln nur mit Hilfe einer begleitenden Aufschreibung von Kosten und Leistungen erreicht werden kann. Im Gegensatz zur Geschäftsbuchhaltung ist sie nur auf das interne Betriebsgeschehen gerichtet und bezieht sich auf alle Einzelvorgänge des Kostenverbrauchs und der Leistungserstellung. Die Betriebsabrechnung wird deshalb auch **Kosten- und Leistungsrechnung** (KLR) genannt, in der Praxis meist nur „Kostenrechnung".

Wie die Geschäftsbuchführung ist auch die Betriebsabrechnung eine **vergangenheitsbezogene Zeitraumrechnung.**

Da die Betriebsabrechnung nach den Wünschen der Geschäftsleitung organisiert wird, kann sie in jedem Betrieb anders aufgebaut sein.

Auch die **Kalkulation** ist eine freiwillige Rechnung. **Ihre Aufgabe ist es, die Kosten der Leistungseinheit oder eines bestimmten Teiles davon zu ermitteln.**

Die Kalkulation wird entweder als zukunftsgerichtete Vorschaurechnung (**Vorkalkulation**) oder vergangenheitsbezogene Kontrollrechnung (**Nachkalkulation**) verwendet. Bei langfristigen Produktionsvorhaben (Schiffbau, Kraftwerksbau, Staudammbau usw.) können beide Zielsetzungen Anlaß geben, eine **Zwischenkalkulation** durchzuführen. Geschieht dies in kurzen Abständen, dann spricht man auch von einer **Mitkalkulation.**

Die Vorkalkulation ist mit Wiederbeschaffungskosten durchzuführen. Dies macht es nötig, zu erwartende Kosten u. U. zu schätzen. Dabei wird man sich an Soll-Zahlen orientieren, wenn diese realistisch geplant sind.

Aufgabe der **Nachkalkulation** ist die Wirtschaftlichkeitskontrolle der entstandenen **Istkosten** und die Aktualisierung der Unterlagen für die nächste Vorkalkulation.

Bei Marktpreisen hat die Kalkulation vor allem den Zweck, sich Klarheit zu verschaffen über die Höhe der Kosten der erzeugten Produkte im Verhältnis zu ihren erzielbaren Marktpreisen.

Es gibt auch Aufträge, die nach dem entstandenen Aufwand abzurechnen sind. In solchen Ausnahmefällen dient die Nachkalkulation mit den zum Nachweis gesammelten Belegen der Abrechnung nach Aufwand.

6.1.3 Auswertung

Die Auswertung wird als Dienststelle in manchen Betrieben auch „Berichtswesen" oder nur „Statistik" genannt. Auch die Aufgaben dieser Dienststelle sind nicht vorgeschrieben, sie werden im Interesse der Unternehmung freiwillig ausgeführt. Die Auswertung ist naturgemäß vergangenheitsbezogen.

Neben einem **regelmäßigen Berichtswesen** hat die Auswertung **Sonderberichte** bis hin zur mathematischen Entscheidungsvorbereitung (Operations Research) für die Unternehmensleitung anzufertigen, so etwa in Investitionsfragen.

Als Informationsquellen kommen neben dem gesamten internen Rechnungswesen auch externe Zahlen von Wirtschaftsfachverbänden, Statistischen Ämtern u. a. in Betracht.

Ohne eine fachgerechte Auswertung ist das kaufmännische Rechnungswesen großenteils nutzlos. Es kann zum Zahlenfriedhof werden. Dagegen dient eine fachlich qualifiziert besetzte Auswertung, die auch mit technischem Verständnis mit allen Dienststellenleitern Möglichkeiten der Kosteneinsparung in guter Zusammenarbeit erörtern kann, der Wirtschaftlichkeit. Zugleich dient die Auswertung der internen und externen Informationen mit entsprechendem Berichtswesen der Vorbereitung vieler wichtiger Führungsentscheidungen.

Der größte Teil der regelmäßigen Auswertung bezieht sich in der Industrie auf die Zahlen der Kostenrechnung, insbesondere der Betriebsabrechnung.

Ihre Analyse erfolgt statistisch, überwiegend durch vergleichende Darstellung von absoluten Zahlen und von Kennzahlen, mit dem Ziel der Wirtschaftlichkeitskontrolle der Betriebsgebarung.

Da die Auswertung trotz ihrer Vergangenheitsorientierung zugleich Grundlagen für die (zukunftsorientierte) Kostenplanung liefert, sind Auswertung und Planung nicht selten organisatorisch in einer Dienststelle zusammengefaßt.

6.1.4 Planungsrechnung

Obgleich auch die Planung freiwillig erfolgt, fängt jede Unternehmung mit einer Planungsrechnung an. Die Planungsrechnung müßte deshalb als erster Teil des Rechnungswesens behandelt werden. In einer laufenden Unternehmung hängt die Planungsrechnung jedoch auch von Erkenntnissen der Auswertung ab.

Naturgemäß besteht jede Planung aus **zukunftsgerichteten (Soll-)Zahlen.** Grundsätzlich müssen die güterwirtschaftliche und die finanzwirtschaftliche Seite, die eng zusammenhängen, geplant werden. Dabei ist für die Güterseite von der Absatzplanung über die Produktion bis zur Beschaffung der Produktionsfaktoren, also **retrograd** vorzugehen, unter gleichzeitiger Abstimmung mit der finanzwirtschaftlichen Planung, die vom verfügbaren Eigen- und Fremdkapital ausgeht. Die Abstimmung beider Planungssphären führt zur Optimierung des Gesamtsystems, wobei jedoch bestimmte Mindestanforderungen, wie die ununterbrochene Sicherung der Liquidität, zwingend einzuhalten sind.

Die **Kostenplanung** liegt zwischen Absatz- und Beschaffungsplanung und muß mit der Produktionsplanung abgestimmt sein.

Die jeweils für das bevorstehende Geschäftsjahr geplanten Zahlen werden den Dienststellen als Sollzahlen zur Kenntnis gegeben. Diese Sollzahlen haben keinen selbständigen Weisungscharakter. Auszuführende Aufgaben werden in Aufträgen gesondert festgelegt und vorgegeben. Die Sollzahlen haben informatorischen Wert. Sie ermöglichen eine Kontrolle der Istzahlen, die im Laufe des Geschäftsjahres anfallen. Nur wenn die Planzahlen mit dem Ziel der Wirtschaftlichkeit vorgegeben werden, eignen sie sich zur Kontrolle der Wirtschaftlichkeit der Betriebsabläufe.

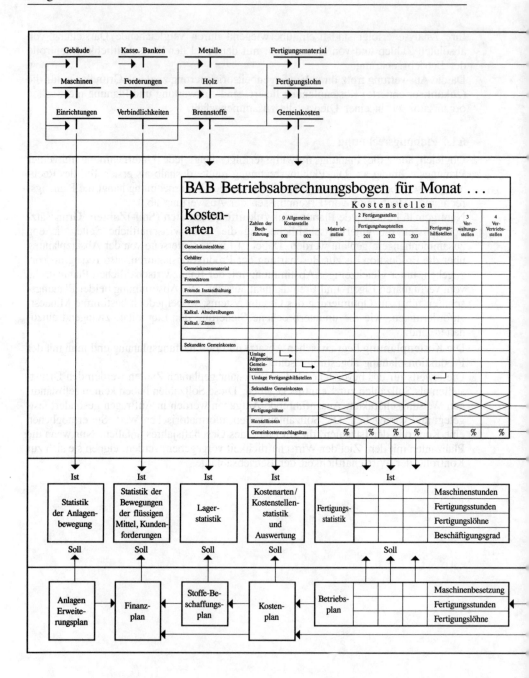

Abb. 19: Überblick über das kaufmännische Rechnungswesen

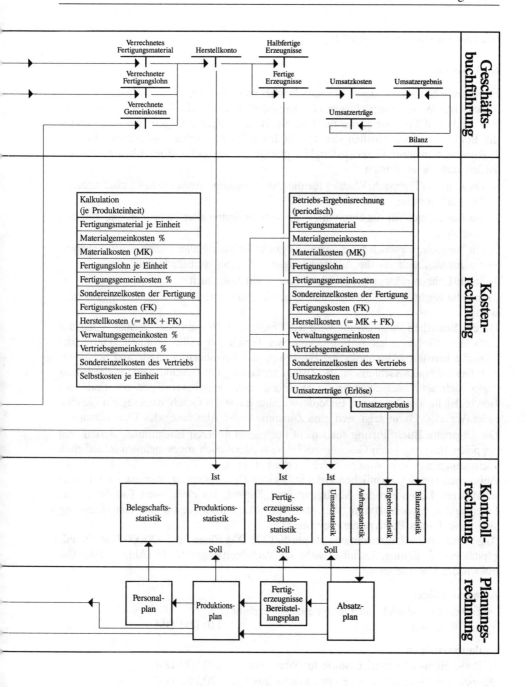

6.2 Die Geschäftsbuchführung

6.2.1 System

Für Minderkaufleute, „deren Gewerbebetrieb nach Art oder Umfang einen in kaufmännischer Weise eingerichteten Geschäftsbetrieb nicht erfordert" (§ 4 HGB), und
für Land- und Forstwirte, die nicht in ein Handelsregister eingetragen sind, finden
die Buchführungsvorschriften der §§ 238 bis 339 HGB keine Anwendung. Für die
Dokumentation ihrer Geschäftstätigkeit genügt die **Einfache Buchführung.** Sie erfordert statt vieler Konten

- ein Journal (Tagebuch/Kladde) für die chronologische Aufschreibung aller unbaren
  Geschäftsvorfälle,
- ein Kassenbuch für die chronologische Aufschreibung aller baren Zahlungsein- und
  ausgänge,
- ein Wareneingangsbuch für die chronologische Erfassung aller Lieferantenrechnungen,
- ein Inventarbuch für die Aufzeichnung der Anlagegegenstände und,
- wenn Lohnempfänger beschäftigt werden, ein Lohnbuch.

„Einfache Buchführung" besagt, daß jeder Geschäftsvorfall nur einfach aufgezeichnet
wird.

Bei der Einfachen Buchführung wird das Ergebnis – Gewinn oder Verlust – aus der
einfachen, fortlaufenden Aufschreibung der Geschäftsvorfälle ermittelt. Durch die
jährliche Inventur (Aufnahme und Bewertung der Vermögensbestände und Schulden)
zum Geschäftsjahresschluß und die Zusammenfassung der Bestandswerte in der Bilanz
ergibt sich als Unterschiedsbetrag zwischen dem Betriebsvermögen am Ende des
Geschäftsjahres und dem am Ende des vorangegangenen Geschäftsjahres ein Gewinn
(oder Verlust). Darin zeigt sich eine Zunahme (oder Abnahme) des Eigenkapitals.

Die **Doppelte Buchführung** folgt nicht nur einem anderen Buchführungssystem mit
doppelter Buchung jeden Geschäftsvorfalles, sondern auch abgewandelten inhaltlichen
Zielsetzungen, wie in Abschnitt 6.2.2 erläutert wird.

Abgesehen von der rechtlichen Gründung einer Unternehmung, beginnt sie ihr wirtschaftliches Leben mit der Verfügung über Kapital. Im einfachsten Fall ist es nur
Eigenkapital; zumeist kommt aber auch Fremdkapital hinzu. Für die Unternehmung
sind diese Posten Passivposten der Bilanz.

Angenommen der Unternehmung stehen 100.000 DM Eigen- und 100.000 DM Fremdkapital zur Verfügung. Damit erwirbt sie Vermögensgegenstände (Aktiva) zum Betreiben der Unternehmung:

Anlagevermögen
- Gewerbegrundstück mit Gebäude und Maschine
  im Werte von   110.000 DM,

Umlaufvermögen
- Roh-, Hilfs- und Betriebsstoffe im Werte von   70.000 DM,
- restlicher Geldbestand (für erste Löhne usw.)   20.000 DM.

Die Bilanz hat dann folgendes Aussehen:

Aktiva		**Bilanz**	Passiva
Anlagevermögen	110 TDM	Eigenkapital	100 TDM
Umlaufvermögen		Fremdkapital	100 TDM
Stoffe	70 TDM		
Liquide Mittel	20 TDM		
Bilanzsumme	200 TDM	Bilanzsumme	200 TDM

Abb. 20: Bilanzschema

Den Inhalt der Aktiv- und der Passivseite kann man mit verschiedenen Begriffspaaren bezeichnen:

Aktiva		**Passiva**
Mittelverwendung	–	Mittelherkunft
Kapitalverwendung	–	Kapitalherkunft
Vermögen	–	Vermögensquellen
Vermögen	–	Kapital

Nimmt im Laufe eines Geschäftsjahres durch erfolgreiches Wirtschaften das Vermögen zu, ohne daß sich die Passivseite (das Kapital) ändert, dann ergibt sich ein Saldo (Überschußbetrag). Er muß zum Ausgleich auf der Passivseite eingesetzt werden: Es ist der Gewinn des Geschäftsjahres (Jahresüberschuß). Da das Entgelt für das Fremdkapital durch Zinsen abgegolten wird, ist der erzielte Gewinn Eigenkapitalzuwachs.

Aktiva		**Bilanz**	Passiva
Anlagevermögen	120 TDM	Eigenkapital	100 TDM
Umlaufvermögen		Fremdkapital	100 TDM
Stoffe	90 TDM		
Liquide Mittel	10 TDM	Gewinn	20 TDM
Bilanzsumme	220 TDM	Bilanzsumme	220 TDM

Abb. 21: Bilanzschema mit Gewinnausweis

Hat sich das Vermögen dagegen vermindert, so ist der Fehlbetrag vom Eigenkapital, das immer das Risiko tragen muß, abzusetzen. Es liegt ein Verlust (an Eigenkapital) vor.

Stets muß die Bilanzsumme auf beiden Seiten gleich sein, wie es das italienische Wort bilancia, die Waage, zum Ausdruck bringen soll.

Die Abbildung 22 gibt die für „große und mittelgroße Kapitalgesellschaften" verbindliche Handelsbilanzgliederung nach § 266 HGB wieder. Kleine Kapitalgesellschaften brauchen nur eine verkürzte Bilanz aufzustellen, die lediglich die mit Buchstaben und römischen Zahlen bezeichneten Posten ohne Untergliederung ausweist.

Im Hinblick auf die Pflicht zur Offenlegung von Jahresabschlüssen wird am Ende dieses Abschnittes näher auf die Größenklassifizierung von Unternehmungen eingegangen.

AKTIVA	PASSIVA

A. Anlagevermögen:
  I. Immaterielle Vermögensgegenstände:
    1. Konzessionen, gewerbliche Schutzrechte und ähnliche Rechte und Werte sowie Lizenzen an solchen Rechten und Werten
    2. Geschäfts- oder Firmenwert
    3. geleistete Anzahlungen
  II. Sachanlagen:
    1. Grundstücke, grundstücksgleiche Rechte und Bauten einschließlich der Bauten auf fremden Grundstücken
    2. technische Anlagen und Maschinen
    3. andere Anlagen, Betriebs- und Geschäftsausstattung
    4. geleistete Anzahlungen und Anlagen im Bau
  III. Finanzanlagen:
    1. Anteile an verbundenen Unternehmen
    2. Ausleihungen an verbundene Unternehmen
    3. Beteiligungen
    4. Ausleihungen an Unternehmen, mit denen ein Beteiligungsverhältnis besteht
    5. Wertpapiere des Anlagevermögens
    6. sonstige Ausleihungen
 	
B. Umlaufvermögen:
  I. Vorräte:
    1. Roh-, Hilfs- und Betriebsstoffe
    2. unfertige Erzeugnisse, unfertige Leistungen
    3. fertige Erzeugnisse und Waren
    4. geleistete Anzahlungen
  II. Forderungen und sonstige Vermögensgegenstände:
    1. Forderungen aus Lieferungen und Leistungen
    2. Forderungen gegen verbundene Unternehmen
    3. Forderungen gegen Unternehmen, mit denen ein Beteiligungsverhältnis besteht
    4. sonstige Vermögensgegenstände
  III. Wertpapiere:
    1. Anteile an verbundenen Unternehmen
    2. eigene Anteile
    3. sonstige Wertpapiere
  IV. Schecks, Kassenbestand, Bundesbank- und Postgiroguthaben, Guthaben bei Kreditinstituten
 	
C. Rechnungsabgrenzungsposten
	A. Eigenkapital:
	  I. Gezeichnetes Kapital
	  II. Kapitalrücklage
	  III. Gewinnrücklagen:
	    1. gesetzliche Rücklage
	    2. Rücklage für eigene Anteile
	    3. satzungsmäßige Rücklagen
	    4. andere Gewinnrücklagen
	  IV. Gewinnvortrag/Verlustvortrag
	  V. Jahresüberschuß/Jahresfehlbetrag
	
	B. Rückstellungen:
	  1. Rückstellungen für Pensionen und ähnliche Verpflichtungen
	  2. Steuerrückstellungen
	  3. sonstige Rückstellungen
	
	C. Verbindlichkeiten:
	  1. Anleihen, davon konvertibel
	  2. Verbindlichkeiten gegenüber Kreditinstituten
	  3. erhaltene Anzahlungen auf Bestellungen
	  4. Verbindlichkeiten aus Lieferungen und Leistungen
	  5. Verbindlichkeiten aus der Annahme gezogener Wechsel und der Ausstellung eigener Wechsel
	  6. Verbindlichkeiten gegenüber verbundenen Unternehmen
	  7. Verbindlichkeiten gegenüber Unternehmen, mit denen ein Beteiligungsverhältnis besteht
	  8. sonstige Verbindlichkeiten, davon aus Steuern, davon im Rahmen der sozialen Sicherheit
	
	D. Rechnungsabgrenzungsposten

Abb. 22: Bilanzgliederung nach § 266 HGB für große und mittelgroße Kapitalgesellschaften

Die während eines Geschäftsjahres, also zwischen der Eröffnungs- und der Schlußbilanz eines Geschäftsjahres ablaufende Buchführung ist eine „in Bewegung gesetzte
Bilanz": Alle Bilanzposten werden am Geschäftsjahresbeginn einzeln auf je ein **Be-
standskonto** übertragen. Während des Geschäftsjahres werden auf diesen die
Bestandsänderungen gebucht. Die Bestände werden – überprüft durch eine Inventur
– am Geschäftsjahresende in die neue Schlußbilanz übernommen.
Nun lösen Geschäftsvorfälle nicht nur Veränderungen auf den Bestandskonten aus;
die Tätigkeit der Unternehmung führt zu Aufwendungen (Soll) und Erträgen (Haben).
Neben den Bestandskonten werden dafür die **Erfolgskonten** verwendet. Wie die Bestandskonten zum Geschäftsjahresende mit der Bilanz abgeschlossen werden, so
werden die Erfolgskonten mit einer Gewinn- und Verlustrechnung abgeschlossen. In
der Praxis wird sie kurz G-und-V-Rechnung genannt oder auch Erfolgsrechnung.
In mittleren und kleinen Buchführungen kommen auch **gemischte Konten** vor, auf
denen Bestände geführt und zugleich Erfolgsbuchungen vorgenommen werden; so
z. B., wenn auf dem Warenkonto auf der einen Seite der Bestand zu Anschaffungskosten steht und auf der anderen Seite die Umsätze zu Verkaufserlösen verbucht
werden.
Die **Bilanz** bezieht sich auf Bestände in einem **Zeitpunkt**, die Erfolgsrechnung auf
Aufwendungen und Erträge in dem **Zeitraum zwischen zwei Bilanzen**.
Wie die Bilanz kann auch die G-und-V-Rechnung Kontoform haben.

Aufwand	Gewinn- und Verlustrechnung		Ertrag
Materialaufwand	60 TDM	Umsatzerlöse	120 TDM
Löhne	30 TDM		
Abschreibungen auf Anlagen (Verschleiß!)	10 TDM		
Gewinn	20 TDM		
Summe Aufwendungen	120 TDM	Summe Erträge	120 TDM

Abb. 23: Gewinn- und Verlustrechnung in Kontoform

Hier ergibt sich der Gewinn als Saldo (Differenzbetrag) aus Ertrag und Aufwand der
Periode. § 275 HGB schreibt jedoch für die G-und-V-Rechnung die Staffelform vor.
Das heißt, alle Posten werden untereinander geschrieben:

Gewinn- und Verlustrechnung

Umsatzerlöse	120 TDM
– Materialaufwand	60 TDM
– Löhne	30 TDM
– Abschreibungen auf Anlagen	10 TDM
= Gewinn (Jahresüberschuß)	20 TDM
Verlust (Jahresfehlbetrag)	–

Abb. 24: Gewinn- und Verlustrechnung in Staffelform

Die Abbildung 25 zeigt die in § 275 HGB für große Kapitalgesellschaften vorgeschriebene Gliederung der G-und-V-Rechnung nach dem Gesamtkostenverfahren. Kleine und
mittelgroße Kapitalgesellschaften (§ 267 Abs. 1, 2) dürfen die Posten Nr. 1 bis 5 zu
einem Posten unter der Bezeichnung „Rohergebnis" zusammenfassen (§ 276 HGB).

Bei Anwendung des Gesamtkostenverfahrens sind auszuweisen:

1. Umsatzerlöse

2. Erhöhung oder Verminderung des Bestands an fertigen und unfertigen Erzeugnissen

3. andere aktivierte Eigenleistungen

4. sonstige betriebliche Erträge

5. Materialaufwand:
   a) Aufwendungen für Roh-, Hilfs- und Betriebsstoffe und für bezogene Waren
   b) Aufwendungen für bezogene Leistungen

6. Personalaufwand:
   a) Löhne und Gehälter
   b) soziale Abgaben und Aufwendungen für Altersversorgung und für Unterstützung,
      davon für Altersversorgung

7. Abschreibungen:
   a) auf immaterielle Vermögensgegenstände des Anlagevermögens und Sachanlagen sowie auf
      aktivierte Aufwendungen für die Ingangsetzung und Erweiterung des Geschäftsbetriebs
   b) auf Vermögensgegenstände des Umlaufvermögens, soweit diese die in der Kapitalgesell-
      schaft üblichen Abschreibungen überschreiten

8. sonstige betriebliche Aufwendungen

9. Erträge aus Beteiligungen,
   davon aus verbundenen Unternehmen

10. Erträge aus anderen Wertpapieren und Ausleihungen des Finanzanlagevermögens,
    davon aus verbundenen Unternehmen

11. sonstige Zinsen und ähnliche Erträge,
    davon aus verbundenen Unternehmen

12. Abschreibungen auf Finanzanlagen und auf Wertpapiere des Umlaufvermögens

13. Zinsen und ähnliche Aufwendungen,
    davon an verbundene Unternehmen

14. Ergebnis der gewöhnlichen Geschäftstätigkeit

15. außerordentliche Erträge

16. außerordentliche Aufwendungen

17. außerordentliches Ergebnis

18. Steuern vom Einkommen und vom Ertrag

19. sonstige Steuern

20. Jahresüberschuß/Jahresfehlbetrag.

Abb. 25: Gliederung der Gewinn- und Verlustrechnung nach dem Gesamtkostenverfahren, entsprechend § 275 Abs. 2 HGB für große Kapitalgesellschaften.

Manche Buchführungsbereiche werden in Nebenbuchhaltungen besonders ausführlich bearbeitet, wie z. B. in der Lohnbuchhaltung, in der Lagerbuchhaltung und in der Anlagenbuchhaltung. Ihre Zahlen fließen zusammengefaßt in die Hauptbuchhaltung ein. Bedingt durch das System der Doppelten Buchführung (auch Doppik genannt) führen G-und-V-Rechnung und Bilanz zum selben Jahresergebnis.

Bei der Doppik löst jeder Buchungsbeleg **(keine Buchung ohne Beleg!)** zwei Buchungen aus, die durch einen sog. Buchungssatz: „Konto B an Konto A", definiert werden. Das erstgenannte Konto wird belastet (Soll), das zweitgenannte erkannt (entlastet) (Haben). Beispiel: Wareneinkauf für 300 DM gegen Barzahlung wird gebucht mit dem Buchungssatz „Waren an Kasse 300 DM".

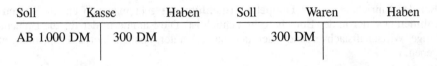

Soll	Kasse	Haben	Soll	Waren	Haben
AB 1.000 DM	300 DM			300 DM	

AB = Anfangsbestand

Das allgemeine System des Jahresabschlusses der Doppelten Buchführung verdeutlicht das nachfolgende Schema.

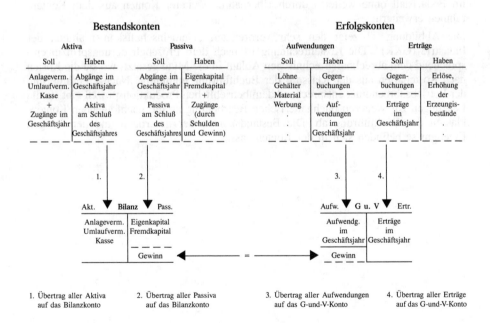

1. Übertrag aller Aktiva auf das Bilanzkonto
2. Übertrag aller Passiva auf das Bilanzkonto
3. Übertrag aller Aufwendungen auf das G-und-V-Konto
4. Übertrag aller Erträge auf das G-und-V-Konto

Abb. 26: Abschlußschema der Doppelten Buchführung

Bei einer Einzelunternehmung wird ein „Kapitalkonto" des Unternehmers zwischen GuV-Rechnung und Bilanz geführt, weil der Unternehmer kein Gehalt bezieht und deshalb während des Geschäftsjahres von Privatentnahmen vom Kapitalkonto lebt. Das verändert sein Eigenkapital, das in der Bilanz auszuweisen ist.

In einer Personengesellschaft tritt an die Stelle des einen Kapitalkontos des Einzelunternehmers je ein Kapitalkonto für jeden Gesellschafter.

Das Kapitalkonto einer Kapitalgesellschaft weist das Eigenkapital der Gesellschaft aus, das Stammkapital bei der GmbH, das Grundkapital bei der AG. Die Gesellschafter haben keinen Zugriff auf das Kapitalkonto der selbständigen juristischen Person. Sie sind als Anteilseigner auf Gewinnausschüttungen nach dem Ende eines Geschäftsjahres angewiesen. Die geschäftsführenden Personen der Kapitalgesellschaften sind Angestellte und beziehen Gehälter, die als Aufwand erfaßt werden.

Bei der Einrichtung einer **Doppelten Buchführung** geht man von einem **Kontenrahmen** aus, der in der Branche gebräuchlich ist. Die Kammern, der für die Branche tätige Wirtschaftsfachverband oder der Steuerberater können hierzu Empfehlungen geben.

Ein Kontenrahmen gruppiert alle in Frage kommenden Konten in Kontenklassen ein. Die Klassen und Konten werden nach dem dekadischen System numeriert, so daß aus jeder Kontonummer die Klassenzugehörigkeit ersichtlich ist.

Dem Kontenrahmen entnimmt man die Konten, die im Betrieb benötigt werden, unter Beibehaltung der Nummern aus dem Kontenrahmen. Sie werden klassenweise aufgelistet. Diese betriebsindividuelle Zusammenstellung heißt **Kontenplan**. Er läßt sich im Bedarfsfall ohne weiteres durch Übernahme weiterer Konten aus dem Kontenrahmen erweitern.

Die Abbildung 27 zeigt den sehr verbreiteten „Gemeinschaftskontenrahmen der Industrie (GKR)". Die Kostenrechnung ist nach dem Prozeßgliederungsprinzip entsprechend dem abrechnungstechnischen Ablauf in die Mitte gesetzt, wo sie die Kosten nach Kostenarten aus der Klasse 4 der Buchführung entnimmt. Nach Durchführung der Betriebsabrechnung entsprechend dem betrieblichen Produktionsprozeß gibt sie die Leistungen zur weiteren buchhalterischen Bearbeitung an die nachfolgenden Kontenklassen der Buchführung ab. Die Bestandskonten der unfertigen und der fertigen Erzeugnisse befinden sich in der Kontenklasse 7.

Klasse 0 Anlagever- mögen und langfrist. Kapital	Klasse 1 Finanz-Um- laufvermög. und kurzfr. Verbindlichk.	Klasse 2 Neutrale Aufwendg. u. Erträge	Klasse 3 Stoffe- Bestände	Klasse 4 Kosten- arten	Klasse 5/6 Kosten- stellen	Klasse 7 Kosten- träger	Klasse 8 Erträge	Klasse 9 Abschluß
Anlage- vermögen 00 Grund- stücke und Gebäude 01/02 Maschinen u. Anlagen 03 Fahrzeuge, Werkzeuge, Betriebs- u. Geschäfts- ausstattung 04 Sach- anlagen/ Sammelkonto 05 Sonst. Anlageverm. (Rechte, Finanzanl.) Langfrist. Kapital 06 Lang- fristiges Fremdkapital 07 Eigen- kapital 08/09 Wert- berichtig. u. Abgrenzg.	10 Kasse 11 Geld- anstalten 12 Schecks, Wechsel 13 Wert- papiere 14/15 For- derungen 16/17 Ver- bindlichkeiten 18 Schuld- wechsel, Bankschulden 19 Durch- gangs-, Übergangs-, Privatkonten	20 Betriebs- fremde Auf- wendungen u. Erträge 21 Aufwend. u. Erträge für Grundst. u. Gebäude 22 - 23 Bilanzielle Abschreibg. 24 Zinsauf- wend. u. Zinserträge 25/26 Außer- ord. Auf- wendungen u. Erträge 27/28 Gegen- posten der Kosten- u. Leistungs- rechnung 29 Das Ge- samtergebnis betreffende Aufwend. u. Erträge (z.B. Körper- schaftsteuer)	30/37 Roh-, Hilfs- u. Betriebsstoffe 38 Bestand- teile, Fertig- teile, Aus- wärtige Be- arbeitung 39 Handels- waren, bezogene Fertigwaren	40/42 Stoffkosten 43/44 Per- sonalkosten 45 Instand- haltung, Dienst- leistungen 46 Steuern, Gebühren, Beiträge, Ver- sicherungs- prämien 47 Mieten, Verkehrs-, Büro-, Werbekosten u. dergl. 48 Kalkula- torische Kosten 49 Inner- betriebliche Kosten- verrechnung	Frei für die Kostenstellen- rechnung der Betriebs- abrechnung	70/77 frei für Kosten- trägerbestände der Betriebs- abrechnung 78 Bestände an halb- fertigen Erzeugnissen 79 Bestände an fertigen Erzeugnissen	80/82 frei für Umsatz- kosten, Erlöse u. Bestands- änderungen der Betriebs- abrechnung 83/84 Erlöse für Erzeugnisse u. andere Leistungen 85 Erlöse für Handelswaren 86 Erlöse aus Neben- geschäften 87 Eigen- leistungen 88 Erlösbe- richtigungen 89 Bestandsver- änderungen an halb- fertigen und fertigen Erzeugnissen	90/96 frei für Sonder- lösungen 97 frei für Abschluß der Betriebs- abrechnung 98 Gewinn- u. Verlust- konten 99 Bilanz- konten

Abb. 27: Gemeinschaftskontenrahmen der Industrie (GKR) ohne Tiefgliederung

Dagegen ist der „Industriekontenrahmen (IKR)" gänzlich anders aufgebaut. Die Abbildung 28 zeigt, daß er genau der durch das Bilanzrichtlinien-Gesetz für Kapital- gesellschaften vorgeschriebenen Abschlußgliederung der Doppelten Buchführung folgt (§§ 266 und 275 HGB). Die Kosten- und Leistungsrechnung wird als ausgegliederter zweiter Rechnungskreis in die Kontenklasse 9 verwiesen. Beide Rechnungskreise, die Geschäftsbuchführung und die Betriebsabrechnung, werden in der Klasse 8 über die Ergebnisrechnungen zusammengeführt.

137

Bilanzkonten

| Kontenklasse 0 |

0 Immaterielle Vermögens-gegenstände und Sachanlagen

00 Ausstehende Einlagen (bei Kapitalgesellschaften: auf das gezeichnete Kapital, bei Kommanditgesellschaften: ausstehende Kommanditeinlagen)
01 Aufwendungen für die Ingangsetzung und Erweiterung des Geschäftsbetriebes (s. § 269)

Immaterielle Vermögensgegenstände (vgl. § 248 Abs. 2)

02 Konzessionen, gewerbliche Schutzrechte und ähnliche Rechte und Werte sowie Lizenzen an solchen Rechten und Werten
03 Geschäfts- oder Firmenwert
04 Geleistete Anzahlungen auf immaterielle Vermögensgegenstände

Sachanlagen

05 Grundstücke, grundstücksgleiche Rechte und Bauten einschließlich der Bauten auf fremden Grundstücken
06 frei
07 Technische Anlagen und Maschinen (Untergliederung nach den Bedürfnissen des Industriezweiges bzw. des Unternehmens. Nachstehende Positionen können dazu nur eine Anregung geben.)
08 Andere Anlagen, Betriebs- und Geschäftsausstattung
09 Geleistete Anzahlungen und Anlagen im Bau

| Kontenklasse 1 |

1 Finanzanlagen

10 frei
11 Anteile an verbundenen Unternehmen (s. § 271 Abs. 2)
12 Ausleihungen an verbundene Unternehmen
13 Beteiligungen (s. § 271 Abs. 1)
14 Ausleihungen an Unternehmen, mit denen ein Beteiligungsverhältnis besteht
15 Wertpapiere des Anlagevermögens
16 Sonstige Ausleihungen (Sonstige Finanzanlagen)

| Kontenklasse 2 |

2 Umlaufvermögen und aktive Rechnungsabgrenzung

Vorräte

20 Roh-, Hilfs- und Betriebsstoffe
21 Unfertige Erzeugnisse, unfertige Leistungen
22 Fertige Erzeugnisse und Waren
23 Geleistete Anzahlungen auf Vorräte

Forderungen und sonstige Vermögensgegenstände (24-26)

24 Forderungen aus Lieferungen und Leistungen
25 Forderungen gegen verbundene Unternehmen und gegen Unternehmen, mit denen ein Beteiligungsverhältnis besteht
26 Sonstige Vermögensgegenstände
27 Wertpapiere
28 Flüssige Mittel
29 Aktive Rechnungsabgrenzung (s. § 250 Abs. 1 u. 3)

| Kontenklasse 3 |

3 Eigenkapital und Rückstellungen

Eigenkapital (vgl. § 272)

30 Kapitalkonto/Gezeichnetes Kapital
31 Kapitalrücklage
32 Gewinnrücklagen
33 Ergebnisverwendung (anstelle Bilanzposition A IV „Gewinnvortrag/Verlustvortrag" gem. § 266 Abs. 3)
34 Jahresüberschuß/Jahresfehlbetrag
35 Sonderposten mit Rücklageanteil (s. § 247 Abs. 3, § 273 u. § 281)
36 Wertberichtigungen (Bei Kapitalgesellschaften als Passivposten der Bilanz nicht mehr zulässig.)

Rückstellungen (s. § 249)

37 Rückstellungen für Pensionen und ähnliche Verpflichtungen
38 Steuerrückstellungen
39 Sonstige Rückstellungen

| Kontenklasse 4 |

4 Verbindlichkeiten und passive Rechnungsabgrenzung

40 frei
41 Anleihen
42 Verbindlichkeiten gegenüber Kreditinstituten
43 Erhaltene Anzahlungen auf Bestellungen
44 Verbindlichkeiten aus Lieferungen und Leistungen
45 Wechselverbindlichkeiten (Schuldwechsel)
46 Verbindlichkeiten gegenüber verbundenen Unternehmen
47 Verbindlichkeiten gegenüber Unternehmen, mit denen ein Beteiligungsverhältnis besteht
48 Sonstige Verbindlichkeiten
49 Passive Rechnungsabgrenzung (s. § 250 Abs. 2)

Erfolgskonten

Kontenklasse 5

5 Erträge

50 Umsatzerlöse (vgl. § 277 Abs. 1)
51 Umsatzerlöse
52 Erhöhung oder Verminderung des Bestandes an unfertigen und fertigen Erzeugnissen
53 Andere aktivierte Eigenleistungen
54 Sonstige betriebliche Erträge
55 Erträge aus Beteiligungen
56 Erträge aus anderen Wertpapieren und Ausleihungen des Finanzanlagevermögens
57 Sonstige Zinsen und ähnliche Erträge
58 Außerordentliche Erträge (vgl. § 277 Abs. 4)
59 Erträge aus Verlustübernahme (bei Tochtergesellschaft: Ausweis in GuV vor der Pos. 20 Jahresüberschuß/Jahresfehlbetrag)

Kontenklasse 6

6 Betriebliche Aufwendungen

Materialaufwand

60 Aufwendungen für Roh-, Hilfs- und Betriebsstoffe und für bezogene Waren
61 Aufwendungen für bezogene Leistungen

Personalaufwand

62 Löhne
63 Gehälter
64 Soziale Abgaben und Aufwendungen für Altersversorgung und für Unterstützung
65 Abschreibungen

Sonstige betriebliche Aufwendungen (66-70)

66 Sonstige Personalaufwendungen
67 Aufwendungen für die Inanspruchnahme von Rechten und Diensten
68 Aufwendungen für Kommunikation (Dokumentation, Informatik, Reisen, Werbung)
69 Aufwendungen für Beiträge und Sonstiges sowie Wertkorrekturen und periodenfremde Aufwendungen

Kontenklasse 7

7 Weitere Aufwendungen

70 Betriebliche Steuern
71–73 frei
74 Abschreibungen auf Finanzanlagen und auf Wertpapiere des Umlaufvermögens und Verluste aus entsprechenden Abgängen
75 Zinsen und ähnliche Aufwendungen
76 Außerordentliche Aufwendungen (vgl. § 277 Abs. 4)
77 Steuern vom Einkommen und Ertrag
78 Sonstige Steuern
79 Aufwendungen aus Gewinnabführungsvertrag (bei Tochtergesellschaft: Ausweis in GuV vor der Pos. 20 Jahresüberschuß/Jahresfehlbetrag)

Die angegebenen §§ beziehen sich auf das HGB.

Eröffnung und Abschluss

Kontenklasse 8

8 Ergebnisrechnungen

80 Eröffnung/Abschluß

Konten der Kostenbereiche für die GuV im Umsatzkostenverfahren

82 Vertriebskosten
83 Allgemeine Verwaltungskosten
84 Sonstige betriebliche Aufwendungen

Konten der kurzfristigen Erfolgsrechnung (KER) für innerjährige Rechnungsperioden (Monat, Quartal oder Halbjahr)

85 Korrekturkonten zu den Erträgen der Kontenklasse 5
86 Korrekturkonten zu den Aufwendungen der Kontenklasse 6
87 Korrekturkonten zu den Aufwendungen der Kontenklasse 7
88 Kurzfristige Erfolgsrechnung (KER)
880 Gesamtkostenverfahren
881 Umsatzkostenverfahren
89 Innerjährige Rechnungsabgrenzung (alternativ zu 298 bzw. 498)
890 aktive Rechnungsabgrenzung
895 passive Rechnungsabgrenzung

Die Kontengruppen 85-87 erfassen die Gegenbuchungen zur KER auf Konto 880. Gleichzeitig enthalten sie die Abgrenzungsbeträge dieser periodenbereinigten Aufwendungen und Erträge zu den Salden der Kontenklasse 5-7. Die Gegenbuchung der Abgrenzungsbeträge erfolgt auf entsprechenden Konten der innerjährigen Rechnungsabgrenzung, z.B. 298 bzw. 498 oder 890 bzw. 895.

Kosten- und Leistungsrechnung

Kontenklasse 9

9 Kosten- und Leistungsrechnung (KLR)

90 Unternehmensbezogene Abgrenzungen (betriebsfremde Aufwendungen und Erträge)
91 Kostenrechnerische Korrekturen
92 Kostenarten und Leistungsarten
93 Kostenstellen
94 Kostenträger
95 Fertige Erzeugnisse
96 Interne Lieferungen und Leistungen sowie deren Kosten
97 Umsatzkosten
98 Umsatzleistungen
99 Ergebnisausweise

In der Praxis wird die KLR gewöhnlich tabellarisch durchgeführt. Es wird auf die dreibändigen BDI-Empfehlungen zur Kosten- und Leistungsrechnung hingewiesen.

Abb. 28: Industriekontenrahmen (IKR) 1986 ohne Tiefgliederung

Es gibt eine Vielzahl von Kontenrahmen, darunter auch für den Groß- und den Einzelhandel. Hinzuweisen ist ferner auf Spezialkontenrahmen von Datenverarbeitungsunternehmungen, die Abrechnungsarbeiten übernehmen.

In Übereinstimmung mit EG-Richtlinien hat das Bilanzrichtlinien-Gesetz zu einer Zusammenfassung und gleichzeitigen Änderung der Rechnungslegungsvorschriften geführt. Der Grundsatz, den Unternehmungen je nach ihrer Rechtsform Vorschriften für die **Prüfung, Offenlegung und Bekanntmachung** ihrer Jahresabschlüsse vorzugeben, wurde von dem Grundsatz verdrängt, Rechnungslegungs- und Publizitätsvorschriften stärker an die **Größe einer Unternehmung oder eines Konzerns** zu binden.

Alle „großen" Konzerne und Unternehmungen haben ihren Jahresabschluß von unabhängigen vereidigten Abschlußprüfern prüfen zu lassen, den Abschluß offenzulegen, d. h. zum Handelsregister einzureichen, wo er für jedermann einsehbar ist, und ihn durch Veröffentlichung im Bundesanzeiger bekanntzumachen.

„Mittelgroße" Konzerne und Kapitalgesellschaften dürfen den Jahresabschluß reduziert auf die Bilanz und den vorgeschriebenen Bilanzanhang in verkürzter Form, jedoch mit ergänzenden Details, offenlegen und sind von der Bekanntmachung im Bundesanzeiger befreit.

„Kleine" Konzerne und Kapitalgesellschaften können die vorgeschriebene Offenlegung der Bilanz und des Anhangs ohne die ergänzenden Details vornehmen und sind ebenfalls nicht zu einer Bekanntmachung im Bundesanzeiger verpflichtet.

Nach § 339 HGB gelten vergleichbare Prüfungs-, Offenlegungs- und Bekanntmachungsvorschriften auch für eingetragene Genossenschaften.

Die „kleinen" Einzelunternehmungen und Personengesellschaften unterliegen keiner Prüfungs-, Offenlegungs- oder Bekanntmachungspflicht.

Einzelunternehmungen und Personengesellschaften sind „groß", wenn sie zwei der folgenden Merkmale nachhaltig überschreiten: 125 Mio. DM Bilanzsumme, 250 Mio. DM Jahresumsatz, 5.000 Arbeitnehmer. Anderenfalls rechnen sie als „kleine" Unternehmungen.

Zu den „großen" Unternehmungen zählen ferner alle **Kapitalgesellschaften,** von denen Aktien oder andere Wertpapiere in der EG an einer Börse gehandelt werden, und **Kapitalgesellschaften,** die zwei der folgenden Merkmale nachhaltig überschreiten:
- 15,5 Mio. DM Bilanzsumme,
- 32 Mio. DM Jahresumsatz,
- 250 Arbeitnehmer.

Die Kapitalgesellschaften gelten als „mittelgroß", wenn dies nicht der Fall ist, sie aber zwei der nachfolgenden Größenmerkmale nachhaltig überschreiten:
- 3,9 Mio. DM Bilanzsumme,
- 8 Mio. DM Jahresumsatz,
- 50 Arbeitnehmer.

Auf die übrigen Kapitalgesellschaften sind die Vorschriften für „kleine" Kapitalgesellschaften anzuwenden.

6.2.2 Bewertung und Abgrenzung

Nach der Systemdarstellung der Geschäftsbuchhaltung muß auf die große Bedeutung der **Bewertung** der Vermögensgegenstände eingegangen werden. Je nach dem Wert, der den Vermögensgegenständen beizumessen ist, kann das Vermögen größer oder kleiner sein als das dafür investierte Kapital. Auch wenn sich das Vermögen mengenmäßig nicht ändert, kann sich sein Wert verändern. Die Bewertung der Vermögensgegenstände spielt deshalb eine große Rolle für das Ergebnis.

Der Kaufmann ist nach § 238 HGB und §§ 140, 141 Abs. 1 AO zur Buchführung verpflichtet. Zu Beginn der Unternehmung sowie am Ende jeden Geschäftsjahres und bei Aufgabe der Unternehmung hat er jeweils zunächst durch eine Inventur Vermögen und Schulden festzustellen und gem. §§ 240, 241 HGB in einem Bestandsverzeichnis (Inventar) aufzuzeichnen. Zu diesem Zweck sind die Forderungen, die Schulden, der Bargeldbetrag und sämtliche vorhandenen Vermögensgegenstände, auch wenn sie schon abgeschrieben sind, in das Bestandsverzeichnis aufzunehmen. Die beweglichen Vermögensgegenstände sind einzeln durch Zählen, Messen, Wiegen oder notfalls durch Schätzen zum Bilanzstichtag festzustellen. Für Schulden und Forderungen ist eine stichtagsgenaue Buchinventur vorzunehmen.

Ist entschieden, daß nach den Bestimmungen der §§ 242 bis 251 ein Gegenstand in der Bilanz angesetzt (bilanziert) werden muß, dann ist über seine Bewertung zu befinden. Hierfür sind die **Bewertungsvorschriften** der §§ 252 bis 256 HGB zu beachten. Daraus ist hervorzuheben, daß Vermögensgegenstände „höchstens mit den Anschaffungs- oder Herstellungskosten, vermindert um Abschreibungen" und daß Verbindlichkeiten (Schulden) „zu ihrem Rückzahlungsbetrag" anzusetzen sind.

Wenn die Anschaffungs- oder Herstellungskosten einzelner Vermögensgegenstände 800 DM (ohne Mehrwertsteuer) nicht übersteigen, gelten sie steuerrechtlich als „**Geringwertige Wirtschaftsgüter**" (GWG), die nach § 6 Abs. 2 EStG im Anschaffungsjahr als „Betriebsausgaben" behandelt werden können. Damit entfällt für GWG die Aktivierungspflicht − auch in der Handelsbilanz.

Anschaffungskosten ergeben sich wie folgt:

Anschaffungspreis (ohne Mehrwertsteuer)
− Preisnachlässe (Rabatt und Skonto)
+ Anschaffungsnebenkosten (Transportkosten, Zoll usw.)
+ Einbaukosten (bei Anlagen u. Einrichtungen)

= Anschaffungskosten

Herstellungskosten umfassen die Kosten der Herstellung eines Vermögensgegenstandes. Dieser Begriff des Handels- und des Steuerrechts ist im wesentlichen gleichbedeutend mit dem der Herstellkosten des kaufmännischen Rechnungswesens.

Die allgemeinen Bilanzierungsgrundsätze* (§ 252 HGB) kann man zu den folgenden zusammenfassen:

− Einzelbewertungsprinzip,
− Stetigkeitsprinzip,
− Fortführungsprinzip,
− Vorsichtsprinzip.

Der **Grundsatz der Einzelbewertung** verlangt die Einzelaufnahme der Vermögensgegenstände und Schulden, damit sie einzeln bewertet werden können.

Der **Grundsatz der Stetigkeit** verlangt, sofern eine Wahlfreiheit bezüglich der Erfassung, des Ausweises oder der Bewertung besteht, die einmal getroffene Wahl in den Folgejahren beizubehalten (Bilanzkontinuität). Ein Wechsel ist nur in besonders begründeten Fällen einmalig vertretbar.

Das Stetigkeitsprinzip verlangt ferner die Übernahme der Abschlußbilanz (Posten und Werte) eines Geschäftsjahres als Eröffnungsbilanz für das Folgejahr (Bilanzidentität).

---

*Siehe ausführlich: Wöhe, Günter, Bilanzierung und Bilanzpolitik, 7. Aufl., München 1987, S. 368 ff.

Das **Fortführungsprinzip** schreibt vor, bei der Bewertung von Vermögensgegenständen und Schulden von der Absicht der Fortführung der Unternehmung auszugehen und die Vermögensgegenstände demgemäß zu bewerten.

Der allgemeine **Grundsatz der Vorsicht,** verlangt u. a., bei der Bewertung alle vorhersehbaren Risiken und Verluste zu berücksichtigen und umgekehrt keine „unrealisierten Gewinne" auszuweisen, das heißt z. B. Gewinn nicht durch Höherbewertung von noch nicht verkauften Beständen auszuweisen. Dadurch soll u. a. verhindert werden, daß Kapitalgebern eine zu gute Vermögenslage vorgetäuscht wird. Bewertet man andererseits Vermögen zu niedrig, so entsteht rechnerisch in der späteren Abrechnungsperiode, in der der unterbewertete Bestand verkauft wird, ein unverhältnismäßig hoher rechnerischer Gewinn mit entsprechenden Steuerfolgen. Die Unterbewertung von Vermögensgegenständen führt bei ihrem Verkauf zur Auflösung stiller Reserven. **Bewertungsentscheidungen bei Wahlfreiheit sind immer zweischneidig.**

Das Vorsichtsprinzip bei der Bewertung ist für die verschiedenen Bilanzpositionen unterschiedlich wirksam:

Auf der Vermögensseite der Bilanz (Aktiva) ist zwischen Anlage- und Umlaufvermögen zu unterscheiden.

Immaterielle Vermögensgegenstände des Anlagevermögens, „die nicht entgeltlich erworben wurden" (z. B. kostenlose Nutzungsrechte, ein nicht bezahlter Firmenwert) dürfen nicht aktiviert, d. h. nicht als Vermögensbestand unter den Aktiva der Bilanz ausgewiesen werden.

Für **Anlagevermögen** gilt die Bewertung zu Anschaffungs- bzw. Herstellungskosten mit dem **gemilderten Niederstwertprinzip.**

Für **Umlaufvermögen** gilt dieselbe Bewertungsvorschrift, jedoch mit dem **strengen Niederstwertprinzip.**

Niederstwertprinzip bedeutet, daß man von zwei zulässigen unterschiedlichen Wertansätzen den niedrigeren anwendet. Beim **strengen Niederstwertprinzip** ist dies zwingend vorgeschrieben. Wenn der Börsen- oder Marktpreis von Gegenständen des Umlaufvermögens unter deren Anschaffungs- oder Herstellungskosten gefallen ist, so muß in der Bilanz dieser niedrigere Wert angesetzt werden. Die Wertminderung ist als Abschreibung in den Aufwand zu buchen. Das **gemilderte Niederstwertprinzip** für das Anlagevermögen läßt den niedrigeren Wertansatz zu, verlangt ihn aber nur, wenn die Wertminderung nicht nur vorübergehend, sondern dauerhaft ist.

Auf der Passivseite der Bilanz hat das Prinzip der Vorsicht verschiedene Auswirkungen auf den Ansatz des Eigenkapitals und den Ansatz des Fremdkapitals.

Beim Eigenkapital gilt für Gewinne das Realisationsprinzip, für Verluste das Imparitätsprinzip.

Das **Realisationsprinzip** verlangt, daß kein Gewinn ausgewiesen wird, der nicht bereits realisiert ist, z. B. dürfen die Bestände an fertigen Erzeugnissen nicht mit Verkaufspreisen angesetzt werden, solange sie nicht verkauft sind, sondern nur mit ihren Kosten. Anderenfalls würde ein Gewinn (Zuwachs an Eigenkapital) ausgewiesen, der noch nicht realisiert ist.

Umgekehrt verlangt das **Imparitätsprinzip,** bereits erkennbare Verluste, auch wenn sie noch nicht realisiert sind, vorsichtshalber auszuweisen. Wenn z. B. die Marktpreise der fertigen Erzeugnisse unter ihre Herstellkosten sinken, dann sind die Bestände mit den niedrigeren Marktpreisen zu bewerten. Der Vermögenswert hat sich vermindert. Es darf kein höherer Wert vorgetäuscht werden.

Beim Ansatz von **Fremdkapital** ist der Rückzahlungsbetrag anzusetzen, im Zweifel nach dem **Höchstwertprinzip.**

Die Höhe des Fremdkapitals, also der Schulden, steht in der Regel nominell fest, ihr richtiger Wertansatz somit ebenfalls. Bestehen Zweifel oder ist ein Schuldbetrag streitig, dann gilt, da es ein Passivposten ist, nach dem Grundsatz der Vorsicht das Höchstwertprinzip. Vorsichtshalber muß bis zur endgültigen Klärung der möglicherweise höhere Schuldbetrag angesetzt werden.

Der kaufmännische Grundsatz der Vorsicht soll verhindern, daß man sich reich rechnet, ohne es zu sein, aber auch sicherstellen, daß Dritte nicht über die Vermögenslage einer Unternehmung getäuscht werden.

Durch **Unterbewertungen von Aktivposten** bilden sich **stille Reserven,** die sich bei Veräußerung der Gegenstände in einer anderen Abrechnungsperiode auflösen und dann zu außerordentlichen Erträgen führen. Entsprechendes gilt bei Auflösung **überbewerteter Passivposten.**

Die vorstehenden Ausführungen sollen das **Wesen der Bewertungsgrundsätze** deutlich machen; sie sollen die **Bedeutung der Bewertung** der Aktiva und Passiva entsprechend den gesetzlichen Vorschriften, die sich ihrerseits auf die Grundsätze ordnungsmäßiger Buchführung beziehen, für den Vermögensausweis einer Unternehmung erkennbar machen; und sie sollen die **autonome Verantwortung des Geschäftsführenden** in der Unternehmung andeuten, der für die Einhaltung der gesetzlichen Buchführungsvorschriften einzustehen hat.

Nunmehr ist auf die Ermittlung des Geschäftsjahresergebnisses einzugehen. Bereits bei der kurzen Schilderung der Einfachen Buchführung wurde erwähnt, daß die Doppelte Buchführung sich nicht nur nach einem anderen System vollzieht, sondern auch inhaltlich anderen Zielsetzungen folgt. Wer nicht verpflichtet ist, Bücher zu führen und Abschlüsse zu machen und dies auch nicht freiwillig tut, kann durch Anwendung der Einfachen Buchführung die Gewinnermittlung mit Hilfe einer Überschußrechnung vornehmen: Der Überschuß der **Betriebseinnahmen** über die **Betriebsausgaben** ist das Ergebnis.

Demgegenüber zeigt eine in ihrer Bedeutung weitreichende, aus der Betriebswirtschaftslehre übernommene **Ansatzvorschrift** (§ 250 HGB) die inhaltlich andere Ergebnisermittlung der Doppelten Buchführung. Sie besagt: „Aufwendungen und Erträge des Geschäftsjahres sind unabhängig von den Zeitpunkten der entsprechenden Zahlungen im Jahresabschluß zu berücksichtigen."

Wie schon von der Gewinn- und Verlustrechnung her bekannt ist, werden nicht Ausgaben und Einnahmen, sondern Aufwendungen und Erträge gegenübergestellt, um das Jahresergebnis zu ermitteln. Das erfordert, **zwischen Ausgaben und Aufwendungen zu unterscheiden, ebenso zwischen Einnahmen und Erträgen.**

Als Schlüssel zum Verständnis dieser Begriffe muß daran erinnert werden, daß es in der Wirtschaft um Güter zur Bedürfnisbefriedigung geht, Geld ist nur Mittel zum Zweck. Nicht Ausgaben und Einnahmen der Unternehmung bestimmen das Jahresergebnis, sondern einerseits der Wert des Verbrauchs von Betriebsmitteln, Waren und Arbeitsleistungen und andererseits der Wert der Güter, also Waren oder Dienstleistungen, die die Unternehmung an Märkte abgibt oder selbst bestandserhöhend verwendet. **Der ergebnismindernde Verbrauch heißt Aufwand, die ergebniserhöhende Gütererzeugung heißt Ertrag.**

Der Begriff Aufwand führt immer wieder zu formalen sprachlichen Unsicherheiten. Im Handelsgesetzbuch wird als Mehrzahl von Aufwand das Wort Aufwendungen benutzt. In der Buchführung, die zu den Techniken der Allgemeinen Betriebswirtschaftslehre gehört, wird als Mehrzahl von Aufwand 'Aufwände', aber auch 'Aufwendungen' gesagt. Für einzelne Betriebswirte ist 'Aufwendungen' ein Oberbegriff, der Ausgaben, Aufwände und Kosten zusammenfaßt. Da diese Zusammenfassung entbehrlich ist, werden hier die Begriffe Aufwendungen und Aufwände gleichbedeutend verwendet. Wichtiger ist ein Inhaltsunterschied von Begriffen, wie er z. B. zwischen **Ausgabe und Aufwand** besteht. Soweit Ausgabe und Aufwand im selben Abrechnungszeitraum (Geschäftsjahr) stattfinden, ergibt sich kein Problem; der Aufwand ist gleich der Ausgabe. Wenn aber der Aufwand und die den Aufwand geldlich ausdrückende Ausgabe in verschiedene Abrechnungsperioden fallen, dann muß zur periodengerechten Ergebnisermittlung **der zur Abrechnungsperiode gehörige Aufwand,** bewertet mit dem dazugehörigen Ausgabenbetrag, in die Gewinn- und Verlustrechnung des Abrechnungsjahres einfließen, wogegen im vorhergehenden oder nachfolgenden Geschäftsjahr die entsprechende Ausgabe das Jahresergebnis nicht beeinflussen darf. Sie muß dann erfolgsneutral bleiben. Anderenfalls würde die G- und V-Rechnung zweimal (in verschiedenen Geschäftsjahren) in Höhe des Aufwandes belastet werden. Für die Erfolgsrechnung ist der Zeitpunkt des Gutsverbrauchs, nicht der Zeitpunkt seiner Bezahlung maßgeblich.

Eine Ausgabe muß demnach erfolgsneutral abgegrenzt werden, wenn der entsprechende Aufwand in eine andere Abrechnungsperiode gehört.

In § 250 HGB heißt es dazu: „Als Rechnungsabgrenzungsposten sind auf der Aktivseite (der Bilanz) Ausgaben vor dem Abschlußstichtag auszuweisen, soweit sie Aufwand für eine bestimmte Zeit nach diesem Tag darstellen."

Hier wird also die Vorauszahlung für späteren Aufwand als ein Aktivum, eine Vermögensposition ausgewiesen, so daß die durch die Ausgabe bedingte Minderung des Geldbestandes ausgeglichen, neutralisiert wird.

Ein praktisches Beispiel ist eine Mietvorauszahlung für Räume, die im nächsten Geschäftsjahr genutzt werden sollen. Der zum Jahresabschluß gebildete Rechnungsabgrenzungsposten (Aktivum) ist im nächsten Jahr, dem Jahr der Nutzung des gemieteten Raumes (des Gutsverbrauchs), aufzulösen, d. h. dann als Mietaufwand zu buchen. Das mindert das Ergebnis des Nutzungsjahres. Umgekehrt sind auf der Passivseite der Bilanz als Rechnungsabgrenzungsposten „Einnahmen vor dem Abschlußstichtag auszuweisen, soweit sie Ertrag für eine bestimmte Zeit nach diesem Tag darstellen".

Das zeigt, daß auch **Ertrag und Einnahme** in verschiedenen Abrechnungszeiträumen anfallen können. Ein praktisches Beispiel sind empfangene Darlehnszinsen, die erst im Folgejahr fällig sind.

Die periodengerechte Abgrenzung und Zurechnung der Aufwände und Erträge auf den Zeitraum des tatsächlichen Gutsverbrauchs und der tatsächlichen Gutsmehrung ist Voraussetzung einer ordnungsgemäßen Erfolgsermittlung.

Grundsätzlich sind alle Ausgaben für Sachgüter und Dienstleistungen erfolgsneutral. Sie selbst stellen keinen Gutsverbrauch dar, sondern führen als Tauschmittel nur zu einem Austausch gegen Güter (Waren oder Dienstleistungen).

Beispiele:

Privatentnahmen aus der Kasse mindern in gleichem Maße das Eigenkapital, sind aber nicht Gutsverbrauch in der Unternehmung. Das Ergebnis wird nicht verändert.

Durchlaufende Posten, wie eingenommene und an das Finanzamt abgeführte Mehrwertsteuer, führen nicht zu Gutsverbrauch. Gleiches gilt für Vorgänge, die nur eine Umschichtung des Vermögens bedeuten:
- Eine Ausgabe für beschafftes Material verringert den Geldbestand, erhöht aber um denselben Wert den Materialbestand.
- Eine Ausgabe zur Schuldentilgung verringert den Geldbestand, um denselben Betrag aber auch den Schuldenbestand.

Das Ergebnis der Abrechnungsperiode bleibt unbeeinflußt.

Ausgaben für Gutsverbrauch sind nicht Aufwand. Sie sind nur das geldliche Spiegelbild des Aufwands. **Das Ergebnis eines Abrechnungszeitraumes (der „Periodenerfolg") verringert sich um diesen Betrag nur durch den Gutsverbrauch.** Beispiel: Lohn- und Gehaltszahlungen für im Abrechnungszeitraum geleistete Arbeit. Der Faktor Arbeit wurde verbraucht. Bezahlung von Verbrauchsmaterial des Abrechnungszeitraumes. Material wurde im selben Abrechnungszeitraum verbraucht.

Der Begriff **Aufwand** bezeichnet den **Wert des Güterverbrauchs einer Unternehmung in einem Abrechnungszeitraum.** Praktisch sind es die **der Periode des Aufwands zugeordneten Ausgaben** für Sachgüter und Dienstleistungen (einschließlich öffentlicher Abgaben).

Zu den Beständen an Sachgütern gehört neben Anlagen, Einrichtungen und Vorräten auch ein Bestand an liquiden Mitteln: Bar- und Buchgeld. Der **Güterverbrauch** umfaßt daher neben Anlagenverschleiß, Verbrauch an Werkstoffen für die Fertigung, Arbeitslöhnen usw. auch **einseitigen Geldverbrauch** wie z. B. Geldspenden u. ä. an Außenstehende. Nur in solchen Fällen ist die Ausgabe selbst Aufwand und damit erfolgswirksam.

Wie die Ausgaben, sind auch die **Einnahmen** in der Regel erfolgsneutral.

Erfolgsneutrale (das Ergebnis der Abrechnungsperiode nicht beeinflussende) Einnahmen können sein:
1. Die Zuführung von Eigenkapital,
2. Vermögensumformungen:
   - Vorauszahlungen von Kunden, denen die Leistungen (Güter in Form von Sach- oder Dienstleistungen) erst in einer späteren Abrechnungsperiode geliefert werden (es entsteht in Höhe der empfangenen Einzahlung eine Schuld),
   - Kunden bezahlen Lieferungen aus früheren Perioden (in Höhe der Einzahlung erlischt eine Forderung).

Nur ein **einseitiger Geldzufluß** ohne Gegenleistung, also etwa eine Schenkung, ist eine **erfolgswirksame Einnahme** und damit unmittelbar Ertrag.

Einnahmen für den Verkauf von Gütern am Markt zeigen zwar durch das Tauschmittel Geld den Wert der veräußerten Güter. Die **erfolgswirksame Erhöhung des Vermögenswertes,** der Ertrag, ist aber durch den Verkauf der Güter zu ihrem Marktwert eingetreten. Ertrag ist also nicht nur der Gewinn, sondern der gesamte Bruttowertzuwachs.

Der Ertrag setzt sich zusammen aus
- Erlösen, die teils als Umsatzerlöse, teils als sonstige Erlöse erzielt werden, und
- Bestandsänderungen.

Umsatzerlöse werden aus umgesetzten (verkauften) Betriebsleistungen (Waren und Dienstleistungen) erzielt. **Sonstige Erlöse** stammen nicht aus dem Umsatz von Betriebsleistungen, sondern aus anderweitigen, sog. neutralen Geschäftsvorfällen. Es handelt sich z. B. um Spekulationsgewinne, Erlöse aus dem Verkauf von Anlagevermögen, Steuerrückerstattungen, Währungsgewinne und dergleichen.

Die **Bestandsänderung** ist der Unterschiedsbetrag zwischen dem Endbestand und dem Anfangsbestand an unfertigen und fertigen Erzeugnissen in einer Periode. Hinzu kommen Leistungen für Eigenbedarf, die den Wert geringwertiger Wirtschaftsgüter überschreiten und daher aktiviert werden müssen. Mit Bestandsänderung ist stets der **Wert** (nicht die Menge) der Bestandsänderung gemeint. Eine Bestandsminderung mindert den Periodenerfolg, eine Bestandserhöhung steigert ihn.

Die **Bilanz** vergleicht nach Abgrenzung periodenfremder Aufwendungen und Erträge Vermögen und Schulden von Ende und Anfang eines Geschäftsjahres und stellt den Zuwachs oder die Abnahme des Nettovermögens als Zuwachs oder Abnahme des Eigenkapitals, das heißt als Jahresergebnis (Jahresüberschuß oder Jahresfehlbetrag), fest. Die **Gewinn- und Verlustrechnung** stellt den gesamten Jahresaufwand dem Jahresertrag gegenüber, so daß die Differenz auf diese Weise ebenfalls das Gesamtergebnis der Unternehmung, Gewinn oder Verlust, ergibt. Handelsbilanz und GuV-Rechnung bilden den rechnerischen Jahresabschluß der Geschäftsbuchführung.

Die Ertragsteuerbilanz, zumeist kurz **Steuerbilanz** genannt, ist aus der Handelsbilanz abzuleiten. Die wichtigsten **steuerlichen Vorschriften** zur Buchführung ergeben sich aus der Abgabenordnung und dem Einkommensteuergesetz; daneben aus dem Körperschaftsteuergesetz.

6.3 Die Kostenrechnung

6.3.1 Einführung

Die Kostenrechnung ist, genauer gesagt, eine **Kosten- und Leistungsrechnung**. Sie wird daher in manchen Unternehmungen KLR genannt.

Die beiden **Teile der Kostenrechnung,** die **Betriebsabrechnung** und die **Kalkulation,** haben je nach Branche, Größe und individuellen Besonderheiten eines Betriebes unterschiedliches Gewicht. Im Handwerksbetrieb steht die Kalkulation im Vordergrund. Sie setzt auch dort voraus, daß von den Grundsätzen der periodischen Betriebsabrechnung ausgegangen wird. Eine aufwendige Organisation der Betriebsabrechnung ist aber dafür nicht erforderlich. Dagegen kann im großen Industriebetrieb ohne eine gut durchorganisierte Betriebsabrechnung keine brauchbare Kalkulation durchgeführt werden. So stellt jeder Betrieb seine besonderen Anforderungen, ob Großhandels-, Einzelhandels-, Speditions-, Bank- oder landwirtschaftlicher Betrieb. Da die Kostenrechnung freiwillig eingerichtet wird und sie in jedem Betrieb bestmöglich den Anforderungen genügen soll, die die Unternehmensleitung an sie stellt, unterscheidet sich die Organisation der Kostenrechnung selbst in gleichartigen Betrieben. Aus diesen Gründen wird hier das System verständlich gemacht, dessen Anwendung betriebsindividuell erfolgen muß.

6.3.2 Betriebsabrechnung

6.3.2.1 Der Unterschied zur Geschäftsbuchführung

Wie die Geschäftsbuchführung ist auch die Betriebsbuchführung eine **Zeitraumrechnung.** Die Abrechnungsperiode ist hier jedoch nicht das Geschäftsjahr, sondern der

Monat, wenn nicht sogar ein kürzerer Zeitraum. Daneben werden jeweils auch die aufgelaufenen Zahlen für den gesamten Zeitraum seit Geschäftsjahresbeginn ausgewiesen. Die Betriebsabrechnung wird heute nicht mehr als Abrechnungsteilbereich innerhalb der Geschäftsbuchhaltung geführt (Einkreissystem; formaler Monismus), sondern grundsätzlich formal aus der Geschäftsbuchhaltung ausgegliedert und als selbständiger Rechnungskreis behandelt (Zweikreissystem; formaler Dualismus). 1962 begann der Siegeszug der EDV in der Betriebsabrechnung. Aber schon lange zuvor wendete man zu ihrer Durchführung statistische Mittel, insbesondere Tabellen an, statt der in der Geschäftsbuchhaltung üblichen Konten. Tabellen oder Listen wurden und werden sowohl als Darstellungs- als auch als Arbeitsblätter in der Betriebsabrechnung verwendet. Sie lassen sich den betriebsindividuellen Erfordernissen und auch organisatorischen Veränderungen besser anpassen als ein insgesamt unübersichtliches Kontensystem. In der Betriebsabrechnung kommt es zudem weniger auf das genaue Endergebnis als auf eine möglichst ständige Übersicht an. Die früher übliche Dienststellenbenennung 'Betriebsbuchhaltung' ist daher kaum noch anzutreffen.

Wie die Inhaltsbezeichnung Kosten- und Leistungsrechnung sagt, bezieht sich die Betriebsabrechnung speziell auf den eigentlichen Betriebszweck, die Leistungserstellung und ihre Kosten. **Aufwendungen und Erträge, die nicht durch die Leistungserstellung bedingt sind,** stellen für die Betriebsabrechnung „neutrale" Aufwendungen und Erträge dar. Neutrale Aufwendungen und neutrale Erträge gehören nicht in die Betriebsabrechnung hinein.

In der Geschäftsbuchführung werden in der Gewinn- und Verlustrechnung die gesamten Aufwendungen und die gesamten Erträge eines Geschäftsjahres gegenübergestellt. Daraus ergibt sich das Gesamtergebnis der Unternehmung. Es zeigt nicht gesondert den Erfolgsanteil, der allein aus der eigentlichen Zweckerfüllung des Betriebes, der Leistungserstellung, entsteht. Um eine Aufspaltung des Gesamtergebnisses in das Betriebsergebnis und das „neutrale" Ergebnis zu erreichen, dürfen die Aufwände und Erträge aus den sogenannten neutralen Geschäftsvorfällen, die also nicht durch die betriebliche Leistungserstellung bedingt sind, nicht in die Kosten- und Leistungsrechnung übernommen, sie müssen abgegrenzt werden. Ebenso wie in der Geschäftsbuchführung die Aufwendungen und Erträge einer Periode nur durch eine exakte **zeitliche Abgrenzung** der periodenfremden Aufwendungen und Erträge ermittelt werden können, erfordert die Kosten- und Leistungsrechnung zusätzlich die **Abgrenzung aller neutralen Aufwendungen und neutralen Erträge.** Daraus ergibt sich neben dem Betriebsergebnis das „neutrale Ergebnis", das auch „Abgrenzungsergebnis" genannt wird.

Als erstes werden deshalb die **Aufwendungen untergliedert** in
– Zweckaufwände, die zugleich Kosten darstellen, und
– neutrale Aufwände.

Zweckaufwand ist der Teil des Aufwandes, der zur ordentlichen Erfüllung des eigentlichen Betriebszweckes (Leistungserstellung und -absatz) beiträgt. Der Verbrauch tritt ein mit dem Einfließen des Gutes in den Produktionsprozeß im weitesten Sinne. Hierfür ist typisch der Verbrauch von Roh-, Hilfs- und Betriebsstoffen durch Entnahme aus dem Lager, von Fertigungslohnstunden, von betriebsnotwendigen Anlagen (Abschreibungen) und Zinsen darauf, aber auch von Verwaltungsleistungen für Beschaffung, allgemeine Verwaltung und Vertrieb, und dies alles in normalem, durch den Betriebszweck bedingten Umfang.

Neutralen Aufwand bildet der darüber hinausgehende Gutsverbrauch. Nach seinen Ursachen unterscheidet man zwischen
- betriebsfremdem,
- außerordentlichem,
- bewertungsbedingtem und
- periodenfremdem Aufwand.

Betriebsfremder Aufwand ist jeglicher Werteverzehr, der keine Beziehung zum Betriebszweck hat, z. B. ein Jubiläumsgeschenk für einen Geschäftsfreund, Spenden an karitative Einrichtungen, Abschreibungen auf Wohnhäuser einer Unternehmung der Kraftfahrzeugbranche.

Außerordentlicher Aufwand steht zum Betriebszweck in Beziehung, ist aber kein normaler, sondern eben ein außerordentlicher Gutsverzehr. Es handelt sich z. B. um vorzeitigen Maschinenbruch, um Brandschaden in einer Werkstatt, um Verluste im Materiallager infolge Diebstahls u. a.

Bewertungsbedingter neutraler Aufwand entsteht durch höhere Bewertung eines Verbrauchs, etwa durch gesetzlich zugelassene Sonderabschreibungen gegenüber dem produktionsbedingten, als Kosten angemessenen Wertansatz. Der angemessene Betrag ist Zweckaufwand, der überschießende Betrag ist neutraler Aufwand.

Periodenfremder Aufwand ist in der Abrechnungsperiode in jedem Fall als neutraler Aufwand zu behandeln, ob er nun der Sache nach Zweckaufwand wäre, ob er betriebsfremd, außerordentlich oder bewertungsbedingt neutraler Aufwand ist. Beispielsweise sind Steuern, die das Finanzamt für vergangene Geschäftsjahre nachfordert, im Jahr der Nachforderung neutraler, weil periodenfremder Aufwand. Auch Mietvorauszahlungen für das Folgejahr, selbst wenn sie eine produktionsnotwendige Werkstatt betreffen, sind periodenfremder, also neutraler Aufwand.

Die **Erträge** gliedern sich entsprechend in
- Betriebserträge und
- neutrale Erträge.

Betriebserträge einer Abrechnungsperiode sind nur die aus der Betriebsleistung erzielten Wertzuwächse, also die **Erlöse aus umgesetzten Leistungen** (Umsatzerlöse), jedoch korrigiert um die Bestandsänderung in der Abrechnungsperiode.

Als **neutrale Erträge** können wiederum nach ihren Ursachen unterschieden werden:
- betriebsfremde,
- außerordentliche,
- bewertungsbedingte und
- periodenfremde Erträge.

Betriebsfremden Ertrag bilden Erlöse aus Geschäftsvorfällen, die nicht betriebsbedingt sind (z. B. Kursgewinne aus verkauften Beteiligungen).

Außerordentlicher Ertrag ergibt sich gelegentlich, zum Beispiel durch eine Schenkung oder als Erlös aus Verkauf von Anlagen über deren Buchwert.

Ein typisch **bewertungsbedingter Ertrag** entsteht durch ein Wiederaufleben von Werten. So ist nach dem Wertaufholungsgebot des § 280 HGB die Erhöhung eines Wertansatzes erforderlich, wenn die Gründe einer früheren, nach dem Niederstwertprinzip vorgenommenen Abwertung eines Vermögensgegenstandes entfallen. Auch Devisenkursgewinne aus Zahlungsmittelbeständen bilden bewertungsbedingten Ertrag. Dagegen dürfen Kursgewinne aus anderen Vermögensbeständen (Beteiligungen, Wertpapieren) nicht durch eine Höherbewertung berücksichtigt werden; sie würden zum Ausweis eines nicht realisierten Gewinnes führen.

Periodenfremder Ertrag ist ein Wertzuwachs, der eine andere Abrechnungsperiode betrifft. In der laufenden Abrechnungsperiode ist er dann in jedem Fall neutraler Ertrag, ob er nun der Sache nach Betriebsertrag wäre, ob er betriebsfremd, außerordentlich oder bewertungsbedingt neutraler Ertrag ist. Beispielsweise sind Steuern, die man für vergangene Geschäftsjahre zurückerhält, im Jahr der Rückzahlung neutraler Ertrag, schon weil er periodenfremd ist. Auch, um ein anderes Beispiel zu nennen, empfangene Anzahlungen für Leistungen, die erst im Folgejahr fällig werden, bilden einen periodenfremden, also neutralen Ertrag.

Zusammenfassend kann man sagen: Nur **leistungsbezogene Aufwände einer Periode sind Zweckaufwände**, die übrigen Aufwände werden als neutraler Aufwand bezeichnet; auf der anderen Seite bilden nur die **aus Betriebsleistungen stammenden Umsatzerlöse** einer Periode, korrigiert um Bestandsänderungen der Periode, **Betriebserträge**, alle übrigen Erträge sind neutrale Erträge.

Daraus ergeben sich folgende Beziehungen:

Summe der Aufwände einer Periode	Summe der Erträge einer Periode
− Neutrale Aufwände der Periode	− Neutrale Erträge der Periode
= Zweckaufwände der Periode	= Betriebserträge der Periode

Die Ertragsbegriffe soll ein Beispiel veranschaulichen:

Erlöse im Geschäftsjahr insgesamt		900.000 DM
davon Umsatzerlöse		800.000 DM
sonstige Erlöse		100.000 DM
Fertige Erzeugnisse		
Jahresanfangsbestand		90.000 DM
Jahresendbestand		60.000 DM
Bestandsänderung:		
Jahresendbestand		60.000 DM
−Jahresanfangsbestand		− 90.000 DM
		=− 30.000 DM
Betriebserträge:		
Umsatzerlöse		800.000 DM
∓Bestandsänderung		− 30.000 DM
		= 770.000 DM
Neutrale Erträge:		
Sonstige Erlöse		= 100.000 DM
Erträge insgesamt:		
Betriebsertrag		= 770.000 DM
+neutraler Ertrag		+100.000 DM
		= 870.000 DM

Da im Beispiel der Endbestand der fertigen Erzeugnisse niedriger ist als der Anfangsbestand, ist ein Teil des Umsatzerlöses mit der Leistung einer vorangegangenen Periode, in der der Bestandszuwachs schon den Ertrag erhöht hatte, erzielt worden. Deshalb ist nunmehr die Bestandsminderung von den Erlösen abzuziehen. Die Betriebserträge der letzten Abrechnungsperiode belaufen sich damit nur auf 770.000 DM.

Um zum **Ergebnis** zu kommen, müssen von den Erträgen jeweils die entsprechenden Aufwendungen abgezogen werden:

Betriebserträge	Neutrale Erträge	Summe der Erträge
− Zweckaufwände	− Neutrale Aufwände	− Summe der Aufwände
= Betriebsergebnis	= Neutrales Ergebnis	= Ergebnis
	= Abgrenzungsergebnis	= Gesamtergebnis

Die Abgrenzung der neutralen Aufwände erfolgt auf Konten oder in einer Abgrenzungstabelle vor der Weitergabe der Zweckaufwände an die Betriebsabrechnung. Desgleichen werden alle sonstigen Erlöse, die also keine Erlöse aus umgesetzten Leistungen sind, von der Betriebsergebnisrechnung abgegrenzt. Das Ergebnis aus der Gegenüberstellung der neutralen Erträge und der neutralen Aufwendungen wird deshalb auch Abgrenzungsergebnis genannt.

Betriebsergebnis und Abgrenzungsergebnis zusammen ergeben das Gesamtergebnis der Unternehmung.

6.3.2.2 Kosten und Leistung − die Grundbegriffe der Betriebsabrechnung

Anders als in der Geschäftsbuchhaltung geht es in der Betriebsabrechnung (Betriebsbuchhaltung) nur um die betriebsbedingten, dem eigentlichen Unternehmenszweck dienenden Vorgänge: um die **betriebliche Leistungserstellung** und deren **Kosten.**

Den größten Teil der Kosten, die **Grundkosten,** bildet der Zweckaufwand:

$$\text{Grundkosten} = \text{Zweckaufwand}$$

Um aber die Kosten der Leistungserstellung vollständig zu erfassen, müssen noch verschiedene kalkulatorische Kosten hinzugerechnet werden, die man zusammenfassend als **Zusatzkosten** bezeichnet. Wie man in der Geschäftsbuchführung mit dem Begriff Aufwendungen arbeitet und damit Zweckaufwendungen und neutrale Aufwendungen meint, arbeitet man in der Betriebsabrechnung mit dem Begriff Kosten und unterscheidet Grundkosten und Zusatzkosten.

Die Zusatzkosten entsprechen jedoch nicht den neutralen Aufwendungen. **Zusatzkosten** sind für eine vollständige, kontinuierliche und mit gleichartigen Betrieben inhaltlich vergleichbare Kostenrechnung erforderlich. Zum Teil dienen sie zum Ausgleich für **fehlende Aufwendungen,** zum Teil werden sie als statistisch ermittelter Durchschnitt **unregelmäßig anfallender** (außerordentlicher) Aufwendungen angesetzt, zum Teil unterscheiden sie sich von den Aufwendungen durch unterschiedliche **Bewertung.**

Die kalkulatorischen Kosten bewirken also nur in begrenztem Maße einen Ausgleich der unregelmäßig anfallenden neutralen Aufwendungen.

Man könnte nun meinen, daß die kalkulatorischen Kosten die Abstimmbarkeit der Rechnungskreise aufheben. Zwar ergeben das Betriebsergebnis und das Abgrenzungsergebnis zusammen das Gesamtergebnis, das zugleich als Saldo aus der Summe aller Erträge abzüglich der Summe aller Aufwendungen eines Geschäftsjahres entsteht; aber das einseitige Hinzufügen kalkulatorischer Kosten mindert das Betriebsergebnis, so daß sich durch die Addition von Betriebs- und Abgrenzungsergebnis nicht mehr der gleiche Betrag ergibt, der aus der Summe der Erträge abzüglich der Summe der Aufwendungen resultiert.

Das trifft jedoch nicht zu, denn auch die kalkulatorischen Beträge werden doppelt gebucht: Eine Erhöhung der verrechneten kalkulatorischen Kosten verschlechtert das Betriebsergebnis, um denselben Betrag aber verbessern „verrechnete kalkulatorische Kosten" das Abgrenzungsergebnis (also das neutrale Ergebnis). Die Summe, das Gesamtergebnis der Unternehmung, bleibt unbeeinflußt. Am Ende des Abschnittes 6.3.2.7, „Abstimmung der Rechnungskreise", wird dies an einem Zahlenbeispiel gezeigt.

Als kalkulatorische Kostenarten kommen vor allem die folgenden in Frage:
– Kalkulatorischer Unternehmerlohn bei Einzelunternehmungen und Personengesell-schaften,
– kalkulatorische Miete bei Nutzung von unternehmereigenen Räumen,
– kalkulatorische Abschreibungen,
– kalkulatorische Zinsen und
– kalkulatorische Wagnisse.
Ihre angemessene Höhe wird in Sonderrechnungen ermittelt.

Kalkulatorischer Unternehmerlohn: Einzelunternehmer und Personengesellschafter beziehen kein Gehalt, da man mit sich selbst keinen Anstellungsvertrag abschließen kann. Je nach dem Erfolg ihrer Unternehmung und ihren Minimalbedürfnissen leben sie von Privatentnahmen. Das ist vorweggenommene Gewinnverwendung. Gewinn kann nicht zugleich Kosten sein. Deshalb ist ein kalkulatorischer Unternehmerlohn in Höhe des durchschnittlichen Gehalts anzusetzen, das ein Angestellter bei gleichwertiger Tätigkeit im gleichen Geschäftszweig am gleichen Ort beanspruchen würde.

Kalkulatorische Miete: Sie ist anzusetzen für Räume, deren Unterhaltskosten nicht vom Unternehmen getragen werden, die es aber kostenlos nutzt. Die kalkulatorische Miete ist in der Höhe anzusetzen, wie sie für das Anmieten der Räume einem fremden Vermieter gezahlt werden müßte.

Kalkulatorische Abschreibungen: Sie entsprechen dem Wertverzehr der langfristig genutzten Betriebsmittel (Anlagen).

Bei gleichmäßiger Nutzung eines Betriebsmittels kann man von der Schätzung seiner Lebensdauer ausgehen, teilt, um den Substanzverzehr ersetzen zu können, seine (geschätzten) **Wiederbeschaffungskosten** abzüglich Schrottwert der verbrauchten Anlagen durch die Zahl der Nutzungsjahre und erhält so die jährlichen kalkulatorischen Abschreibungskosten.

Die Berechnung der kalkulatorischen Abschreibungen kann auch anders vorgenommen werden, etwa bezogen auf die produzierte Menge, wenn dadurch die Abschreibungskosten genauer dem Verursachungsprinzip folgen.

Die angestrebte Kontinuität der Kostenrechnung erfordert es, die kalkulatorische Abschreibung eines Betriebsmittels unverändert fortzuführen, wenn es länger als geschätzt genutzt wird. Es werden auch umgekehrt ausscheidende Restwerte vorzeitig unbrauchbar gewordener Betriebsmittel nicht in die Kosten eingerechnet. Sie belasten als neutraler, außerordentlicher Aufwand das neutrale Ergebnis der Geschäftsbuchführung. Da die Abschreibungskosten in der Regel der Höhe und der Verteilung nach von den Abschreibungen der Geschäftsbuchhaltung abweichen, werden in der Kostenrechnung grundsätzlich alle Abschreibungen als kalkulatorische Abschreibungen angesetzt.

Kalkulatorische Zinsen: Für die Bestimmung der kalkulatorischen Zinsen ist es unerheblich, wieviel Fremd- und Eigenkapital die Unternehmung insgesamt hat und wieviel Zinsen sie für Fremdkapital zahlt. Zunächst müssen die **betriebsnotwendigen Vermögenswerte** festgestellt werden, die zur Erfüllung des Betriebszweckes dienen.

Von diesen ist für das Anlagevermögen die Summe der Restwerte und für das Umlauf-vermögen der Mittelwert der Kapitalbindung zu errechnen. Auf das gebundene betriebsnotwendige Kapital (bnK) sind − gleichgültig ob es aus Fremd- oder Eigen-kapital stammt − kalkulatorische Zinskosten zu berechnen. Die Höhe des Zinssatzes bestimmt sich entweder nach dem landesüblichen Zinssatz, d. h. nach dem Zinssatz festverzinslicher Wertpapiere zuzüglich eines betrieblichen Risikozuschlages oder es wird ein besonderer, interner Kalkulationszinsfuß angewendet. Die Begründung für die Berechnung der Zinsen, ungeachtet der Kapitalquelle, ist, daß für geliehenes Fremd-kapital ein entsprechender Zins tatsächlich gezahlt werden muß und daß für investiertes Eigenkapital ein gleicher Zins, den man bei Kreditvergabe erhielte, verloren geht (Nutzentgang, relativer Verlust). Der einheitliche Ansatz kalkulatorischer Zinsen für das gesamte betriebsnotwendige Kapital entspricht kostenrechnerischen Grundsätzen.

Kalkulatorische Wagnisse sind Risiken, Verlustgefahren. Sie bestehen aus einer Reihe von Einzelwagnissen wie zum Beispiel:
− Ausschußwagnisse durch Materialfehler,
− Ausschußwagnisse durch Fertigungsfehler,
− Ausschußwagnisse durch Transportschäden,
− Beständewagnisse durch Diebstahl, Schwund, Veralten usw.,
− Forderungswagnisse durch uneinbringliche Forderungen,
− Gewährleistungswagnisse aus (gesetzlichen) Garantieverpflichtungen,
  freiwilligen Gewährleistungszusagen und Kulanz,
− Risiken in Werkstätten und an Gebäuden durch Wasser, Sturm,
  Blitzschlag oder Feuer,
− Risiken durch Maschinenbruch usw.

Die Wagnisverluste fallen unregelmäßig als neutraler, zumeist als außerordentlicher neutraler Aufwand an. Durch seine Unregelmäßigkeit kann dieser Aufwand nicht zu den Kosten gerechnet werden, zu deren Charakter eine gewisse Kontinuität gehört. Dennoch hängt dieser Aufwand mit der Leistungserstellung zusammen und muß zu Kosten gemacht werden. Man kann z. B. einige **Einzelwagnisse versichern** (Wasser-, Sturm-, Feuerschäden), so daß nicht mehr der Wertverlust des Einzelfalls zu Buche schlägt. Ihn bezahlt die Versicherung. Vielmehr werden nun regelmäßig Versicherungs-beiträge bezahlt. Sie haben Kostencharakter, sind unmittelbar Zweckaufwand und so-mit zugleich **Grundkosten**. Kalkulatorische Wagnisse entfallen dafür.

Bei anderen Wagnisarten muß man die unregelmäßigen **außerordentlichen Aufwände als kalkulatorische Kosten** erfaßbar machen. Z. B. ergibt die **Durchschnittsbildung** etwa aus den Garantieverpflichtungen, die man in den jeweils letzten fünf Jahren erfül-len mußte, einen durchschnittlichen Jahressatz. Diesen setzt man als kalkulatorische Wagniskosten für voraussichtliche Garantieleistungen im laufenden Abrechnungszeit-raum an. Verfeinert wird das Verfahren dadurch, daß man jeder verkauften Produktart einen aus der Erfahrung gewonnenen Prozentsatz der Selbstkosten kalkulatorisch für das Gewährleistungswagnis zurechnet.

Das **allgemeine Unternehmerwagnis,** bedingt durch die allgemeine Wirtschaftsent-wicklung, die Branchenentwicklung, Entscheidungsfehler oder höhere Gewalt, ist ein nicht berechenbares persönliches Risiko des Eigenkapitalgebers. Es wird nur **durch den Gewinn abgegolten** und ist daher **kein Kostenbestandteil.**

Der zweite Grundbegriff der Kosten- und Leistungsrechnung ist die **Leistung.** Leistung ist der Gegenbegriff zu Kosten. Sie entspricht demnach dem Wert der erzeugten Güter.

Solange eine Leistung noch nicht durch Umsatz mit Marktpreisen bewertet ist, wird sie nach dem Grundsatz der Vorsicht nur mit den zu ihrer Herstellung aufgewendeten Kosten, den **Herstellkosten,** bewertet. Das betrifft innerhalb des Betriebes die unfertigen Erzeugnisse, die fertigen Erzeugnisse und die innerbetrieblichen Leistungen (für Eigenbedarf). Der Wert der **umgesetzten Leistungen** ist dagegen gleich den **Umsatzerlösen.**

Leistungen stehen in ähnlicher Beziehung zu den in der Geschäftsbuchführung erfaßten Erträgen wie die Kosten zu den Aufwänden. **Der Wert der Leistungen einer Periode ist gleich den Betriebserträgen der Periode.**

Das Gesamtergebnis der Unternehmung wird buchhalterisch durch Abgrenzung des neutralen Aufwands und der neutralen Erträge in das neutrale Ergebnis (Abgrenzungsergebnis) und das Betriebsergebnis untergliedert.

Aufwand wurde definiert als Wert des Gutsverbrauchs, Ertrag als Wert der Gutsvermehrung. Die Abgrenzung neutraler Aufwände und neutraler Erträge läßt den Zweckaufwand und den Betriebsertrag übrig. Der Zweckaufwand ist der durch die Erfüllung des Betriebszweckes – die Leistungserstellung – bedingte Wert des Gutsverzehrs. Der Betriebsertrag ist der durch die Leistungserstellung erzielte Wert der Gutsmehrung.

Leistungserstellung zur Erfüllung des Betriebszweckes umfaßt neben der Durchführung des reinen Produktionsprozesses auch dessen Planung, das Beschaffungswesen, die Lagerhaltung, die Verwaltung und den Vertrieb.

Die Kosten der Leistungserstellung sind also nicht nur die Kosten des reinen Produktionsprozesses, sondern alle Kosten, die zur ordentlichen Erfüllung des Betriebszweckes erforderlich sind. Dazu gehören die Kosten des Pförtners, der Unternehmensleitung, der Abfallbeseitigung und der Luftreinhaltung ebenso wie die Arbeits-, die Werkstoff-, die Fremdleistungs-, die Betriebsmittel- und die kalkulatorischen Kosten.

6.3.2.3 System der Betriebsabrechnung

In jedem Betrieb ist die Betriebsabrechnung etwas anders aufgebaut. Das hängt ab von der Größe der Unternehmung, von ihrer organisatorischen Struktur, vom Leiter der Betriebsabrechnung (KLR), von den Anforderungen, die die Unternehmensleitung stellt, von den Erfahrungen, welche Daten man wirklich braucht und auf welche man verzichten kann, davon, ob man Computer einsetzt und in welchem Umfang usw.

Die folgende Darstellung muß anschaulich sein. Sie geht deshalb von einer manuellen Erstellung der Betriebsabrechnung aus, die ebenso mit Hilfe der Elektronischen Datenverarbeitung vorgenommen und dann nach Bedarf erweitert, untergliedert, zerlegt, auch kürzerfristig abgeschlossen und ausgewertet werden kann.

Die Beziehung zwischen Geschäftsbuchhaltung und Betriebsabrechnung kann unterschiedlich gestaltet sein:

Beim **Einkreissystem** bilden Geschäfts- und Betriebsbuchhaltung eine Einheit. Die Buchungen erfolgen in einem einheitlichen Kontensystem. Will man die Kosten differenzierter untersuchen, so ist eine Erweiterung mit Nebenbüchern zu den Sammelkonten erforderlich.

Beim **Zweikreissystem** bildet die Betriebsabrechnung einen selbständigen Buchungskreis, der über Übergangskonten oder Spielgeldbildkonten an die Geschäftsbuchhaltung angeschlossen ist.

Auf diese Weise entsteht Gestaltungsfreiheit innerhalb der Betriebsabrechnung. Sie wird heute in aller Regel nicht unübersichtlich auf Konten, sondern statistisch durchgeführt. Auf diese Form der Betriebsabrechnung wird hier näher eingegangen.

Von der Geschäftsbuchhaltung wird nur der Zweckaufwand als Grundkosten übernommen. In der Abgrenzungsrechnung werden die nach statistischen Ermittlungen errechneten kalkulatorischen Kosten hinzugefügt. Damit sind die Kosten gesondert und vollständig in der Betriebsabrechnung erfaßbar. Sie sind zunächst nur nach Kostenarten gruppiert.

Mit diesen Kosten ist nun nach Ziel und Zweck der Betriebsabrechnung zu verfahren.

Ein Ziel ist es, die Kosten der Erzeugnisse zu ermitteln, um zu wissen, mit welchen Produkten man Gewinn macht und mit welchen nicht. Das erfordert, den Erzeugnissen diejenigen Kosten zuzuordnen, die sie verursachen. Deshalb bestimmt das **Verursachungsprinzip** die Kostenzurechnung.

Alle Erzeugnisse sollen die durch ihre Herstellung bedingten Kosten tragen. Darüber hinaus müssen ihnen Kosten für Verwaltung und Vertrieb, unter Umständen auch Kosten für Forschung und Entwicklung zugerechnet werden.

Um das deutlich zu machen, heißen die Erzeugnisse in der Kostenrechnung **Kostenträger**.

Kosten, die nur durch die Herstellung einer einzelnen Produktart ausgelöst werden, nennt man **Einzelkosten**. Sie können dem Kostenträger direkt zugerechnet werden. Dazu gehören − Fertigungsmaterial,

                − Fertigungslohn,

                − Sondereinzelkosten der Fertigung sowie

                − Sondereinzelkosten des Vertriebes.

Sondereinzelkosten sind alle über das Fertigungsmaterial und den Fertigungslohn hinaus für den Fertigungsauftrag einzeln, also gesondert, erfaßbaren Kosten. In der Fertigung sind dies z. B. Werkzeugkosten für einen bestimmten Auftrag, Spezialwerkzeuge, Gieß- oder Spritzmodelle, auftragsweise zurechenbare Prüfkosten, Materialanalysekosten, Patent- und Lizenzkosten. Im Vertrieb gehören insbesondere Umsatzprovisionen für Vertreter, Sonderverpackung, z. B. für Übersee, Frachtkosten und Zölle dazu.

Andere Kosten sind durch mehr als eine Produktart gemeinsam bedingt. Sie heißen **Gemeinkosten** und müssen verschiedenartigen Kostenträgern **anteilig über Bezugsbasen zugerechnet** werden.

Die **Bezugsbasis** (z. B. Fertigungslohn, Fertigungsstunden, Maschinenlaufzeit oder Fertigungsmaterial) soll als Ursache der Gemeinkostenentstehung für die Gemeinkosten eine Brücke zu den Produkten bilden. Über die Bezugsbasis sollen die Produkte mit dem Gemeinkostenanteil belastet werden, der indirekt von den betreffenden Produkten verursacht wurde.

Die **Wahl der richtigen Bezugsbasis** entscheidet darüber, ob die Gemeinkosten den Produkten möglichst verursachungsgerecht zugeordnet werden oder ob eine verzerrte Kostenzuordnung erfolgt, die entsprechende Fehlentscheidungen und eine Fehlentwicklung der Unternehmung zur Folge hat.

Da alle Gemeinkosten in Büros oder Werkstätten der Unternehmung ihren Ursprung haben, werden diese Dienststellen als Orte der Kostenentstehung **Kostenstellen** genannt.

Als **Funktions- und Kostenverantwortungseinheiten** bieten sie die beste Möglichkeit zur verursachungsgerechten Zurechnung der in den Kostenstellen entstehenden Gemeinkosten. Die verschiedenen Kostenträger müssen anteilig die Gemeinkosten tragen, je nach den Anteilen, mit denen sie die Kostenstellen in Anspruch nehmen.

Die Betriebsabrechnung soll möglichst genau, aber dennoch nicht zu teuer sein. Deshalb muß man sie zur Erfüllung mehrerer Aufgaben geeignet machen:
1. zur aufgeschlüsselten Dokumentation der periodischen Istkosten,
2. zur Wirtschaftlichkeitskontrolle an den Stellen der Kostenentstehung, den Kostenstellen,
3. zur kurzfristigen Betriebsergebnisrechnung mit der Möglichkeit der Erfolgsquellenanalyse für Produktgruppen und Produktarten (kurzfristige Erfolgsrechnung),
4. zur Grundlage für die Ermittlung der Kosten der Erzeugniseinheit (Kalkulation).

Das System der Betriebsabrechnung kann durch den Begriff **Kostenarten-Kostenstellen-Kostenträgerrechnung** gekennzeichnet werden.

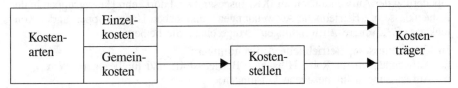

Abb. 29: Das Schema der Betriebsabrechnung

Die Betriebsabrechnung ist, wie die Geschäftsbuchführung, eine **Zeitraumrechnung.** Jedoch käme die Betriebsabrechnung zu spät, wenn sie erst am Geschäftsjahresende zur Verfügung stände. Die detaillierte Aufschreibung von Kosten und Leistungen würde wenig Nutzen bringen. In der Regel wird der Monat als Abrechnungszeitraum genommen. Wenige Tage danach muß die Kostenstellenrechnung vorliegen, damit bei Unwirtschaftlichkeiten noch Einfluß auf laufende Prozesse genommen werden kann.

Vierteljährlich ist eine Betriebsergebnisrechnung üblich. Diese „Kostenträgerzeitrechnung" wird in der Praxis zumeist **kurzfristige Erfolgsrechnung** genannt.

Die Betriebsabrechnung gehört zu den freiwilligen Teilen des Rechnungswesens. Die folgenden Ausführungen enthalten deshalb beispielhaft Darstellungen, die nicht in jedem Betrieb in gleicher Form wiederzufinden sind.

6.3.2.4 Kostenartenrechnung

Die Kostenartenrechnung steht am Anfang der Betriebsabrechnung.

Die Bezeichnungen der Kostenarten richten sich nach der Art der verbrauchten Güter: Arbeitslöhne, Hilfslöhne, Urlaubslöhne, Büromaterial, Stromverbrauch, Heizkosten, Schmiermittel, verschiedenste andere Materialarten, Reisekosten usw.

Um sie zu ordnen und zu gliedern, wird ein **Kostenartenverzeichnis** angelegt. Darin werden **zuerst Kostenartenhauptgruppen** vorgesehen.

Zum Beispiel kann man die folgenden fünf „natürlichen Kostengruppen" bilden:
1. Arbeitskosten,
2. Materialkosten,
3. Kapitalkosten,
4. Fremdleistungskosten,
5. Kosten der menschlichen Gesellschaft (Steuern, andere Abgaben, Spenden).

Im Gemeinschaftskontenrahmen der Industrie (GKR), sind in Kontenklasse 4 zehn Kostenartenhauptgruppen gebildet worden. Sie haben, kurz gefaßt, etwa folgenden Inhalt:

40 und 41 Stoffverbrauch,
42 Betriebsstoff- und Energiekosten,
43 Personalkosten,
44 Sozialkosten,
45 Instandhaltung und verschiedene Leistungen,
46 Steuern, Gebühren, Spenden, Beiträge, Versicherungen,
47 Mieten, Verkehrs-, Büro-, Werbe- und ähnliche Kosten,
48 Kalkulatorische Kosten und
49 Sondereinzelkosten und innerbetriebliche Verrechnungen.

Eine andere Gliederung der Kostenartenhauptgruppen ergibt sich bei Anlehnung an die Gliederung der Aufwendungen im IKR. Insgesamt sind dort zehn Hauptgruppen in der Kontenklasse 6, „Betriebliche Aufwendungen", und sieben Hauptgruppen in der Kontenklasse 7, „Weitere Aufwendungen", vorgesehen. Sie heißen:

In Kontenklasse 6, Betriebliche Aufwendungen:
60 Aufwendungen für Roh-, Hilfs- und Betriebsstoffe und für bezogene Ware,
61 Aufwendungen für bezogene Leistungen,
62 Löhne,
63 Gehälter,
64 Soziale Abgaben und Aufwendungen für Altersversorgung
   und für Unterstützung,
65 Abschreibungen,
66 Sonstige Personalaufwendungen
   (Einstellungen, Entlassungen, Ausgleichsabgaben usw.),
67 Aufwendungen für die Inanspruchnahme von Rechten und Diensten,
68 Aufwendungen für Kommunikation
   (Dokumentation, Informatik, Reisen, Werbung),
69 Aufwendungen für Beiträge und sonstiges sowie Wertkorrekturen
   und periodenfremde Aufwendungen.

In Kontenklasse 7, Weitere Aufwendungen:
70 Betriebliche Steuern,
71 bis 73 frei,
74 Abschreibungen auf Finanzanlagen und auf Wertpapiere des Umlaufvermögens
   und Verluste aus entsprechenden Abgängen,
75 Zinsen und ähnliche Aufwendungen,
76 Außerordentliche Aufwendungen,
77 Steuern vom Einkommen und vom Ertrag,
78 Sonstige Steuern und
79 Aufwendungen aus Gewinnabführungsvertrag.

Folgt man mit dem Kostenartenverzeichnis dieser für die Geschäftsbuchhaltung gedachten Gliederung der Aufwendungen, weil sich aus diesen durch Abgrenzung der neutralen Aufwendungen und Hinzufügen kalkulatorischer Kostenbeträge die Kosten für die Kosten- und Leistungsrechnung ergeben, dann kommt man zu einer entsprechenden Gliederung der **Kostenartenhauptgruppen.**

Untergliedert man die Hauptgruppen einstufig, so ergeben sich **Kostenartengruppen** wie die folgenden:

Kostenartenhauptgruppe 60, Roh-, Hilfs- und Betriebsstoffe und bezogene Waren:
Kostenartengruppen
600 Rohstoffe/Fertigungsmaterial
601 Vorprodukte/Fremdbauteile
602 Hilfsstoffe (= untergeordnete Bestandteile der Erzeugnisse; z. B. Schrauben, Unterlegscheiben, Muttern, Schweißdraht, Leim, Konservierungsstoffe)
603 Verbrauchswerkzeuge/Betriebsstoffe (= Brennstoffe, Schmiermittel, Büromaterial, Putz- und Pflegemittel usw.)
604 Verpackungsmaterial
605 Energie
606 Reparaturmaterial
607 Sonstiges Material
608 Waren
609 frei

Als weiteres Beispiel sei die Hauptgruppe „Löhne" genannt, die hier ebenfalls in Anlehnung an die Untergliederung der Aufwendungen im IKR in Kostenartengruppen gegliedert wird:

Kostenartenhauptgruppe 62, Löhne:
Kostenartengruppen
620 Löhne für geleistete Arbeitszeit
621 Löhne für andere Zeiten (Urlaub, Feiertag, Krankheit)
622 Sonstige tarifliche oder vertragliche Entgelte
623 Freiwillige Zuwendungen
624 frei
625 Sachbezüge
626 Vergütungen an gewerblich Auszubildende
627 bis 628 frei
629 Sonstige Zahlungen mit Lohncharakter

Die weitere Untergliederung der einzelnen Kostenartengruppen führt zu den **Kostenarten**. Ein frei gewähltes Gliederungsbeispiel ist das folgende:

Kostenartengruppe 621, Löhne für andere Zeiten:
Kostenarten
6210 Lohnfortzahlung im Krankheitsfall
6211 Urlaubslohn
6212 Feiertagslohn
6213 Betriebsratssitzung
6214 Betriebsversammlung
6215 Wartezeiten
6216 Ausfallzeiten
6217 Erste Hilfe/Feuerwehr
6218 Arzt- und Behördenbesuche
6219 frei

Die Gliederung des Kostenartenverzeichnisses ist betriebsindividuell vorzunehmen. Je differenzierter die Struktur und die Aufgaben eines Betriebes sind, desto mehr Kostenarten sind erforderlich. Wichtig ist die Eindeutigkeit der Benennung, damit die im Betrieb entstehenden Kosten auch eindeutig der zutreffenden Kostenart zugeordnet werden können. Pauschalkostenarten, wie „Sonstige...", oder mehrdeutige Kostenartenbezeichnungen machen das Bemühen um Wirtschaftlichkeitsverbesserung durch eine rationelle Kostenanalyse illusorisch.

Vielen Kostenarten ist nicht anzusehen, ob es Einzel- oder Gemeinkosten sind. Deshalb muß auf allen Verbrauchsbelegen, wie Lohnzetteln und Materialentnahmescheinen, genau angegeben werden, wofür die Kosten bestimmt sind.

Das geschieht durch richtige „Kontierung", d. h. Angabe der Auftragsnummer („des Kontos") auf den Belegen, dem Lohnzettel, dem Materialentnahmeschein, dem Unterauftrag oder dem Bestellschein. Entweder ist der Verbrauch für einen
– Fertigungsauftrag oder für einen
– Gemeinkostenauftrag einer Kostenstelle bestimmt.
Bei den **Fertigungsaufträgen** ist zwischen
– Kundenaufträgen,
– Lageraufträgen und
– Innenaufträgen
zu unterscheiden.

Fertigungsaufträge dürfen nur von den Personen erteilt werden, die von der Unternehmensleitung im Rahmen der Unternehmungsorganisation dazu ermächtigt wurden. Wird von einem Kunden ein Auftrag erteilt, der nicht vom Lager der fertigen Erzeugnisse beliefert werden kann, so würde ein Handelsbetrieb die Ware von einem Lieferanten beschaffen. Im Industriebetrieb erteilt das der Vertriebsabteilung zugehörige Auftragsbüro, das mit der geplanten Belegung der Fertigungskapazität vertraut ist, nach terminlicher Abstimmung mit dem Kunden und mit der Fertigungsplanung der Produktionsabteilung den Fertigungsauftrag. Es versieht diesen Auftrag mit einer Auftragsnummer aus einer besonderen Nummernserie, die ihn als Kundenauftrag kennzeichnet. Alle Einzelkostenbelege – für Fertigungsmaterialkosten, für Fertigungslohnkosten und gegebenenfalls für Sondereinzelkosten – sind mit dieser Auftragsnummer zu kontieren.

Es gibt aber auch **Lageraufträge**. Sie werden vom Vertrieb der Produktionsabteilung erteilt, um einen kleineren Kundenauftrag in der für die Fertigung optimalen Losgröße wirtschaftlich herstellbar zu machen, oder um ein Sortiment gängiger Produkte im Lager der fertigen Erzeugnisse greifbar zu haben. Ungeachtet des Anlasses sind Lageraufträge aus abrechnungstechnischen und Kontrollgründen mit einer Auftragsnummer aus einer besonderen Nummernserie zu versehen, die sie als Lageraufträge kennzeichnen.

Entsprechendes gilt für **Innenaufträge**. Sie dienen der Herstellung von Anlagen und Einrichtungen für den Eigenbedarf der Unternehmung und dürfen nur in Abstimmung mit der für die Planung der Bau- und Einrichtungsvorhaben (BuE-Vorhaben) verantwortlichen Dienststelle erteilt werden. Nur diese Dienststelle soll über die erforderliche Auftragsnummernserie verfügen, aus der die Nummer des BuE-Vorhabens ersichtlich sein muß.

Einen anderen Charakter haben **Gemeinkostenaufträge**. Sie werden in der Regel von den Kostenstellenleitern erteilt, um dadurch die Aufgabenerfüllung ihrer Dienststelle im Rahmen der gegebenen Organisation zu gewährleisten.

In diesen Fällen ist vom Veranlasser in das Auftragsnummernfeld des Beleges, sei es ein Lohnschein, ein Materialentnahmeschein oder ein Bestellzettel, die Kostenstellennummer des veranlassenden Kostenstellenleiters und die zutreffende Kostenart einzusetzen, die dem Kostenartenverzeichnis des Betriebes zu entnehmen ist.

Der Beleg ist die Grundlage der Kostenzurechnung. Der Grundsatz: Keine Buchung ohne Beleg, erfordert aus der Sicht des Werkstattmeisters den weiteren Grundsatz: **Keine Arbeit ohne Auftragsnummer,** denn ohne Auftragsnummer kann ihm weder Material ausgehändigt werden, weil es nicht verbucht werden kann, noch kann Lohn abgerechnet werden, solange offen ist, welche Auftragsnummer, das heißt bei Gemeinkosten auch, welche Kostenart damit zu belasten ist.

Beispielsweise müssen auf einem Materialentnahmeschein angegeben sein:

die benötigte Materialart,

die benötigte Materialmenge,

die Kontierung je nach dem Grund des Verbrauchs,

das Datum und

die Kostenstellennummer und Unterschrift des Veranlassers.

Der Kostenstellenleiter muß alle von ihm veranlaßten Kosten vertreten. Über die Gemeinkosten anderer Kostenstellen wachen deren Kostenstellenleiter. Die Istkosten von Fertigungsaufträgen werden von der Kalkulation überwacht.

Auf Lohnzetteln muß auch dann die Kostenstellennummer der leistenden Stelle vermerkt werden, wenn es sich um Fertigungslohn (Einzelkosten für einen Fertigungsauftrag) handelt, falls der Fertigungslohn die statistische Bezugsbasis für die Zurechnung der Gemeinkosten der leistenden Kostenstelle auf die Kostenträger ist.

Der gesamte Aufwand einer Abrechnungsperiode, in welcher Kostenstelle und wofür auch immer er entstanden ist, wird in der Geschäftsbuchhaltung an Hand der kontierten Belege erfaßt. Durch die Kontierung der Belege ausgewiesene Einzelkosten werden getrennt nach Fertigungsmaterial und Fertigungslohn gebucht. Die Kontierung der Belege ermöglicht die Zuordnung zu den Fertigungsaufträgen, so daß es monatlich oder bei Bedarf möglich ist, durch eine Zwischenaddition die aufgelaufenen Einzelkosten auftragsweise festzustellen.

Die übrigen Kosten finden entsprechend der Kontierung der Belege auf Grund der darin enthaltenen Kostenartennummern ihren Niederschlag auf den verschiedensten Aufwandskonten.

Der Aufwand der Periode wird ohne die neutralen Aufwendungen an die Betriebsabrechnung zur Verwendung in ihrem gesonderten Rechnungskreis weitergegeben. Die neutralen Aufwände sind damit von der Kosten- und Leistungsrechnung „abgegrenzt". Den Grundkosten, wie der weitergegebene Teil der Aufwendungen der Periode nun heißt, werden in der Betriebsabrechnung die Beträge der kalkulatorischen Kosten (Kalkulatorische Abschreibungen, kalkulatorische Zinsen usw.) rechnerisch hinzugefügt.

Mit der Möglichkeit, für Einzel- und Gemeinkosten artenweise periodisch Zwischensummen zu bilden, ist die Kostenartenrechnung abgeschlossen, es schließt sich die Kostenstellenrechnung an.

6.3.2.5 Kostenstellenrechnung (BAB)

Der Mittelteil der Betriebsabrechnung ist die Kostenstellenrechnung.

Alle Dienststellen einer Unternehmung sind Kostenstellen oder gehören zu einer Kostenstelle (Büros, Werkstätten, Labors usw.). Eine Kostenstelle ist als Funktionseinheit zugleich eine Kostenverantwortungseinheit.

Wie es ein Kostenartenverzeichnis gibt, das die Kostenarten des Betriebes gruppiert und mit Nummern versehen ausweist, gibt es ein **Kostenstellenverzeichnis**. Darin sind die Kostenstellen nach Funktionsbereichen gegliedert und systematisch numeriert.

Als **Funktionsbereiche** kommen z. B. im Industriebetrieb in Betracht:

– **Allgemeiner Bereich**

Dieser stellt seine Leistungen allen anderen Kostenstellen zur Verfügung. Er umfaßt z. B. Grundstücks- und Gebäudeverwaltung, Wasser-, Strom-, Gas-, Dampfversorgung, Heizung, Werkschutz und Sozialeinrichtungen.

– **Materialbereich**

Seine Dienststellen beschaffen das Material zur Leistungserstellung. Dazu rechnen: Einkauf, Warenannahme und -prüfung, Materialverwaltung, -lager und -ausgabe.

– **Fertigungsbereich**

Hier erfolgt die Leistungserstellung, teils durch **Fertigungshilfsstellen** (wie z. B. Fertigungsplanung (Fepla) und Arbeitsvorbereitung (Avo), evtl. Zwischenlager für Material und Werkzeuge) und vor allem durch die **Fertigungshauptstellen** (Werkstätten).

– **Forschungs- und Entwicklungsbereich**

In Großbetrieben sind die Forschung und Entwicklung (F. u. E.) oft in einem selbständigen Bereich zusammengefaßt. Er dient zur ständigen Aktualisierung der technischen Leistungsfähigkeit und umfaßt, je nach Branche, Forschungs- und Entwicklungslabors, Konstruktionsbüros, Musterbauwerkstatt und Prüffelder oder dergleichen.

– **Verwaltungsbereich**

Dieser wird oft Kaufmännischer Bereich genannt. Er umfaßt vielfältige Verwaltungsaufgaben wie Kaufmännische Leitung, Rechnungswesen, Personalverwaltung, Organisation. Ihm sind unter anderem die Rechtsabteilung, die Steuerabteilung, das Übersetzerbüro und die Poststelle zuzurechnen.

– **Vertriebsbereich**

Dem Vertriebsbereich obliegt der Absatz der erstellten Leistungen. Dazu gehören Marktforschung, Werbung, Verkauf, Rechnungs- und Versandpapiererstellung, Verwaltung des Fertigfabrikatelagers, Versand und Kundendienst.

Beispiel für ein Kostenstellenverzeichnis:

0   Allgemeiner Bereich
000 Kostenstelle Grundstücke und Gebäude
001 Kostenstelle Wasser
002 Kostenstelle Dampferzeugung
003 Kostenstelle Stromerzeugung
004 Sozialeinrichtungen
005 Werkschutz

1   Materialbereich
100 Einkaufsabteilung
101 Materialannahme
102 Materialprüfstelle
103 Materiallager

2 Fertigungsbereich
20 Fertigungshilfsstellen
200 Technische Leitung
201 Konstruktionsbüro (es gehört hier zum Fertigungsbereich,
da kein F. u. E.-Bereich existiert)
202 Fertigungsplanung
203 Arbeitsvorbereitung
204 Revision
205 Maschinenwartung
21 Fertigungshauptstellen
210 Stanzerei
211 Blechnerei
212 Dreherei
213 Fräserei
214 Bohrerei
215 Gestellbau
216 Leitungsbau
:
:
219 Endmontage
3 Verwaltungsbereich
300 Kaufmännische Leitung
301 Geschäftsbuchhaltung
302 Betriebsabrechnung
303 Kalkulation
304 Personalbüro
305 Telefonzentrale
306 Fahrdienst
4 Vertriebsbereich
400 Fertigfabrikatelager
401 Verkaufsbüro
402 Versandbüro
403 Expedition
409 Werbebüro

Für die Durchführung der Betriebsabrechnung wird heute die tabellarische Form angewendet. Der Bogen, der zugleich Arbeits- und Darstellungsblatt ist, wird als **Betriebsabrechnungsbogen** (BAB) bezeichnet. Er enthält die Kostenstellenrechnung und läßt sich sinnfällig der Unternehmensstruktur anpassen. Auch wenn er bei EDV-Anwendung in Teile zerlegt wird, liegt ihm doch das hier dargestellte System zugrunde.

Im Kopf des Bogens stehen nebeneinander die **Kostenstellen,** gruppiert nach Funktionsbereichen.

In der Vorspalte des BAB werden untereinander die **Kostenarten** und daneben die dazugehörigen, von der Geschäftsbuchhaltung als Grundkosten übernommenen Beträge der Gemeinkosten (GK) des Abrechnungszeitraumes aufgeführt. In der Betriebsabrechnung werden zur Vereinfachung nur volle DM-Beträge eingesetzt. Die minimalen Rundungsdifferenzen nimmt man in Kauf.

Als weitere Kostenarten kommen die **kalkulatorischen Kostenarten** mit ihren statistisch ermittelten Beträgen hinzu. Ihre Gegenbuchung erfolgt in der Abgrenzungsrechnung, die zwischen der Geschäftsbuchführung und der Betriebsabrechnung liegt. Das verdeutlicht die Abgrenzungstabelle in Abschnitt 6.3.2.7, „Abstimmung der Rechnungskreise".

Im BAB, Seite 164 f., ist vor den Summenbeträgen der Kostenarten für jede Kostenart die Zurechnungsgrundlage für die Verteilung der Summe auf die Kostenstellen angegeben (Spalte 3 des BAB). Hier sind zu unterscheiden: vom Kostenstellenleiter **veranlaßte Gemeinkosten** und **Schlüsselgemeinkosten.**

Veranlaßte Gemeinkosten werden nach den von den Kostenstellenleitern kontierten und unterschriebenen **Belegen** ihren Kostenstellen zugerechnet. Bei der Wirtschaftlichkeitskontrolle sind dies die wichtigsten Gemeinkosten, denn sie sind durch die Kostenstellenleiter beeinflußbar.

Nicht selten werden die veranlaßten Stellengemeinkosten als Stelleneinzelkosten bezeichnet, weil sie direkt der einzelnen Stelle zurechenbar sind. Bei der Addition der Stellengemeinkosten werden sie jedoch wieder Gemeinkosten genannt. In der naturgemäß kostenträgerbezogenen Betriebsabrechnung ist dieser Begriffsdualismus eher irreführend und sollte vermieden werden.

Schlüsselgemeinkosten werden nicht im Einzelfall vom Kostenstellenleiter veranlaßt. Sie fallen regelmäßig für mehrere Kostenstellen gemeinsam an und müssen nach Verteilungsschlüsseln den Kostenstellen belastet werden. Es sind z. T. Kosten allgemeiner Leistungen (z. B. Heizkosten), z. T. sind es kalkulatorische Kosten. Sie sind nicht durch Entscheidungen des Kostenstellenleiters unmittelbar beeinflußbar.

Zu den Schlüsselgemeinkosten gehört z. B. die kalkulatorische Miete. Sie kann nach den von den Kostenstellen genutzten m² zugerechnet werden. Wo ein Schlüssel dem Verursachungsprinzip nicht gerecht wird, sollte ein besserer gewählt oder zumindest in Abständen gemessen werden oder es sollten geteilte Schlüssel verwendet werden. Ein Beispiel: Die Wasserkosten werden den Kostenstellen anteilig nach der Kopfzahl der dort Beschäftigten belastet. In vielen Betrieben berücksichtigt das nicht den sehr unterschiedlichen, fertigungstechnisch bedingten Wasserverbrauch mancher Werkstätten (z. B. Galvanik). Installiert man in den Fertigungshauptstellen Wassermesser, so kann der größte Teil des Wasserverbrauchs nach Messung zugerechnet werden; für den verbleibenden Rest ist die Schlüsselung nach Köpfen in der Regel ausreichend genau.

Ist die Zurechnung auf die Kostenstellen erfolgt, dann ergibt die Addition dieser **primären Gemeinkosten** jeder Stelle die Zahlen der Zeile 14 im dargestellten BAB. Die Queraddition dieser Zeile ergibt, wie die Addition der Spalte 4, die Summe aller Stellengemeinkosten des Abrechnungszeitraumes.

Der nächste Schritt ist die **Verrechnung innerbetrieblicher Leistungen,** d. h. der Leistungen einer Kostenstelle für andere Kostenstellen.

Dafür gibt es verschiedene Verfahren. Hier werden die beiden Varianten des **Kostenstellenumlageverfahrens** dargestellt:
– das Stufenverfahren (auch Treppenverfahren genannt) und
– das Blockkostenverfahren.

Das **Stufenverfahren** wird für die **Umlage der Allgemeinen Kostenstellen** benutzt. Es hat leider zur Folge, daß **keine wechselseitigen Leistungen zwischen den Allgemeinen Kostenstellen verrechnet** werden, sondern nur Leistungen in einer Richtung.

Deshalb müssen im BAB die Allgemeinen Kostenstellen von vornherein in der hauptsächlichen Leistungsreihenfolge angeordnet werden. Verbleibende Verrechnungsungenauigkeiten wirken sich im Resultat kaum aus, so daß man sie in Kauf nimmt. Die Verteilungsschlüssel sind in den Zeilen 15 bis 17 des Beispiels in Spalte 3 angegeben. Nach der Umlage ist der Bereich Allgemeine Kostenstellen entlastet. Seine Gemeinkosten sind als **sekundäre Gemeinkosten den übrigen Kostenstellen zugeordnet.** Die Queraddition der Zeile 19 des BAB ergibt wieder die Gesamtsumme aller Gemeinkosten des Abrechnungszeitraumes.

Mit dem etwas einfacheren **Blockkostenverfahren** werden die **Kosten der Fertigungshilfsstellen den Fertigungshauptstellen zugerechnet.** Die Kosten einer Fertigungshilfsstelle nach der anderen werden − ohne Kostenverrechnung zwischen Hilfsstellen − „im Block" auf die Fertigungshauptstellen umgelegt (im Beispiel aus der Zeile 19, entsprechend Spalte 3, Zeilen 20 bis 22). Die Gemeinkosten der Hilfskostenstelle Arbeitsvorbereitung werden nach der Kopfzahl der in den Werkstätten Beschäftigten umgelegt. Für die Hilfskostenstellen Konstruktionsbüro und Technische Leitung werden die Gesamtkosten der Werkstätten − Stellengemeinkosten + Fertigungslöhne − als Bezugsbasis für die Umlage der Gemeinkosten angesehen. Die Fertigungslöhne allein (statistisch für jede Kostenstelle notiert) wären nicht repräsentativ als Ursache für den Kostenaufwand in den beiden Hilfskostenstellen, denn gerade eine aufwendige Fertigung kann mit wenig Fertigungslohn erfolgen.

Der Unterschied zwischen dem Stufenverfahren und dem Blockkostenverfahren ist im BAB-Beispiel erkennbar.

Nunmehr steht für jede Kostenstelle die Summe der Gemeinkosten fest, die den Kostenträgern, für die sie tätig war, zugerechnet werden müssen. Die Frage ist wiederum, welches die dem Verursachungsprinzip am besten entsprechende Bezugsbasis für die Zurechnung der Gemeinkosten auf die verschiedenen Kostenträger ist. Die Antwort ist für jeden Kostenstellenbereich eine andere.

Für die **Gemeinkosten des Materialbereichs** wird das Fertigungsmaterial (Materialeinzelkosten) als beste Zuschlagsbasis angesehen. Die im Abrechnungszeitraum erfaßten Gemeinkosten des Materialbereichs werden als prozentualer Zuschlag auf das im Abrechnungszeitraum verbrauchte (dem Lager entnommene) Fertigungsmaterial errechnet. In dem Maße, in dem ein Kostenträger Fertigungsmaterial benötigt, werden ihm anteilig auch die Gemeinkosten des Materialbereichs zugerechnet. Als Zuschlagsatz wird im Beispiel ein „Normalzuschlagsatz" verwendet, der als Durchschnitt aus Vorjahren und erwarteter Entwicklung gebildet wird (siehe Zeile d im BAB). Durch Anwendung des Normalgemeinkostenzuschlagsatzes auf das Fertigungsmaterial ergeben sich die **Materialkosten** des Monats:

Fertigungsmaterial + Materialgemeinkostenzuschlag = Materialkosten

Weichen die monatlich anfallenden Ist-Gemeinkosten von den Gemeinkosten ab, die mit dem festen Normalzuschlagsatz im Laufe des Monats auf die Kostenträger verrechnet wurden, dann ergibt sich jeweils eine Über- oder Unterdeckung der Stellengemeinkosten. (Im Beispiel Zeile 26.)

Für die **Gemeinkosten der Fertigungshauptstellen** werden die Fertigungslöhne (Lohneinzelkosten) als beste Bezugsbasis betrachtet. Dies wird damit begründet, daß alle Gemeinkosten nur aufgewendet werden, soweit sie notwendig sind, die Fertigung durchzuführen. Die Fertigung, ausgedrückt durch den Fertigungslohn, bringt die Gemeinkosten mit sich.

Betriebsabrechnungsbogen (BAB)

Nr.	Text	Zurechnungsgrundlagen zur Verteilung von Sp. 4 auf die Kostenstellen	Zahlen der Buchhaltg. in vollen DM	0 Allgemeiner Bereich			
	Kostenstellen ► Kostenarten ▼			000 Grundstück und Gebäude	003 Stromerzeugung	004 Sozialeinr.	Ber. 0 Se.
1	2	3	4	5	6	7	8
1	6020 Hilfsstoffe	Entnahmescheine	24.387	–	–	–	–
2	6031 Betriebsstoffe/Büromaterial	Entnahmescheine	10.220	–	3.210	230	3.440
3	6032 Verbrauchswerkzeuge	Entnahmescheine	8.211	37	12	28	77
4	6050 Fremdstrom	Rechnungen	21.312	–	21.312	–	21.312
5	6060 Reparaturmaterial	Rechnungen	7.062	2.320	108	–	2.428
6	6210 Gemeinkostenlöhne	Hilfslohnscheine	180.412	1.320	1.094	3.866	6.280
7	6300 Gehälter	Gehaltsliste	94.310	1.980	–	2.410	4.390
8	6400 Sozialkosten zu Lö. + Geh.	% auf Lö. + Geh.	219.777	2.640	875	5.021	8.536
9	6730 Miete an Fremde	m² belegte Fläche	2.195	–	50	1.000	1.050
10	6800 Reise- u. Repräsentationskosten	Abrechnungsbelege	6.018	–	–	–	–
11	6905 Kostensteuern	Bemessungsgrundlage der Steuer	27.410	1.817	–	712	2.529
12	6993 Kalkul. Abschreibungen	Anlagenkartei	75.880	534	1.814	3.096	5.444
13	6994 Kalkul. Zinsen	Betriebnotw. Kap.	10.625	255	500	5	760
14	Summe Primäre Gemeinkosten	Zeilen 1 – 13	687.819	10.903	28.975	16.368	56.246
15	Umlage Kostenstelle 000, Grundstück und Gebäude	m² belegte Fläche	(Hier Stufenverfahren)		477	872	
16	Umlage Kostenstelle 003, Stromerzeugung	Gemessene kWh			29.452	860	
17	Umlage Kostenstelle 004, Sozialeinrichtungen	Kopfzahl				18.100	
18	Summe Sekundäre GK aus Allgem. Bereich	Zeilen 15 – 17		–	–	–	
19	Summe GK nach Umlage d. Allgem. Bereichs	Zeilen 14 + 18	687.819				
20	Umlage Kostenstelle 202, Arbeitsvorbereitung	Kopfzahl	(Hier Blockkostenverfahren)				
21	Umlage Kostenstelle 201, Konstruktionsbüro	Zeile 19 + Zeile b					
22	Umlage Kostenstelle 200, Technische Leitung	Zeile 19 + Zeile b					
23	Summe Sekundäre GK aus Hilfsstellen	Zeilen 20 – 22					
24	Summe Gemeinkosten zur Weiterverr.	Zeilen 19 + 23	687.819				

Weiterverrechnung der GK auf die Kostenträger:

Nr.	Text	Zurechnungsgrundlagen	Zahlen
a	Zuschlagsbasis Fertigungsmaterial	lt. Mat.-Belegen	949.311
b	Zuschlagsbasis Fertigungslohn	lt. Lohnbelegen	285.283
c	Zuschlagsbasis Verrechn. Herstellkosten	Zeil. a + b + 25 Sp. 11 u. 20	1.761.569
d	Normalzuschlagsätze	Ø aus Vorjahren	
25	Verrechnete Gemeinkosten	Zeilen a, b, c · Zeile d	685.516
26	Überdeckung (+), Unterdeckung (–)	Zeile 25 – Zeile 24	– 2.303

Abb. 30: BAB mit Verrechnung der Gemeinkosten nach Normalzuschlagsätzen und Ausweis von Über- und Unterdeckungen

Monat _____ 19 ____

1 Material-bereich			2 Fertigungsbereich									3 Verwaltungs-bereich					4 Vertriebs-bereich		
			Fert.-Hilfsstellen				Fert.-Hauptstellen												
100	103	Ber. 1	200	201	203	Fert.-Hilfs-St.	210	214	215	216	Fert.-Haupt-St.	300	301	302	304	Ber. 3	401	402	Ber. 4
Einkaufs-abteilung	Material-lager	Se.	Techn. Leitung	Konstruktions-büro	Arbeits-vorbereitung	Se.	Stanzerei	Bohrerei	Gestellbau	Leitungsbau	Se.	Kaufm. Leitung	Geschäfts-buchhaltung	Betriebs-buchhaltung	Personal-büro	Se.	Verkaufs-büro	Versand	Se.
9	10	11	12	13	14	15	16	17	18	19	20	21	22	23	24	25	26	27	28
–	–	–	–	–	–	–	242	3.916	13.417	6.812	24.387	–	–	–	–	–	–	–	–
1.200	135	1.335	106	112	169	387	811	751	415	333	2.310	74	144	129	53	400	109	2.239	2.348
–	–	–	–	–	–	–	2.807	1.746	3.111	470	8.134	–	–	–	–	–	–	–	–
–	–	–	–	–	–	–	–	–	–	–	–	–	–	–	–	–	–	–	–
–	–	–	–	–	–	–	1.212	98	1.208	2.109	4.627	–	–	–	–	–	–	7	7
1.327	10.085	11.412	1.520	2.586	3.412	7.518	16.120	34.381	43.563	37.216	131.280	1.470	2.690	2.002	3.438	9.600	2.308	12.014	14.322
3.719	–	3.719	9.312	9.515	11.040	29.867	2.100	2.150	2.900	2.950	10.100	9.411	10.209	9.977	6.220	35.817	7.667	2.750	10.417
4.037	8.068	12.105	8.666	9.681	11.561	29.908	14.576	29.225	37.170	32.133	113.104	8.705	10.319	9.583	7.726	36.333	7.980	11.811	19.791
–	510	510	–	–	–	–	–	–	–	–	–	50	–	–	–	50	–	585	585
–	–	–	362	–	–	362	–	–	–	120	120	2.725	–	–	–	2.725	2.811	–	2.811
410	705	1.115	872	963	1.164	2.999	1.458	2.935	3.718	3.114	11.225	2.466	815	912	670	4.863	663	4.016	4.679
674	2.744	3.418	689	1.020	1.412	3.121	21.312	17.280	12.820	8.222	59.634	463	818	694	612	2.587	602	1.074	1.676
480	2.000	2.480	455	580	620	1.655	590	650	1.270	760	3.270	700	350	285	260	1.595	465	400	865
11.847	24.247	36.094	21.982	24.457	29.378	75.817	61.228	93.132	119.592	94.239	368.191	26.064	25.345	23.582	18.979	93.970	22.605	34.896	57.501
417	2.178	2.595	395	503	538	1.436	512	564	1.102	660	2.838	651	304	247	225	1.427	403	855	1.258
330	1.700	2.030	369	520	417	1.306	7.312	6.897	6.310	2.374	22.893	564	268	217	203	1.252	345	766	1.111
1.600	400	2.000	400	800	1.200	2.400	1.800	3.600	2.600	2.100	10.100	500	600	700	500	2.300	700	600	1.300
2.347	4.278	6.625	1.164	1.823	2.155	5.142	9.624	11.061	10.012	5.134	35.831	1.715	1.172	1.164	928	4.979	1.448	2.221	3.669
14.194	28.525	42.719	23.146	26.280	31.533	80.959	70.852	104.193	129.604	99.373	404.022	27.779	26.517	24.746	19.907	98.949	24.053	37.117	61.170
							5.620	11.240	8.117	6.556	31.533								
							4.468	7.726	8.015	6.071	26.280								
							3.935	6.805	7.060	5.346	23.146								
							14.023	25.771	23.192	17.973	80.959								
14.194	28.525	42.719					84.875	129.964	152.796	117.346	484.981	27.779	26.517	24.746	19.907	98.949	24.053	37.117	61.170

	10	11					16	17	18	19	20					25			28
	949.311																		
							46.370	98.550	80.513	59.850									
																1.761.569			1.761.569
	4,5 %						180 %	130 %	190 %	200 %						5,5 %			3,5 %
	42.719						83.466	128.115	152.975	119.700	484.256					96.886			61.655
	± 0						– 1.409	– 1.849	+ 179	+ 2.354	– 725					– 2.063			+ 485

165

Aus den Lohnbelegen wird statistisch der Fertigungslohn jeder Kostenstelle ermittelt. Bei Buchung des Fertigungslohnes auf den Fertigungsauftrag wird zugleich der Fertigungslohn nach leistenden Stellen notiert. Die monatliche Addition ergibt kostenstellenweise die geleisteten Fertigungslöhne der Abrechnungsperiode. Sie werden in den Kostenstellenspalten der Fertigungshauptstellen als Bezugsbasen für die Gemeinkosten notiert (Zeile b der Abbildung).

Mit demselben Anteil, mit dem ein Kostenträger Fertigungslohn in Anspruch genommen hat, werden ihm auch die Stellengemeinkosten der betreffenden Fertigungsstelle zugerechnet. Durch Anwendung des Normalgemeinkostenzuschlagsatzes für Fertigungsgemeinkosten auf die Lohneinzelkosten ergeben sich die **Fertigungskosten** des Monats

Fertigungslohn + Fertigungsgemeinkostenzuschlag = Fertigungskosten.

Je mehr der Fertigungslohn durch maschinenintensive Fertigung verdrängt wird, desto zweckmäßiger wird als Zuschlagsbasis statt des Fertigungslohnes die Arbeitszeit der maschinellen Anlage.

Wenn die Unternehmung das Ziel höchster Rentabilität hat, muß sie als Ganzes ein möglichst wirtschaftlicher Organismus sein.

Deshalb geht die Kostenrechnung davon aus, daß die **Verwaltungsgemeinkosten** für die Leistungserstellung notwendig sind. Gleiches gilt für den **Vertriebsbereich.** Für die Zurechnung der Verwaltungs- und der Vertriebsgemeinkosten auf die Kostenträger muß aber eine möglichst breite Zuschlagsbasis als Bezugsgröße gefunden werden.

Als breiteste Zuschlagsbasis bieten sich die **Herstellkosten** der Erzeugnisse an. Sie ergeben sich aus der Addition der Materialkosten und der Fertigungskosten:

Materialkosten + Fertigungskosten = Herstellkosten

Nur in kleinen Betrieben werden beide Bereiche zum **V.-und-V.-Bereich** (Verwaltungs- und Vertriebsbereich) zusammengefaßt mit einem einheitlichen Zuschlagsatz auf die Herstellkosten.

Die abrechnungstechnische Trennung von Verwaltungs- und Vertriebsbereich (im Beispiel Spalten 25 und 28) ergibt jedoch durch unterschiedliche Gemeinkosten in beiden Bereichen unterschiedliche Zuschlagsätze und ermöglicht eine bessere Kontrolle der Kostenentwicklung.

Auch hier werden Normalgemeinkostenzuschlagsätze gebildet. Die Herstellkosten zuzüglich der Verwaltungs- und der Vertriebsgemeinkostenzuschläge ergeben die **Selbstkosten** der in der Abrechnungsperiode erzeugten Leistungen:

Herstellkosten (HK)
+ Verwaltungsgemeinkostenzuschlag auf Herstellkosten
+ Vertriebsgemeinkostenzuschlag auf Herstellkosten

= Selbstkosten der erzeugten Leistungen

Den **Ablauf der Kostenstellenrechnung im Betriebsabrechnungsbogen** kann man wie folgt zusammenfassen:

1. Zuerst werden die Gemeinkostenbeträge je Kostenart von der Buchhaltung übernommen und zuzüglich der kalkulatorischen Gemeinkosten in die Summenspalte des BAB eingetragen.
2. Kostenartenweise werden die Gemeinkosten nach Belegen oder Schlüsseln auf die Kostenstellen verteilt.

3. Die Summenbildung ergibt die primären Gemeinkosten je Kostenstelle.

4. Werden durch Umlage der Allgemeinen Kostenstellen deren Leistungen allen empfangenden Kostenstellen als sekundäre Gemeinkosten zugerechnet. Der Allgemeine Bereich ist danach entlastet.

5. Erneute Summenbildung ergibt wieder die Gesamt-GK der Abrechnungsperiode.

6. Die Kosten der Fertigungshilfsstellen werden zur Verrechnung ihrer innerbetrieblichen Leistungen auf die Fertigungshauptstellen umgelegt (ebenfalls sekundäre GK). Im Fertigungsbereich sind erneut die Endsummen zu bilden. Die Fertigungshilfsstellen sind entlastet.

7. Zuschlagsätze sind für den Materialbereich, für die einzelnen (!) Fertigungshauptstellen, für den Verwaltungs- und für den Vertriebsbereich getrennt anzuwenden.

8. Kostenstellen- bzw. bereichsweise sind für den Abrechnungszeitraum die Gemeinkostenüber- und -unterdeckungen zu ermitteln.

Der **Betriebsabrechnungsbogen,** der mit den aufgelaufenen Zahlen des Geschäftsjahres monatlich erstellt wird, zeigt die Gesamtübersicht über alle Gemeinkosten des Abrechnungszeitraumes nach Kostenstellen und nach Kostenstellenbereichen.

In seinem Auswertungsteil, der heute zumeist durch Auswertung mit Hilfe von EDV-Programmen ersetzt wird, kann die Gemeinkostenentwicklung im Abrechnungszeitraum beurteilt werden, besonders durch den Vergleich der Ist-Gemeinkosten mit den nach Normal- oder Planzuschlagsätzen tatsächlich weiterverrechneten Gemeinkosten.

Zwischen den im Laufe des Monats verrechneten Gemeinkosten und den am Monatsende ermittelten Ist-Gemeinkosten ergibt sich in der Regel eine Differenz. Sind weniger Gemeinkosten tatsächlich entstanden, so ergibt sich durch die effektiv erfolgte höhere Gemeinkostenverrechnung mit Normal- oder Planzuschlagsätzen eine „Gemeinkostenüberdeckung". Sie kommt dem Betriebsergebnis zugute. Sind die Ist-Gemeinkosten höher ausgefallen als die verrechneten, dann hat der Abrechnungszeitraum eine „Unterdeckung" erbracht. Ein Gemeinkostenrest wurde nicht auf die Kostenträger verrechnet. Er belastet das Betriebsergebnis.

Betriebsabrechnungsbögen können sehr unterschiedlich gestaltet werden. Außer zur Kontrolle der Gemeinkosten dienen sie als Grundlage für die Kalkulation der Erzeugniskosten (Herstellkosten, Selbstkosten).

Der BAB ermöglicht darüber hinaus bei entsprechender Aufgliederung der einzelnen Spalten kostenstellenweise Soll/Ist-Vergleiche je Kostenart und eine Analyse, in welchen Kostenstellen sich die Relation von Gemeinkosten zu Einzelkosten bzw. in Verwaltung und Vertrieb von Gemeinkosten zu Herstellkosten verändert.

6.3.2.6 Kostenträgerzeitrechnung (Kurzfristige Erfolgsrechnung)

Führt man den oben dargestellten BAB weiter, indem man die Zurechnung der Gemeinkosten auf die Kostenträger (Produktarten oder Produktgruppen) vornimmt, dann ergibt sich folgende, vor der Anwendung von Computern als BAB II bezeichnete Übersicht. Sie zeigt die unterschiedliche Kosteninanspruchnahme durch die Kostenträger in den verschiedenen Kostenstellen.

Betriebsabrechnungsbogen II (BAB II) in DM   Monat _____ 19____

1	Groß-sender	Klein-sender	Bahnfunk	Summe Sender (Sp. 2−4)	Video-geräte	Steuer-uhren	Summe Geräte (Sp. 6+7)	Summe Betrieb (Sp. 5+8)
	2	3	4	5	6	7	8	9
Fertigungsmaterial	140.011	210.050	180.150	530.211	190.000	229.100	419.100	949.311
M – GK 4,5 %	6.300	9.452	8.107	23.859	8.550	10.310	18.860	42.719
Materialkosten	146.311	219.502	188.257	554.070	198.550	239.410	437.960	992.030
Stanzerei Fertigungslohn	6.300	10.070	11.700	28.070	6.100	12.200	18.300	46.370
F – GK 180 %	11.340	18.126	21.060	50.526	10.980	21.960	32.940	83.466
Bohrerei Fertigungslohn	8.200	14.320	24.760	47.280	21.500	29.770	51.270	98.550
F – GK 130 %	10.660	18.616	32.188	61.464	27.950	38.701	66.651	128.115
Gestellbau Fertigungslohn	19.410	12.809	18.291	50.510	17.505	12.498	30.003	80.513
F – GK 190 %	36.879	24.337	34.753	95.969	33.260	23.746	57.006	152.975
Leitungsbau Fertigungslohn	8.050	12.800	14.090	34.940	9.750	15.160	24.910	59.850
F – GK 200 %	16.100	25.600	28.180	69.880	19.500	30.320	49.820	119.700
Fertigungskosten	116.939	136.678	185.022	438.639	146.545	184.355	330.900	769.539
Herstellkosten	263.250	356.180	373.279	992.709	345.095	423.765	768.860	1'761.569
Verwaltungsgemeinkosten 5,5 % v. HK	14.479	19.590	20.530	54.599	18.980	23.307	42.287	96.886
Vertriebsgemeinkosten 3,5 % v. HK	9.214	12.466	13.065	34.745	12.078	14.832	26.910	61.655
Selbstkosten	286.943	388.236	406.874	1'082.053	376.153	461.904	838.057	1'920.110

Abb. 31: BAB II

Die Verteilung der Gemeinkostensumme einer Kostenstelle auf die Produktarten (oder Produktgruppen) erfolgt mit dem Zuschlagsatz der Kostenstelle auf eine Zuschlagsbasis, die repräsentativ für die Leistung der Kostenstelle ist. Zuschlagsbasen sind im Beispiel im Materialbereich das in der Abrechnungsperiode verbrauchte Einzelkostenmaterial, im Fertigungsbereich die in der Periode aufgewendeten Fertigungslöhne, in den übrigen Bereichen die Herstellkosten der Abrechnungsperiode.

Die Betriebsabrechnung als Kostenarten-, Kostenstellen-, Kostenträgerrechnung findet für einen Abrechnungszeitraum ihren Abschluß in der **Betriebsergebnisrechnung** (auch kurzfristige Erfolgsrechnung genannt). Sie ist die eigentliche Kostenträgerzeitrechnung mit dem Ausweis aller Kosten − der Einzel- und Gemeinkosten − eines Abrechnungszeitraumes für die Kostenträger, die in diesem Zeitraum gefertigt wurden, und der Gegenüberstellung der Kosten und der Leistungen, so daß das Betriebsergebnis ermittelt wird. Somit ist die Betriebsabrechnung nicht nur eine Kosten-, sondern eine Kosten- und Leistungsrechnung, eine Betriebsergebnisrechnung.

Auf welchem Wege die Betriebsabrechnung ihre Kosten von der Geschäftsbuchhaltung bekommt und am Ende der Betriebsabrechnung ihre Zahlen an die Buchhaltung abgibt, zeigt die Systemdarstellung in Abb. 32.

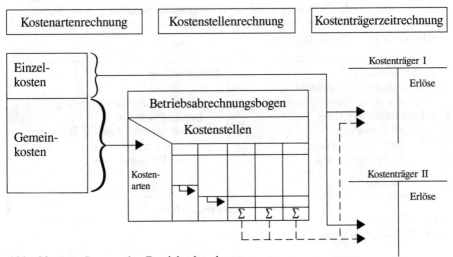

Abb. 32: Das System der Betriebsabrechnung

Die Geschäftsbuchführung mit ihrer jährlichen Abschlußrechnung kann die zur Unternehmenssteuerung kurzfristig erforderlichen Informationen nicht liefern. Das Betriebsergebnis als Resultat der Gegenüberstellung von Kosten und Leistungen wird dagegen in der Regel vierteljährlich ermittelt. Zwei Verfahren kommen dafür in Betracht: das **Gesamtkostenverfahren** und das **Umsatzkostenverfahren.**

Beim **Gesamtkostenverfahren** werden den Gesamtkosten der Abrechnungsperiode (Einzel- und Gemeinkosten) die Betriebserträge der Periode (Umsatzerlöse ± Bestandsänderung) gegenübergestellt.

Das Verfahren setzt voraus, daß entsprechend kurzfristig die Bestandsänderungen der fertigen und unfertigen Erzeugnisse sowie der aus Innenleistungen für Eigenbedarf entstandenen Bestände ermittelt werden. Notfalls müssen die Bestandsänderungen geschätzt werden, was allerdings eine entsprechende Ungenauigkeit des Betriebsergebnisses zur Folge hat. Hier bringt die computertechnische Lagerbuchführung die Möglichkeit, jederzeit (on line) die aktuelle Bestandssituation zu erfassen und ohne sehr großen Aufwand die Bestandsänderung zu ermitteln.

Das Gesamtkostenverfahren ist wenig aussagefähig für eine Erfolgsanalyse nach Produktarten oder Produktgruppen. Es bedarf einer detaillierten Ergänzung durch Berichte, um als Entscheidungsgrundlage auszureichen. Es eignet sich am ehesten für kleine und mittlere Unternehmen mit wenigen Fertigungsstufen und einfachem Produktionsprogramm. Seine Stärke ist die zusammenfassende kostenartenweise Darstellung der Kosten der Abrechnungsperiode.

Das **Umsatzkostenverfahren** läßt die Bestandsänderungen außer acht. Es stellt nur den Umsatzerlösen der Abrechnungsperiode die Selbstkosten der umgesetzten Leistungen (die nach der Kalkulation auf sie entfallen) gegenüber. Daraus ergibt sich das Betriebsergebnis als **Umsatzergebnis des Abrechnungszeitraumes.**

Umsatzerlöse und Selbstkosten der umgesetzten Erzeugnisse lassen sich nach Produktarten gliedern. Das ermöglicht die kurzfristige Analyse, welche Produktarten am meisten zum Erfolg beigetragen haben **(Erfolgsquellenanalyse).** Die Stärke des Umsatzkostenverfahrens besteht in der Möglichkeit der Erfolgsquellenanalyse nach Produktarten oder Produktgruppen.

Kostensumme	Umsatzerlöse
(Einzel- und Gemeinkosten)	
der Abrechnungsperiode	der Abrechnungsperiode
+ **Bestandsminderung**	+ **Bestandmehrung**
an Halbfertig-	an Innenleistungen, Halbfertig-
und Fertigfabrikaten	und Fertigfabrikaten
zu Herstellkosten	zu Herstellkosten
Summe	Summe
Saldo = Betriebsergebnis	

Abb. 33: Gesamtkostenverfahren

Selbstkosten	Umsatzerlöse
der in der Abrechnungsperiode	der in der Abrechnungsperiode
umgesetzten Erzeugnisse	umgesetzten Erzeugnisse
gegliedert	gegliedert
nach Produktarten	nach Produktarten
Summe	Summe
Saldo = Umsatzergebnis	

Abb. 34: Umsatzkostenverfahren

6.3.2.7 Abstimmung der Rechnungskreise

Die beiden Rechnungskreise, die Geschäftsbuchführung und die Betriebsabrechnung, sind über die Abgrenzungsrechnung verbunden. Die Abgrenzungsrechnung kann auf Konten oder in einer Tabelle vorgenommen werden. Die Tabelle bietet die bessere Übersicht. (Siehe Abb. 35.)

Sie zeigt, daß die Betriebsabrechnung nur Zweckaufwand von der Geschäftsbuchführung übernimmt. In der Abgrenzungsrechnung werden die erforderlichen kalkulatorischen Kosten hinzugefügt, so daß sich die Kosten der Abrechnungsperiode aus Grundkosten und Zusatzkosten ergeben. Die neutralen Aufwendungen werden in der Abgrenzungsrechnung ausgewiesen.

Auf der Ertragsseite gibt es ebenfalls Posten, die die Betriebsabrechnung nicht berühren, die neutralen Erträge. Zu ihnen gehören auch die „verrechneten kalkulatorischen Kosten" als Gegenbuchung zu den kalkulatorischen Kosten in der Betriebsabrechnung. Die neutralen Erträge verbleiben, wie die neutralen Aufwendungen, in der Abgrenzungsrechnung.

Lediglich die Bestandsänderung, die durch die Geschäftsbuchführung ermittelt wird, steht auf der Leistungsseite in direkter Beziehung zur Betriebsabrechnung, in der es keine Bestandskonten gibt. Die Bestandsänderung bildet zusammen mit den Umsatzerlösen die Leistung der Periode, die Betriebserträge. Zieht man davon die Kosten des Abrechnungszeitraumes ab, so kommt man zum Betriebsergebnis.

Das Betriebsergebnis und das neutrale Ergebnis bilden bekanntlich zusammen das in der Geschäftsbuchführung ermittelte Gesamtergebnis der G-und-V-Rechnung.

Nimmt man die Kostenrechnung nicht mit Istpreisen, sondern mit internen Verrechnungspreisen (Normalpreisen oder Planpreisen) vor, dann ist neben der Abgrenzung der neutralen Aufwände und Erträge eine zweite Abgrenzungsrechnung für kostenrechnerische Korrekturen einzufügen (siehe Abb. 35). In dieser werden die von außen kommenden Preisschwankungen abgefangen.

Normalpreise sind Durchschnittspreise, die für die interne Materialverrechnung für ein Jahr oder länger unverändert angewendet werden, um von Marktpreisschwankungen in der Kostenrechnung unabhängig zu sein und diese dadurch zu vereinfachen. Entsprechendes gilt für **Planpreise.** Während Normalpreise nach Erfahrungen, eventuell auch unter Berücksichtigung erwarteter Veränderungen, lediglich als Durchschnittspreise gebildet werden, sind an Planpreise höhere Anforderungen zu stellen. Als interner Wirtschaftlichkeitsmaßstab sollen sie längerfristig die von außen einwirkenden Einkaufspreisschwankungen von der Betriebsabrechnung fernhalten.

Bei Anwendung derartiger **interner Verrechnungspreise** bleibt die Betriebsabrechnung in ihren Ist-Kosten von Preisschwankungen unberührt. Die ausgewiesenen Ist-Abweichungen vom Soll zeigen dann nur Mengenabweichungen an und können dadurch leichter analysiert werden. Sie enthalten nur noch Abweichungen durch Unwirtschaftlichkeiten bei der Leistungserstellung und durch Beschäftigungsabweichungen. Daneben lassen sich die in der Abgrenzungsrechnung als kostenrechnerische Korrekturen isolierten Preisabweichungen ebenfalls leichter analysieren.

Die Abbildung 35 zeigt eine erweiterte Abgrenzungsrechnung, wie sie bei Anwendung interner Verrechnungspreise erforderlich ist. Neben den unternehmensbezogenen Abgrenzungen (Neutrale Aufwendungen und Neutrale Erträge) ist eine Spalte „Kostenrechnerische Korrekturen" eingefügt. In dieser werden die Zugänge zu Einkaufspreisen als Zweckaufwand erfaßt. Der Verbrauch wird dagegen dem Betrieb zu festen

„Internen Verrechnungspreisen" in Rechnung gestellt. Außerdem werden hier andere, die Kostenrechnung störende Schwankungen des Aufwandes abgegrenzt und dadurch deutlich gemacht. Im Beispiel betrifft das die Urlaubslöhne, die unregelmäßig anfallen, aber in die Kostenrechnung als monatlich gleichmäßige Durchschnittsbeträge übernommen werden, sowie Abschreibungen auf Anlagen und Zinsaufwendungen.

Die kostenrechnerisch begründeten Abgrenzungen bilden in ihrer Summe das „Ergebnis aus kostenrechnerischen Abgrenzungen". Die Kosten- und Leistungsrechnung des Betriebes ist von Preis- und anderen nicht leistungsbedingten Schwankungen frei. Das erleichtert die Kontrolle der innerbetrieblich verursachten Verbrauchsschwankungen.

In Abb. 35 sind die Kostenarten 500 bis 530 Betriebsleistungen.

Die Kostenarten 540 bis 571 sind neutrale Erträge, die Kostenarten 695 bis 699 neutraler Aufwand. Sie sind nicht durch die Betriebsleistung bedingt.

Kostenart 600 enthält Stoffkosten (Einzel- und Gemeinkosten), die mit Normal- oder Planpreisen, jedenfalls mit internen Verrechnungspreisen in die Kostenrechnung eingehen (hier insgesamt 125.700 DM). Der tatsächlich angefallene höhere Betrag (131.400 DM) ergibt sich aus Marktpreisschwankungen. Die Preisdifferenzen gegenüber den internen Verrechnungspreisen werden abgegrenzt.

Die Kostenarten 616, 620, 630, 640 und 690 sind Grundkosten. Kostenart 621 enthält in einem urlaubsschwachen Monat wenig Urlaubslöhne. Um zufallsbedingte Schwankungen zu vermeiden, wird als Kosten ein kalkulatorischer Jahresdurchschnittsbetrag angesetzt.

Kostenart 652 enthält bilanzielle Abschreibungen. In die Kostenrechnung geht ein kalkulatorisch angemessener Betrag ein.

Kalkulatorischer Unternehmerlohn (in Einzelunternehmungen und Personengesellschaften) und nicht versicherte kalkulatorische Wagnisse sind als Kosten anzusetzen und bedürfen einer Gegenbuchung als verrechnete Kosten.

Konto Nr.	Benennung	Rechnungskreis I — Geschäftsbuchführung G- und V-Rechnung — Aufwendungen	Erträge	Rechnungskreis II — Abgrenzungsrechnung — Unternehmensbezogene Abgrenzungen — Neutrale Aufwendungen	Neutrale Erträge	Kostenrechnerische Korrekturen — Zweckaufwand lt. Geschäftsbuchführung	Verrechnete Kosten	Kosten- u. Leistungsrechnung, Betriebsergebnisrechnung — Kosten	Leistungen
500	Umsatzerlöse		938.000,–						938.000,–
520	Mehrbestand an Erzeugnissen		23.100,–						23.100,–
530	Andere aktivierte Eigenleistungen		36.700,–						36.700,–
540	Erträge aus Vermietung und Verpachtung		6.100,–		6.100,–				
546	Erträge aus Anlagenverkauf		53.700,–		53.700,–				
548	Erträge aus Auflösung von Rückstellungen		24.100,–		24.100,–				
560	Erträge aus Wertpapieren		8.900,–		8.900,–				
571	Zinserträge		13.410,–		13.410,–				
600	Aufwendungen für Roh-, Hilfs-, Betriebsstoffe	131.400,–				131.400,–	125.700,–	125.700,–	
616	Fremdinstandhaltung	22.100,–						22.100,–	
620	Arbeits-Zeitlöhne	174.300,–						174.300,–	
621	Urlaubslöhne	38.700,–				38.700,–	45.100,–	45.100,–	
630	Gehälter	117.500,–						117.500,–	
640	Soziale Abgaben	56.100,–						56.100,–	
652	Abschreibungen auf Anlagen	85.100,–				85.100,–	82.000,–	82.000,–	
690	Versicherungsbeiträge für Wagnisse	19.400,–						19.400,–	
695	Abschreibungen auf Forderungen	16.800,–		16.800,–					
696	Verluste aus Anlagen	8.700,–		8.700,–					
699	Periodenfremde Aufwendungen	7.250,–		7.250,–					
700	Betriebliche Steuern	21.400,–						21.400,–	
751	Zinsaufwendungen	2.180,–				2.180,–	17.500,–	17.500,–	
Zusatzkosten	Kalkulator. Unternehmerlohn						56.000,–	56.000,–	
	Kalkulator. Wagnisse						16.500,–	16.500,–	
	Salden	700.930,– / 403.080,–	1.104.010,–	32.750,– / 73.460,–	106.210,–	257.380,– / 85.420,–	342.800,–	753.600,– / 244.200,–	997.800,–
		1.104.010,–	1.104.010,–	106.210,–	106.210,–	342.800,–	342.800,–	997.800,–	997.800,–

Ergebnis der Unternehmung 403.080,– DM =
Ergebnis aus neutralen Geschäftsvorfällen 73.460,– +
Ergebnis aus kostenrechn. Abgrenzungen 85.420,– DM +
Betriebsergebnis 244.200,– DM

Abb. 35: Beispiel einer Abgrenzungsrechnung zwischen Geschäftsbuchführung und Betriebsabrechnung mit unternehmensbezogenen Abgrenzungen und kostenrechnerischen Korrekturen

6.3.3 Kalkulation

6.3.3.1 Einführung

Der Betriebsabrechnung als Kostenträgerzeitrechnung schließt sich die **Kostenträger-stückrechnung,** die Kalkulation, an; allgemeiner gesagt, da nicht alle Produktarten nach Stückzahl bemessen werden, die Einheitskostenrechnung zur Ermittlung der Herstellkosten und der Selbstkosten der Erzeugniseinheiten. Gleichbedeutend mit dem Begriff Erzeugniseinheit werden die Begriffe Produkteinheit, Leistungseinheit und Kostenträgereinheit angewendet.

Obgleich die Mengeneinheiten, in denen die erzeugten Kostenträgermengen in der Industrie gemessen werden, nicht immer Stückzahlen, sondern oft Gewichtseinheiten (z.B. t) oder Raummaße (hl, m³ o.a.) sind, hat es sich durchgesetzt, bei der Darstellung des Rechnungswesens die Kalkulation als Kostenträgerstückrechnung zu bezeichnen, um die Aufgabe der Kalkulation und den Unterschied zur Kostenträgerzeitrechnung zu verdeutlichen.

Die Kalkulation befaßt sich mit der Ermittlung von Selbstkosten der Erzeugniseinheit oder Teilen davon. Teile einer Erzeugniseinheit sind z.B. Zwischenerzeugnisse, unfertige Erzeugnisse, Montageleistungen. Teile von Selbstkosten sind z.B. die Herstellkosten.

Die Zusammensetzung der Selbstkosten zeigt das folgende Schema:

	1.	Fertigungsmaterialkosten
	2.	+ Materialgemeinkosten
A		= **Materialkosten**
	3.	Fertigungslohnkosten
	4.	+ Fertigungsgemeinkosten
	5.	+ Sondereinzelkosten der Fertigung
B		= **Fertigungskosten**
C = A + B		= **Herstellkosten**
	6.	+ Forschungs- und Entwicklungsgemeinkosten
	7.	+ Verwaltungsgemeinkosten
	8.	+ Vertriebsgemeinkosten
	9.	+ Sondereinzelkosten des Vertriebes
D		= **Selbstkosten**

Abb. 36: Zusammensetzung der Selbstkosten

Selbstkosten enthalten über die Herstellkosten der Erzeugnisse hinaus Forschungs- und Entwicklungsgemeinkosten, soweit diese dem Fertigungsprogramm insgesamt dienen (wie Grundlagenforschung und -entwicklung). Dienen **Forschung und Entwicklung** unmittelbar der Herstellung von Erzeugnissen (Entwicklungsfertigung), so muß der entsprechende Bereich oder Anteil den Herstellkosten zugerechnet werden.

Fertigungsmaterialkosten (Materialeinzelkosten) entstehen durch Einsatz von Fertigungsmaterial (Einzelkostenmaterial), das direkt in das Erzeugnis eingeht. Der Materialentnahmeschein erhält als Kontierung die Fertigungsauftragsnummer. Mit der Ausgabe aus dem Lager gilt der Verbrauch zu Lasten des Kostenträgers als eingetreten.

Die **Materialgemeinkosten** sind durch den Zuschlagsprozentsatz bestimmt, durch dessen Anwendung auf die Fertigungsmaterialkosten die Kostenstellengemeinkosten des Materialbereichs auf die Fertigungsaufträge verrechnet werden.

Der Begriff **Materialkosten** umfaßt immer die Materialeinzelkosten und die Materialgemeinkosten.

Fertigungslohnkosten (Lohneinzelkosten) entstehen bei der Be- oder Verarbeitung des Fertigungsmaterials, also bei der Arbeit am Erzeugnis. Der Lohnschein erhält als Kontierung die Fertigungsauftragsnummer. Der Fertigungslohn wird zu Lasten des Fertigungsauftrages und damit auf den Kostenträger gebucht. In der leistenden Kostenstelle wird er nur statistisch erfaßt.

Die **Fertigungsgemeinkosten** sind durch den Zuschlagsprozentsatz bestimmt, durch dessen Anwendung auf die Fertigungslohnkosten die primären und sekundären Kostenstellengemeinkosten jeder einzelnen Fertigungshauptstelle auf die Fertigungsaufträge verrechnet werden.

Wird statt der Fertigungslöhne eine andere Zuschlagsbasis, etwa Maschinenstunden, für die Gemeinkostenverrechnung verwendet, so ist das Abrechnungssystem entsprechend anzuwenden.

Über die Materialeinzelkosten und die Lohneinzelkosten hinaus als Einzelkosten eines Auftrages erfaßbare Kosten heißen Sondereinzelkosten (SEK). Bei den **Sondereinzelkosten der Fertigung** kann es sich z.B. um Patent- und Lizenzkosten, Spezial- und Hilfswerkzeuge, auftragsbezogene Materialprüfungen, Abnahmekosten, kurz um alle den Auftrag betreffenden, einzeln erfaßbaren Sonderkosten handeln. Entsprechendes gilt für die **Sondereinzelkosten des Vertriebes.** Da die Vertriebskosten als Vertriebsgemeinkosten mit einem Zuschlagsatz auf die Herstellkosten verrechnet werden, kommen als Sondereinzelkosten des Vertriebes keine Kosten in Betracht, die bereits im Gemeinkostenzuschlag enthalten sind. Zu den Sondereinzelkosten des Vertriebes gehören in der Regel Vertreterprovision, einzeln erfaßte Verpackungskosten, Versandkosten und Zölle.

Einige Stoff- und Lohnkosten könnten mit gewissem Aufwand als Einzelkosten erfaßt werden. Zum Beispiel könnte ein Werkstattmeister für Fertigungsaufträge jeweils die Minuten aufschreiben, die er speziell für diese Fertigungsaufträge tätig ist. Auch die Hilfsstoffe könnte man genau nach Gramm, nach einzelnen Schrauben, Unterlegscheiben usw. je Auftrag erfassen. In aller Regel ist der Aufwand dafür im Verhältnis zur Verbesserung der Erkenntnisse so groß, daß man solche Einzelkosten als Gemeinkosten erfaßt und mit dem Gemeinkostenzuschlagsatz auf die Kostenträger verrechnet. Im Gegensatz zu den **echten Gemeinkosten,** die nur gemeinsam für mehr als einen Kostenträger anfallen und nicht einzeln erfaßt werden können, werden Einzelkosten, die im Interesse einer rationellen Kostenrechnung als Gemeinkosten behandelt werden, **unechte Gemeinkosten** genannt.

Der Begriff **Fertigungskosten** umfaßt immer Fertigungseinzel- und Fertigungsgemeinkosten, manchmal zusätzlich Sondereinzelkosten der Fertigung, unter Umständen auch Kosten einer Entwicklungsfertigung.

Materialkosten und Fertigungskosten zusammen ergeben die **Herstellkosten**. Die **Selbstkosten** der erstellten Leistungen ergeben sich erst, wenn den Herstellkosten alle übrigen Gemeinkosten der Unternehmung, die nicht in den Herstellkosten enthalten sind, hinzugerechnet werden.

6.3.3.2 Vor- und Nachkalkulation – ihre Unterschiede

Die **Vorkalkulation** wird vor der Leistungserstellung durchgeführt. Sie ist eine Vorschaurechnung, basiert aber großenteils auf Vergangenheitswerten und muß nach realistischen Zukunftserwartungen korrigiert werden.

Mit der Vorkalkulation ermittelt man die Einzelkosten nach den Fertigungsunterlagen und die Gemeinkosten aus der Kenntnis der bisherigen Produktions-, Verwaltungs- und Vertriebsgemeinkostenzuschlagsätze der Betriebsabrechnung. Die Vorkalkulation dient in der Regel als eine Grundlage der Angebotspreisbildung auf der Grundlage von **Wiederbeschaffungskosten**.

Materialeinzelkosten (Fertigungsmaterial) und weitgehend auch Lohneinzelkosten (Fertigungslohn) können der Menge nach aus Fertigungsunterlagen (Stücklisten, Rezepturen, Mengenaufbaurechnungen bzw. Zeitvorgaben, Arbeitszeitaufschreibungen u.ä.) objektiv entnommen werden.

Als Gemeinkostenzuschlagsätze können die Normal- oder Planzuschlagsätze der Betriebsabrechnung verwendet werden. Bei unverändertem Prozentsatz auf höhere Wiederbeschaffungspreise ergibt sich von selbst eine meist realistische Erhöhung des kalkulierten Gemeinkostenumfangs. Unbedacht schematisches Kalkulieren ist jedoch nicht angebracht.

Die Kostenbewertung mit Wiederbeschaffungspreisen erscheint zunächst überraschend. Würde man jedoch bei steigenden Preisen für die Vorkalkulation die früheren, niedrigeren Anschaffungskosten ansetzen, dann würde man im Vergleich zum erzielbaren Preis einen hohen Stückgewinn errechnen. Bei der Wiederbeschaffung der verbrauchten Stoffe würde man aber bemerken, daß der erzielte Preis möglicherweise nicht zur Wiederbeschaffung ausreicht. Um Steuern aus dem erzielten „Gewinn" zu zahlen, muß man vielleicht sogar Substanz verkaufen. Hätte man mit Wiederbeschaffungspreisen kalkuliert, dann hätte man zumindest gewußt, wo man im Hinblick auf die Fortführung der Unternehmung mit seinen Kosten im Vergleich zum erzielbaren Preis liegt. Auch bei sinkenden Preisen sind in der Vorkalkulation Wiederbeschaffungspreise anzusetzen. Es wäre Selbstbetrug anzunehmen, daß jemand einen höheren Preis zahlt, weil die eingesetzten Stoffe einst teurer waren. Außerdem ist die Substanzerhaltung bei sinkenden Wiederbeschaffungspreisen tatsächlich ohne Ansatz der früheren hohen Preise möglich und drittens würde man sich vom Markt ausschließen, wenn man sich höhere Kosten ausrechnete, als sie auch von der Konkurrenz kalkuliert werden.

Die Vorkalkulation ist aber zugleich eine viel weiterreichende **Entscheidungsgrundlage**. Liegen die Kosten über vergleichbaren Marktpreisen, dann gibt die Kalkulation Anlaß zu neuen Dispositionen wie

– Rationalisierung,
– Produktdifferenzierung oder
– Herausnahme dieses Produktes aus dem Produktionsprogramm.

Rationalisierung kann durch Materialmengeneinsparung, Materialqualitätseinsparung (es ist kein Edelstahl notwendig, wo Kunststoff ausreicht), konstruktive Vereinfachung, Verfahrensrationalisierung und bessere Ausnutzung der vorhandenen Kapazität vorgenommen werden.

Produktdifferenzierung erreicht man, indem man dem Produkt eine besondere Eigenart in Form, Farbe, Gebrauchseigenschaften, Bedienungsfreundlichkeit, verständlicher Beschriftung o.a. gibt, was es ermöglicht, einen höheren Preis zu erzielen.

Die **Nachkalkulation** dient der Kontrolle der Istkosten und − zukunftsgerichtet − der Korrektur der Kalkulationsunterlagen im Hinblick auf eine später eventuell erneut erforderliche Vorkalkulation.

Für die Nachkalkulation werden die Kosten nachträglich nach den Istkosten mit Hilfe der Betriebsabrechnung ermittelt. Zur Erhöhung der Wirtschaftlichkeit der bereits durchgeführten Fertigung kommt diese Kontrollrechnung zu spät. Die Nachkalkulation hat andere Aufgaben:

− Es gibt Aufträge, bei denen Marktpreise nicht vorliegen und deshalb **Behelfspreise auf Grund von Selbstkosten** errechnet werden, z.B. für öffentliche Auftraggeber. Die Nachkalkulation zu Istkosten ist dann Abrechnungsgrundlage. Hierfür sind die LSP, die »Leitsätze für die Preisermittlung auf Grund von Selbstkosten« (Anlage zur Verordnung über die Preise bei öffentlichen Aufträgen) vom 21. 11. 1953 maßgeblich.

− Die Nachkalkulation soll **Abweichungen von der Vorkalkulation** ermitteln, Abweichungsursachen analysieren und, wenn nötig, die Kalkulationsunterlagen für die nächste Vorkalkulation aktualisieren. Durch ein einheitliches Kalkulationsschema für Vor- und Nachkalkulation werden Quellen der Abweichung eingegrenzt. Bei Aufklärungsbedarf dienen Buchungsbelege zur Abweichungsanalyse.

Abweichungen gegenüber der Vorkalkulation können sowohl aus Preisabweichungen als auch aus Mengenabweichungen bestehen. Werden die verbrauchten Mengen mit internen Verrechnungspreisen (Normalkosten oder Plankosten) bewertet, dann sind Abweichungen der so abgerechneten Istkostenmengen nur Mengenabweichungen.

Bei sehr langer, manchmal jahrelanger Produktionsdauer, wie sie bei Großanlagen (Kraftwerke, Staudämme, Stahlwerksbau) oder im Schiffbau vorkommt, kann die **Zwischenkalkulation** und mehr noch die **Mitkalkulation** unter Berücksichtigung der für die Teilleistung schon angefallenen Kosten fallweise zur Erhöhung der Wirtschaftlichkeit der Fertigung beitragen.

6.3.3.3 Divisionskalkulation

Die einfachste Form der Kalkulation ist die **Divisionskalkulation**. Das Verfahren besteht darin, alle Kosten einer Abrechnungsperiode durch die Zahl der in der Periode erzeugten Produkteinheiten zu dividieren:

Gesamtkosten : Menge = Selbstkosten je Produkteinheit.

Beispiel*:   Gesamtkosten 1.920.110 DM : 15.000 t = 128,01 DM/t.

Diese einfache Divisionskalkulation kann man anwenden, wenn nur gleichartige Produkte hergestellt werden. Sie ist daher typisch für Betriebe mit Massenfertigung einer Produktart. Anwendbar ist sie aber auch für Teilbereiche, in denen nur eine Produktart eine Kostenstelle (Spezialwerkstatt, Fließband, Brennofen) in Anspruch nimmt.

---

* Für die Beispiele dieses Abschnittes werden die Einzelkosten- und Gemeinkostenzahlen aus dem BAB der Abb. 30 und 31 verwendet.

Eine durch Aufgliederung des Kostenblocks **verfeinerte Divisionskalkulation** ermöglicht es, bei Kostenänderungen durch Nachkalkulation den Entstehungsbereich dieser Änderungen festzustellen:

	Monatskosten DM		Menge t		DM/t
1. Fertigungsmaterial	949.311,–	:	15.000	=	63,29
2. Fertigungslohn	285.283,–	:	15.000	=	19,02
3. Material- und Fertigungsgemeinkosten	526.975,–	:	15.000	=	35,13
4. Verwaltungs- und Vertriebsgemeinkosten	158.541,–	:	15.000	=	10.57
Selbstkosten	1.920.110.–	:	15.000	=	128,01

Eine Erweiterung der Anwendbarkeit der Divisionskalkulation ergibt sich durch Anwendung von „Äquivalenzziffern". Mit diesen werden ähnliche Produkte addierbar gemacht. Durch einmalige Einzelbewertung wird festgestellt, in welchem Verhältnis den ähnlichen Produkten Kosten zugerechnet werden müssen. Das Standardprodukt erhält die Äquivalenzziffer 1. Durch Multiplikation der Mengeneinheiten der verschiedenen Produktarten mit ihren Äquivalenzziffern und Addition dieser rechnerischen „Produkteinheiten" ergibt sich die rechnerische Produktmenge. Die Gesamtkosten müssen durch diese geteilt werden, um den Kostenwert für den Äquivalenzwert 1 zu erhalten.

Die **Äquivalenzziffernkalkulation** kommt besonders für Sortenfertigungen in Betracht, wie sie in Brauereien, Ziegeleien, Blechwalzwerken u.ä. zu finden sind.

Beispiel:
Eine Ziegelei stellt drei Ziegelsteinsorten her:
– A = Normalformat
– B = 1½ Normalformat
– C = Dünnformat
In einer einmaligen, sorgfältigen Kostenaufnahme wurde festgestellt, daß gegenüber einem Stein mit Normalformat (NF) für 1½-NF-Steine 50% mehr Material pro Stein benötigt wird, daß ferner 5% mehr Formzeit pro Stein erforderlich ist, daß der Platzbedarf im Brennofen wie auch der Lagerplatzbedarf 50% größer ist als für NF-Steine usw. Dagegen sind die Verwaltungskosten pro Stein praktisch unabhängig vom Format. Bewertet man die Gesamtkosten an Material, Bearbeitungszeit, Ofenbelegung, Verwaltungskosten usw. und vergleicht sie mit den Gesamtkosten des Normalformats, das die Äquivalenzziffer 1 erhält, so ergeben sich im vorliegenden Beispiel insgesamt Mehrkosten von 30% pro 1½-NF-Stein gegenüber dem NF-Stein. Das 1½-Format muß also für die Kostenrechnung die Äquivalenzziffer 1,3 erhalten.

Entsprechend sind die Kosten für das Dünnformat (DF) zu ermitteln und in Beziehung zum NF zu setzen. Liegen die Stückkosten für das Dünnformat bei 90% der Stückkosten des NF, dann erhält das Dünnformat die Äquivalenzziffer 0,9.
Die Divisionskalkulation unter Verwendung dieser Äquivalenzziffern sieht dann folgendermaßen aus:

Äquivalenzziffernkalkulation für Monat März (Gesamtkosten: 41.600 DM)

1. **Ermittlung der rechnerischen Erzeugnismengen** (Rechnungseinheiten):

Produkt	Erzeugte Menge	×	Äquivalenzziffer	=	Rechnerische Menge
A (NF)	80.000	×	1,0	=	80.000
B (1½ NF)	50.000	×	1,3	=	65.000
C (DF)	70.000	×	0,9	=	63.000
Rechnerische Menge insgesamt:					208.000

2. **Ermittlung der Kosten je Rechnungseinheit:**

$$\frac{\text{Gesamtkosten im Monat}}{\text{Rechnerische Menge}} = \text{Kosten je Rechnungseinheit (RE)}$$

$$\frac{41.600 \text{ DM}}{208.000} = \underline{0,20 \text{ DM Kosten je RE}}$$

3. **Kostenzurechnung:**

Produkt	Rechner. Menge	×	Kosten je RE	=	Kosten je Sorte	:	Erzeugte Menge	=	Kosten je Stück (DM)
A (NF)	80.000		0,20		16.000		80.000		0,20
B (1½ NF)	65.000		0,20		13.000		50.000		0,26
C (DF)	63.000		0,20		12.600		70.000		0,18

6.3.3.4 Zuschlagskalkulation

6.3.3.4.1 Systematische Darstellung

Eine **Zuschlagskalkulation** kann angewendet werden, wenn Einzel- und Gemeinkosten getrennt erfaßbar sind. Sie ist notwendig, wenn unterschiedliche Produkte die Kostenstellen unterschiedlich stark beanspruchen. Da sie den Erfordernissen praktisch jeder Betriebsstruktur und jedes Fertigungsverfahrens angepaßt werden kann, kommt es darauf an, auch die Kosten entsprechend gegliedert verfügbar zu haben.
Die Gemeinkosten werden mit einem Prozentsatz, dem Zuschlagssatz, auf die ermittelten Einzelkosten, die Zuschlagsbasen, verrechnet. Der **Zuschlagsatz** errechnet sich stets nach der Formel:

$$\text{Gemeinkostenzuschlagsatz} = \frac{\text{Gemeinkosten} \times 100}{\text{Zuschlagsbasis}} = \text{n \%}$$

Das **Schema der Zuschlagskalkulation kann nach Bedarf erweitert werden,** so daß es auch bei Kostenstellen mit unterschiedlicher Kostenstruktur und für kompliziert strukturierte Fertigungen mit differenziertem Produktionsprogramm zur Selbstkostenermittlung geeignet ist. Unterschiedliche Relationen von Gemeinkosten zu Einzelbzw. zu Herstellkosten, die bei den verschiedenen Produkten bestehen, kann die Zuschlagskalkulation erfassen.

Um prinzipiell die Möglichkeiten der Anpassung und die Erfordernisse der Gliederung zu zeigen, kann man folgende Anspruchsstufen der Zuschlagskalkulation unterscheiden:
- die summarische Zuschlagskalkulation,
- die differenzierte (oder differenzierende) Zuschlagskalkulation und
- die erweiterte Zuschlagskalkulation.

Die Selbstkostenermittlung mit Hilfe der **summarischen Zuschlagskalkulation** ist nicht viel befriedigender als mit einer Divisionskalkulation mit getrennt erfaßten Einzel- und Gemeinkosten, denn es wird für die gesamten Gemeinkosten ein einziger Zuschlagsatz auf die Einzelkosten gebildet.

Beispiel*:
- Einzelkosten im Monat (Fertigungsmaterial und Fertigungslöhne) 1 234.594 DM
- Gemeinkostenverrechnung des Monats 685.516 DM

$$\text{Gemeinkostenzuschlagsatz} = \frac{\text{Gemeinkosten} \times 100}{\text{Einzelkosten}}$$

$$= \frac{685.516 \times 100}{1\ 234.594}$$

$$= \underline{56\,\%}$$

Mit Hilfe des Zuschlagsatzes können nun aber die Selbstkosten unterschiedlicher Produkte ermittelt werden, wenn deren Einzelkosten bekannt sind.

	Produkt A	Produkt B	Produkt C
1. Einzelkosten DM/Stück	7,00	3,50	12,00
2. GK-Zuschlagsatz 56 %	3,92	1,96	6,72
Selbstkosten DM/Stück	10,92	5,46	18,72

Kalkulationen im Handwerk werden zumeist nach diesem Schema durchgeführt.

Es bleibt zu fragen, ob die Gemeinkosten proportional zu den Einzelkosten oder proportional zur Stückzahl entstehen. Man kann nur im konkreten Fall entscheiden, auf welchem Wege man der **Zurechnung der Gemeinkosten nach dem Verursachungsprinzip** am nächsten kommt.

Bildet man für mehr als eine Zuschlagbasis Zuschlagsätze, so liegt eine **differenzierte Zuschlagskalkulation** vor. Als Zuschlagsbasen kommen z.B. das Fertigungsmaterial und der Fertigungslohn in Betracht.

Die Gemeinkosten der Abrechnungsperiode müssen dann gegliedert werden in solche, die eher durch das Fertigungsmaterial verursacht werden und andere, für deren Verursachung eher die Fertigungslöhne repräsentativ sind. Für die differenzierte Zuschlagskalkulation müssen dann auch die Materialeinzelkosten und die Fertigungseinzelkosten als Zuschlagsbasen getrennt ermittelt werden.

---

* Für die Beispiele dieses Abschnittes werden die Einzelkosten- und Gemeinkostenzahlen aus dem BAB der Abb. 30 und 31, S. 164 f. und 168 verwendet.

Beispiel:
- Fertigungsmaterial im Monat   949.311 DM
- Materialgemeinkosten im Monat   42.719 DM
- Fertigungslöhne im Monat   285.283 DM
- Fertigungs-, Verwaltungs-   642.797 DM
  und Vertriebsgemeinkosten im Monat

$$\text{Mat.-GK-Zuschlagsatz} = \frac{\text{Materialgemeinkosten} \times 100}{\text{Fertigungsmaterial}}$$

$$= \frac{42.719 \times 100}{949.311}$$

$$= 4,5\%$$

$$\text{Rest-GK-Zuschlagsatz} = \frac{(\text{Fert.-, Verw.- u. Vertr.-GK}) \times 100}{\text{Fertigungslöhne}}$$

$$= \frac{642.797 \times 100}{285.283}$$

$$= 225,3\%$$

	Produkt A	Produkt B	Produkt C
1. Fertigungsmat. DM/Stück 2. Mat.-GK-Zuschlagsatz 4,5 %	4,00 0,18	2,50 0,11	10,00 0,45
Materialkosten	4,18	2,61	10,45
3. Fertigungslöhne. DM/Stück 4. Rest-GK-Zuschlagsatz 225,3 %	3,00 6,76	1,00 2,25	2,00 4,51
Fertigungs-, Verw.- und Vertriebskosten (Zeil. 3 + 4)	9,76	3,25	6,51
Selbstkosten DM/Stück	13,94	5,86	16,96

Eine **erweiterte Zuschlagskalkulation** beruht auf einer Breitengliederung des Betriebes mit verschiedenen Kostenstellen und stelleneigenen Zuschlagsätzen.
Sinnvoll ist eine Differenzierung der Zuschlagsätze zumindest nach so unterschiedlichen Kostenstellenbereichen wie dem Material-, dem Fertigungs- und dem Verwaltungs- und Vertriebsbereich („V-und-V-Bereich"). Bei mittleren und größeren Betrieben ist neben der Aufgliederung des Fertigungsbereichs nach Kostenstellen eine Aufgliederung des V. u. V-Bereichs in selbständige Bereiche für Verwaltung und für Vertrieb vorzunehmen. Existiert ein Forschungs- und Entwicklungsbereich, dann ist auch für diesen ein Forschungs- und Entwicklungsgemeinkostenzuschlagsatz auf die Herstellkosten zu errechnen, soweit es sich nicht um die Entwicklungsfertigung handelt, die dem Fertigungsbereich zuzurechnen ist.
Im wichtigsten Kostenbereich, der Fertigung, ist auf jeden Fall für jede Kostenstelle ein eigener Zuschlagsatz anzuwenden. Die unterschiedliche Kostenrelation von Gemeinkosten zu Einzelkosten in jeder Kostenstelle und die unterschiedliche Inanspruch-

nahme der verschiedenen Kostenstellen durch die Produkte erfordern diese Differenzierung. Damit ermöglicht die erweiterte Zuschlagskalkulation eine brauchbare Selbstkostenermittlung auch in Betrieben mit differenziertem und wechselndem Fertigungsprogramm, mit Groß- und Kleinserienfertigung, Chargen- und Einzelfertigung.

Als Normalzuschlagsätze wurden aus den Durchschnitten der Einzel- und Gemeinkosten des Vorjahres die im BAB der Abb. 30 (Seite 164 f.) in Zeile d angegebenen Prozentzahlen ermittelt, z. B.

– für Materialgemeinkosten 4,5 %,
– für Fertigungsgemeinkosten der Kostenstelle 214 130 %,
– für Fertigungsgemeinkosten der Kostenstelle 215 190 %.

Die Formeln für die Errechnung lauten:

$$\text{Materialgemeinkostenzuschlagsatz} = \frac{\text{Materialgemeinkosten x 100}}{\text{Fertigungsmaterial}} = n\,\%$$

$$\text{Fertigungsgemeinkostenzuschlagsatz} = \frac{\text{Gemeinkosten der Kostenstelle N x 100}}{\text{Fertigunglohn der Kostenstelle N}} = n\,\%$$

$$\text{Verwaltungsgemeinkostenzuschlagsatz} = \frac{\text{Verwaltungsgemeinkosten x 100}}{\text{Herstellkosten}} = n\,\%$$

$$\text{Vertriebsgemeinkostenzuschlagsatz} = \frac{\text{Vertriebsgemeinkosten x 100}}{\text{Herstellkosten}} = n\,\%$$

Mit obigen Zuschlagsätzen wird im folgenden Beispiel die Kalkulation zweier Produkte durchgeführt, für die Fertigungslohn in gleicher Höhe entsteht. Der Fertigungsprozeß des Produktes A vollzieht sich jedoch überwiegend in Kostenstelle 214, der von Produkt B überwiegend in Kostenstelle 215.

			Produkt D	Produkt E
	1.	Fertigungsmaterialkosten	4,00	4,00
	2.	+ Mat.-GK-Zuschlags. 4,5 %	0,18	0,18
A		= Materialkosten	4,28	4,18
	3.	Fertigungslohn Kostenst. 214	2,00	1,00
	4.	+ Fert.-GK-Zuschlags. 130 %	2,60	1,30
	5.	+ Fertigungslohn Kostenst. 215	1,00	2,00
	6.	+ Fert.-GK-Zuschlags. 190 %	1,90	3,80
B		= Fertigungskosten	7,50	8,10
C = A + B		= Herstellkosten	11,68	12,28
	7.	+ Verwaltungsgemeinkosten 5,5 %	0,64	0,68
	8.	+ Vertriebsgemeinkosten 3,5 %	0,41	0,43
D		= Selbstkosten	12,73	13,39

Die Selbstkosten unterscheiden sich um 0,66 DM/Stück, obgleich nur für 1 DM Fertiglohn zwischen zwei Werkstätten ausgetauscht wurde.
Das Beispiel zeigt die Wichtigkeit einer differenzierten, dem Verursachungsprinzip so gut wie möglich entsprechenden Selbstkostenermittlung, denn sie ist eine Entscheidungsgrundlage für die Festlegung des Produktionsprogramms wie auch für die Wahl des kostengünstigsten Fertigungsprozesses. Eine verzerrte Darstellung der Selbstkosten je Produktart führt zur Fehlleitung der Unternehmung. Da viele Gemeinkosten geschlüsselt werden müssen, kommt der richtigen Wahl der Bezugsbasen − immer mit dem Ziel einer verursachungsgerechten Kostenzurechnung auf die Kostenträger − entscheidende Bedeutung für die Genauigkeit einer Kalkulation zu. Im Normalfall einer vollbeschäftigten Unternehmung ist die Ungenauigkeit einer möglichst verursachungsgerechten Gemeinkostenzurechnung auf die Kostenträger ein Qualitätsproblem. Ungenauigkeiten, die sich nur mit großem Aufwand beheben ließen, nimmt man in der Praxis hin.
Den Aufbau eines vom Hersteller dem Einzelhandel als Verkaufspreis empfohlenen Listenpreises zeigt das folgende Schema:

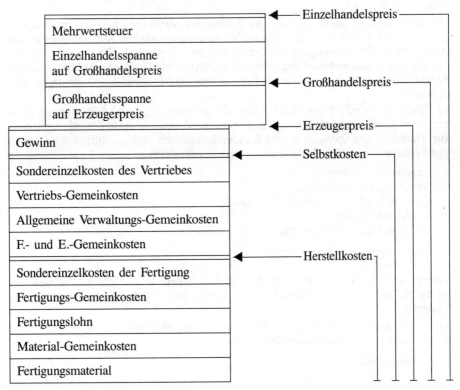

Abb. 47: Angebotspreiskalkulation

Der Einzelhandelspreis enthält die überwälzte Mehrwertsteuer aller Umsatzstufen.

6.3.3.4.2 Beispiel für eine Handwerkskalkulation

Im Handwerk erfolgt die Auftragsvergabe durch den Kunden oftmals erst, nachdem er mehrere Angebote eingeholt hat. Für den Handwerksbetrieb bedeutet dies, daß sein Angebot mit anderen im Wettbewerb steht. Bei Unterbeschäftigung wird der Handwerker versuchen, durch einen für den Kunden günstigen Angebotspreis den Auftrag zu bekommen. Der Angebotspreis muß aber auch dann **mindestens** die für die Auftragsausführung aufzuwendenden **Einzelkosten** zuzüglich eines Mehrbetrages, der zum Lebensunterhalt beiträgt, decken.

Mit solchen Preisen kann eine Unternehmung aber nur kurzzeitig überleben. Deshalb muß immer zu Vollkosten kalkuliert werden. **Mit der Kalkulation ermittelt man grundsätzlich nicht den Preis, sondern die Kosten!** Der Angebotspreis muß im Normalfall – bei Vollbeschäftigung – die Einzelkosten und die Gemeinkosten decken und darüber hinaus einen angemessenen Gewinn enthalten. Über die Höhe seines Angebotspreises muß der Unternehmer aus unternehmenspolitischen Gründen entscheiden. Aber er muß zunächst die Höhe seiner **objektiv ermittelten Selbstkosten** und deshalb auch die Höhe seines auf dieser Basis rechnerisch angemessenen Angebotspreises kennen.

Bei einer Vorkalkulation, die sich an Zahlen des Vorjahres orientiert, muß darauf geachtet werden, daß alle **einmaligen oder außergewöhnlichen Aufwendungen auszusondern** sind. Sie sind grundsätzlich nicht Kostenbestandteile. Ferner ist zu beachten, daß mit **Wiederbeschaffungskosten** kalkuliert werden muß. Das betrifft vor allem Materialkosten, evtl. auch absehbare Lohnänderungen, Energiekostenänderungen oder anderes.

Im Handwerk wird oft eine nach Material, Arbeitsstunden und Sondereinzelkosten getrennte Abrechnung vorgenommen. Entsprechend muß die **Vorkalkulation getrennt für Material, Arbeitsstunden und Sondereinzelkosten** durchgeführt werden. Auch das Preisangebot setzt sich dann entsprechend zusammen:

>   Angebotspreis Material
> \+ Angebotspreis Ausführung
>   (Bruttostd.-Satz x veranschl. Arbeitsstd.)
> \+ Sondereinzelkosten
>   (Transport und andere Auftragssonderkosten)
> ___
> = Angebotspreis für den Auftrag

Entsprechend kann die **Vorkalkulation in drei Schritten** durchgeführt werden. Im **ersten Schritt** erfolgt die Ermittlung der Kosten und des **Angebotspreises für das Material:**

> 1.   Materialkosten (mit Verschnitt, ohne bezahlte Mehrwertsteuer)
> 2. + Materialgemeinkostenzuschlag ... %
> ___
>   = Materialkosten
> 3. + Gewinnzuschlag ... %
> ___
>   = Errechneter Materialpreis netto (ohne Mehrwertsteuer)
> 4. + Mehrwertsteuer auf Materialpreis ... %
> ___
>   = Errechneter Materialpreis brutto (Angebotspreis)

Bei dieser Rechnung sind folgende Punkte zu berücksichtigen:
Zu 2): Um den Materialgemeinkostenzuschlag zu ermitteln, muß man sich ausrechnen, für wieviel DM im Jahr Fertigungsmaterial verbraucht werden wird. Dieser Betrag ist die Zuschlagsbasis. Man muß die zu erwartenden Materialgemeinkosten Posten für Posten addieren, um zu wissen, wieviel Materialgemeinkosten im Jahr entstehen werden. Dieser Betrag wird durch den Zuschlagsatz verrechnet.
Als Materialgemeinkosten sind anzusetzen:
– Materialtransportkosten: Fahrzeugkostenanteil, Lohn, Lohnnebenkosten, bezahlte Transportkosten (ohne MwSt.);
– Materialverwaltungskosten: Lagermiete (bei Nutzung eines für den Betrieb mietfreien Raumes muß kalkulatorisch eine angemessene Miete eingesetzt werden), Lohn und Lohnnebenkosten für Lagerverwaltung (eventuell Anteil vom kalkulatorischen Unternehmerlohn);
– Hilfsstoffkosten: Verbrauch von Kleinmaterial, Schrauben, Scheiben, Nägeln, Leim, Lot, Flußmittel und dergleichen.
Der Materialgemeinkostenzuschlagsatz wird ermittelt aus

$$\frac{\text{Materialgemeinkosten im Jahr}}{\text{Fertigungsmaterial im Jahr}} \times 100 = \dots \%$$

Er muß überarbeitet werden, wenn sich die Beschaffungspreis- oder die Mengenverhältnisse ändern.
Zu 3): Der Gewinnzuschlag soll „angemessen" sein. Das heißt, er soll das eingesetzte Eigenkapital normal verzinsen, zusätzlich aber das sogenannte allgemeine Unternehmerwagnis (Verlustrisiko) abdecken, das durch die Wechselfälle der wirtschaftlichen und politischen Entwicklung wie auch durch eigene Fehlentscheidungen das Eigenkapital trifft. Der Gewinn soll nach und nach das Eigenkapital erhöhen, damit auch Verlustperioden überstanden werden können. Eine genauere Angabe kann hier nicht gemacht werden, weil insbesondere die Brancheneigenarten und die Konkurrenzsituation zu berücksichtigen sind.
Zu 4): Die Mehrwertsteuer ist für den Betrieb ein durchlaufender Posten. Von der eingenommenen Mehrwertsteuer zieht der Unternehmer die Mehrwertsteuer ab, die er an seine Lieferanten gezahlt hat (Vorsteuerabzug). Den Rest überweist er an das Finanzamt. Es ist die Umsatzsteuer auf den im Betrieb geschaffenen Mehrwert.
Als **zweiter Schritt** erfolgt die **Vorkalkulation des Arbeitsstundensatzes.**
Dafür teilt man die gesamten Kosten, die man für ein Geschäftsjahr zu erwarten hat, ohne die Materialkosten, jedoch zuzüglich bestimmter kalkulatorischer Kosten, durch die Zahl der produktiven Arbeitsstunden (Fertigungsstunden), die voraussichtlich im Jahr vor Ort geleistet werden. Dadurch ergeben sich die Selbstkosten der produktiven Arbeitsstunde:

1.   Summe aller normalen betriebsbedingten Ausgaben im Jahr, ohne Fertigungsmaterial
2. + kalkulatorischer Unternehmerlohn
3. + kalkulatorische Miete (wenn Räume betrieblich mietfrei genutzt werden)
4. + kalkulatorische Zinsen für eingesetztes Eigenkapital

= Jahreskosten
5. – Materialgemeinkosten des Jahres (alle im Material-GK-Zuschlag erfaßten Kosten)

= Jahreskosten ohne Materialbereich

Die Selbstkosten je Arbeitsstunde ergeben sich nach der Formel:

$$\frac{\text{Jahreskosten ohne Materialbereich}}{\text{Produktive Arbeitsstunden im Jahr}} = \dots \text{DM/Std.}$$

Ein „Angebotspreis" für den Stundensatz errechnet sich dann wie folgt:

6. Selbstkosten der Arbeitsstunde
7. + Gewinnzuschlag ...... %

    = Nettostundensatz
8. + Mehrwertsteuer auf Nettostundensatz

    = Bruttostundensatz (Angebotspreis)

Zu 2): Da ein Handwerksbetrieb oft als Einzelunternehmung geführt wird, muß für den Unternehmer, der kein Gehalt bezieht, ein kalkulatorischer Unternehmerlohn angesetzt werden. Er ist Kostenbestandteil und nicht Gewinn.

Zu 3): Entsprechendes gilt für die Miete, wenn sie nicht in den tatsächlich vom Betrieb zu zahlenden Beträgen enthalten ist. Das ist z. B. häufig bei eigenen Garagen und anderen Räumen auf dem privaten Grundstück des Handwerkers der Fall.

Zu 4): Hier wird vereinfachend ein kalkulatorischer Zins in der Höhe angesetzt, wie er für zusätzliches Fremdkapital erforderlich wäre, wenn der Unternehmer kein Eigenkapital eingesetzt hätte. Die zu zahlenden Kapitalkosten für Kredite befinden sich bereits unter Position 1.

Zu 5): Der Betrag der Materialgemeinkosten ist der Berechnung des Materialgemeinkostenzuschlagsatzes zu entnehmen.

Zu 7) und 8): Zum Gewinnzuschlag und zur Mehrwertsteuer gilt dasselbe, was bereits bei der Errechnung eines Angebotspreises für Material zu den Positionen 3) und 4) gesagt wurde.

Der **dritte Schritt,** die **Kalkulation von Sondereinzelkosten,** hängt unmittelbar vom Aufwand an auftragsbezogenen Warenlieferungen und Leistungen ab, die nicht in den Materialkosten oder den angesetzten Arbeitsstunden enthalten sind. Auch darauf ist normalerweise ein angemessener Gewinnzuschlag und in jedem Fall die Mehrwertsteuer zu berechnen:

1. Sondereinzelkosten
2. + Gewinnzuschlag ... %

    = Sondereinzelkosten netto
3. + Mehrwertsteuer auf Sondereinzelkosten netto

    = Sondereinzelkosten brutto (Angebotspreis)

Handwerksbetriebe, die kein eigenes Material verarbeiten, kommen allein mit der dargestellten Vorkalkulation des Arbeitsstundensatzes aus.

Zur schnellen **Nachkalkulation** eines solchen Auftrages kann man den für die Ausführung erzielten Preis verwenden. Man teilt den erzielten Preis, abzüglich der Mehrwertsteuer, durch die verbrauchten Arbeitsstunden. Es ergibt sich der „erzielte Fertigungsstundensatz". Er zeigt die Über- oder Unterdeckung gegenüber dem kalkulierten Stundensatz.

Eine weiter **differenzierte Vorkalkulation** kommt für größere Handwerksbetriebe in Betracht. Dafür müssen jedoch die Gemeinkosten weiter aufgegliedert werden in Gemeinkosten des Materialbereichs, des Fertigungsbereichs und des Verwaltungsbereichs. Für die entsprechende Kalkulation ist das folgende Schema geeignet:

1. Materialeinzelkosten (mit Verschnitt)
   (ohne bezahlte Mehrwertsteuer)
2. + Materialgemeinkostenzuschlag ...... %

   = Materialkosten
3. + Lohneinzelkosten
   (... Arbeitsstunden x ..... DM Stundensatz)
4. + Fertigungsgemeinkostenzuschlag ...... %

   = Herstellkosten
5. + Verwaltungsgemeinkostenzuschlag ...... %
6. + Sondereinzelkosten
   (Transport, andere Auftragssonderkosten)

   = Selbstkosten
7. + Gewinnzuschlag ...... %

   = Nettoangebotspreis
8. + Mehrwertsteuer auf Nettoangebotspreis

   = Bruttoangebotspreis

Zuschlagsbasis für die Verwaltungsgemeinkosten sind, wie üblich, die Herstellkosten.

6.3.3.4.3 Beispiel für eine Maschinenstundensatzrechnung

Die hohe Kapitalintensität der Industrie durch den zunehmenden Einsatz hochwertiger Produktionsanlagen führt dazu, daß der Fertigungslohn als Zuschlagsbasis immer höhere Zuschlagsätze tragen muß, manchmal über 1.000 %. Dadurch führen schon geringe Fertigungslohnänderungen bei der Kalkulation zu erheblichen Sprüngen der errechneten Fertigungskosten. In diesen Fällen zieht man Zuschlagsbasen vor, die die Inanspruchnahme der Fertigungskostenstelle durch das Produkt genauer repräsentieren, die eine breitere Zuschlagsbasis bilden; Maschinenarbeitszeiten bieten sich an. Je höher der Automationsgrad des Fertigungsverfahrens ist, desto mehr muß die Kostenzurechnung auf den Kostenträger vom Fertigungslohn abgekoppelt und an Maschinenfertigungszeiten gebunden werden.

Ausdruck dieser Entwicklung ist die Kalkulation mit Maschinenstundensätzen. Alle mit dem Einsatz der Maschine verbundenen Gemeinkosten werden direkt der Maschine zugerechnet, so daß der Maschinenstundensatz bereits alle dazugehörigen Gemeinkosten enthält. Die verbleibenden Restgemeinkosten werden dann mit relativ niedrigen Zuschlagsprozentsätzen entweder über die Zuschlagsbasis „verrechnete Maschinenarbeitskosten" oder weiterhin, wie im folgenden Beispiel, über die Zuschlagsbasis Fertigungslohn den Kostenträgern belastet.

	DM pro Jahr

1. Fertigungslöhne
(40 Std. x 50 Wochen für 6 Personen, abzüglich der Feiertage sowie der Reinigungs- und Wartungszeiten − Tagesverdienst je Person durchschnittlich 50 DM) **70 750**

2. Maschinenkosten
a) kalkulatorische Abschreibungen 210 000
 Anschaffungswert: 2 100 000; Nutzungsdauer bei 2-Schicht-Betrieb: 10 Jahre
b) kalkulatorische Zinsen 68 000
 ½ Anschaffungswert x Zinssatz = 1 050 000 x 6,5 %
c) Instandhaltungen 84 000
 4 % vom Anschaffungswert
d) Energieverbrauch 24 000
 installierte kW x Nutzfaktor x Stunden pro Jahr x kWh-Preis in DM
 120 x 0,42 x 3 640 x 0,13
 Der Nutzfaktor ergibt sich aus den Rüst- und Ausführungszeiten. Ferner berücksichtigt der Nutzfaktor, daß während der Laufzeit der Maschine nicht die volle installierte Leitung beansprucht wird.
e) Raumkosten 48 000
 Effektive Quadratmeter x Äquivalenzziffer x Verrechnungssatz-Raumkosten =
 840 x 2,3 x 25 DM
 —————
 434 000

3. Restgemeinkosten
anteilige Vorarbeiterlöhne 1 000
Löhne für Reinigung und Wartung, ca. wöchentlich 4 Std. à 3,50 DM 700
Urlaubslöhne für 6 Personen, jeweils 500 DM 3 000
Löhne für gesetzl. Feiertage (10 Tage für 6 Pers. à durchschnittl. 50 DM) . 3 000
sonstige Arbeitsfreistellungen 2 000
Überstundenzuschläge 1 000
Wechselschichtprämien 5 000
anteiliges Meistergehalt 2 000
sonstige Gemeinkostenlöhne 2 000
gesetzl. soziale Leistungen 9 000
freiwillige soziale Leistungen 3 000
Gemeinkostenmaterial für Reinigung und Wartung 2 000
anteilige Kranbeanspruchungskosten 4 000
Beanspruchung verschiedener Fertigungshilfsstellen 15 000
Bezüge von der Werkzeugausgabe 21 000
Umlage für Wasser-, Gas-, Preßluft- und Dampfkosten 10 000
Allgemeine Betriebsleitung (Umlage) 16 000
Umlage der Zentalverwaltung 25 000
 —————
 124 700

4. Geplante Akkordstunden:
40 Std. x 50 Wochen bei zwei Schichten 4 000
./. 160 Std. für Feiertage 160
./. 5 % für Reinigung und Wartung 200
 —————
 3 640

5. Satz pro Maschinenstunde:
Maschinenkosten: geplante Akkordstunden = 434 000 DM : 3 640 Std. = 119,23 DM/Std.

6. Zuschlagssatz für die Restgemeinkosten:

$$\frac{\text{Restgemeinkosten x 100}}{\text{Fertigungslöhne}} = \frac{124\,700\text{ DM x 100}}{70\,750\text{ DM}} \approx 176\,\%$$

Abb. 38: Beispiel für eine Maschinenstundensatzrechnung
(Nach Mellerowicz, Konrad: Neuzeitliche Kalkulationsverfahren, 6. Aufl., Freiburg i. Br. 1977, S. 40 f.)

6.3.3.4.4 Beispiel für eine Platzkostenrechnung

Zur Durchführung einer Platzkostenrechnung werden die Hauptkostenstellen (Werkstätten) im Betriebsabrechnungsbogen weiter unterteilt in Kostenplätze mit eigener Kostenplatznummer. Dadurch entsteht gewissermaßen eine Vielzahl kleiner „Kostenstellen". Die Gemeinkosten der Kostenstellen werden je Kostenart so aufgeteilt, daß jedem Kostenplatz einzeln seine Anteile an den Gemeinkosten der Kostenstelle zugerechnet werden. Entsprechend rechnet anstelle der Kostenstelle jeder Kostenplatz seine Kosten ab.

				DM pro Jahr
1.	Fertigungslöhne			70 750
2.	Maschinenkosten			
	a) kalkulatorische Abschreibungen		210 000	
	b) kalkulatorische Zinsen		68 000	
	c) Instandhaltungen		84 000	
	d) Energieverbrauch		24 000	
	e) Raumkosten		48 000	
3.	Restgemeinkosten			
	(lt. Aufstellung)		124 700	
				558 700
4.	Geplante Akkordstunden	3 640 Std.		
	(lt. Aufstellung)			
5.	Platzkostensatz:			
	Gemeinkosten: geplante Akkordstunden =			
	558 700 DM : 3 640 Std. = 153,49 DM/Std.			

Abb. 39: Platzkostenrechnung
(Entnommen aus Mellerowicz, Konrad: Neuzeitliche Kalkulationsverfahren, a. a. O., S. 41)

Die Platzkostenrechnung entspricht weitestgehend dem Verursachungsprinzip. Ob das den für die Feingliederung unumgänglichen Aufwand aufwiegt, muß im Einzelfall entschieden werden.

Die Abrechnungs- und Kalkulationsverfahren können frei gestaltet und daher den betriebsindividuellen Erfordernissen angepaßt werden.

6.3.3.5 Die Grenzen der traditionellen Vollkostenrechnung

Die dargestellten traditionellen Kalkulationsverfahren gehen davon aus, daß alle Einzel- und Gemeinkosten den Kostenträgern voll zugerechnet werden. Eine solche **Vollkostenrechnung** ist notwendig, denn man muß wissen, ob man die vollen Kosten eines Produktes durch die dafür erzielten Erlöse erstattet bekommt oder ob die Unternehmung durch den Verkauf dieses Produktes Substanz verliert.

Es gibt aber Bedingungen, unter denen die traditionelle Vollkostenrechnung versagt. Wird z. B. in einer Kostenstelle wegen fehlender Aufträge nur die Hälfte im Vergleich zur Vorperiode gearbeitet, fällt also nur halb so viel Fertigungslohn an, dann müßte dieser Lohn zur Abdeckung der sicher nur wenig veränderten Gemeinkosten der Stelle annähernd das Doppelte an Gemeinkosten tragen. Diese nur rechnerischen Mehrkosten der Produkteinheit sind nicht durch die Erzeugung dieses Kostenträgers verursacht. Er wird mit Kosten belastet, die durch die Nichtfertigung als sogenannte Leer-kosten übrig bleiben würden. Die „erhöhten Selbstkosten" bei unverändertem Markt-preis gäben Anlaß, die Produktion einzustellen, was zu weiterer Unterbeschäftigung führen würde.

Das bedeutet, daß bei **Unterbeschäftigung der Unternehmung** die traditionelle Voll-kostenrechnung irreführende Informationen liefert. Andere Verfahren müssen in dieser Situation angewendet werden, um den verhältnismäßig günstigsten Weg für die Produktions- und Preispolitik zu zeigen.

6.3.3.6 Fixkostendeckungsrechnung

Wenn der Erlös für ein Produkt nicht die vollen Kosten einbringt, soll man dann die Fertigung einstellen, um nicht weitere Verluste zu erleiden?

Die Einstellung der Fertigung dieses Produktes ist richtig, wenn man statt dessen ein Produkt herstellen und absetzen kann, das Gewinn bringt. Wenn aber z. B. ein Konjunkturabschwung nur die Entscheidung offen läßt, mit Verlust zu produzieren und zu verkaufen oder die vorhandene Produktionskapazität zum Teil oder ganz ungenutzt zu lassen, dann muß bedacht werden, daß nichts teurer ist als ungenutzte Kapazität. Denn ungenutzte Kapazität verursacht Kosten, ohne daß man eine Gegenleistung erhält.

Die Kosten, die ununterbrochen mit einem festen Betrag monatlich anfallen, ob die Kapazität genutzt wird oder nicht, werden in der Kostenrechnung Fixkosten genannt.

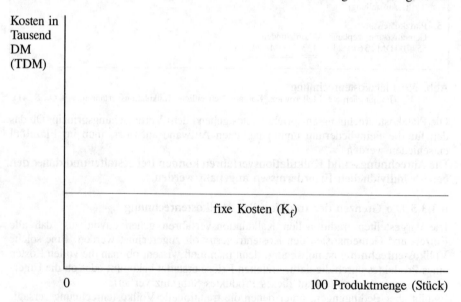

Abb. 40: Verlauf der Fixkosten im Geschäftsjahr

Einige Kostenarten gehören eindeutig zu den Fixkosten. Es sind die Kosten der obersten Unternehmensleitung, es sind Gemeinkostenlöhne für Bewachung, für un-abdingbare Hausmeisterarbeiten (Heizung, Wartung von Sicherheitseinrichtungen und dergl.), u. U. Löhne und Gehälter für eine Stammbelegschaft, ohne die der Betrieb nicht wieder produzieren könnte; es sind einige Gebühren und Steuern, die unabhängig von Produktion und Umsatz zu zahlen sind, z. B. Grundsteuer; schließlich sind es die Fremdkapitalzinsen für noch nicht zurückgezahlte Kredite, Miete und wenige andere Kostenarten. Da die Fixkosten unabhängig von der Produktion anfallen, nennt man sie auch Bereitschaftskosten oder Kapazitätskosten. Sie sind daher immer Gemeinkosten.

Dagegen heißen diejenigen Kosten, die variabel in Abhängigkeit von der Produktionsmenge entstehen, also die Einzelkosten sowie die mehr oder weniger proportional zu ihnen anfallenden Gemeinkosten, variable Kosten.

Fixkosten und **variable Kosten** sind immer auf einen Zeitraum bezogen fix bzw. variabel, nicht etwa je Produkteinheit.

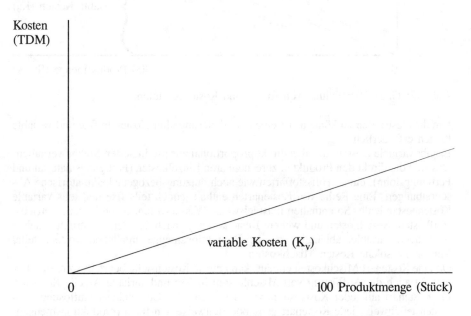

Abb. 41: Verlauf mengenproportionaler variabler Kosten im Geschäftsjahr

Produziert man Güter, deren Marktpreis zwar nicht die vollen Kosten deckt, aber doch mehr als die variablen Kosten, dann leistet deren Produktion und Umsatz einen Deckungsbeitrag zu den Fixkosten.

Deckt dagegen der Marktpreis nicht einmal die variablen Kosten (in Abb. 42 die gestrichelte Erlöskurve E'), dann treten zu den nicht gedeckten fixen Kosten ungedeckte variable Kosten hinzu; der Verlust, das heißt der Anteil der nicht gedeckten Kosten, vergrößert sich. Deshalb wird man kein Produkt herstellen, dessen Marktpreis nicht einmal die variablen Kosten deckt.

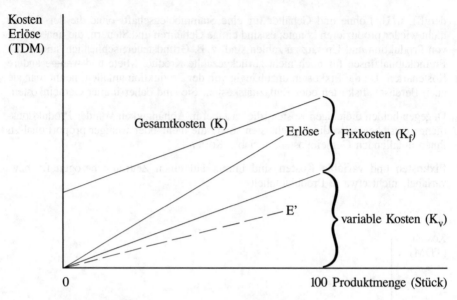

Abb. 42: Gegenüberstellung von Erlös- und Kostenverläufen

Um dies feststellen zu können, ist eine Aufgliederung aller Kosten in fixe und variable Kosten erforderlich.

Es gibt variable Kosten, die sich direkt proportional zur produzierten Menge verhalten. Das sind die direkt den Produkten zurechenbaren Einzelkosten (Fertigungsmaterial und Fertigungslohn), einige Hilfsstoffarten wie auch nutzungsbezogene kalkulatorische Abschreibungen. Eine Reihe von Kostenarten enthält jedoch teils fixe und teils variable Kostenbestandteile. So enthalten beispielsweise Wasserkosten, Stromkosten, Betriebsstoffkosten, Sozialkosten und weitere Kostenarten, je nach der Betriebsstruktur, neben fixen auch variable, abhängig von der Produktionsmenge anfallende Kostenanteile. Man nennt solche Kosten **Mischkosten.**

Ob eine Kostenart Mischkosten enthält, kann nur je Kostenstelle beurteilt werden. Deshalb ist auch die **Auflösung von Mischkosten** in fixe und variable Anteile Kostenart für Kostenart auf jeder Kostenstelle vorzunehmen. Zur Gemeinkostenauflösung wird kostenstellenweise jede Kostenart ganz oder teilweise den fixen (produktionsmengenunabhängigen) bzw. ganz oder teilweise den variablen (produktionsmengenabhängigen) Kosten zugeordnet, je nach ihrem vom Beschäftigungsgrad abhängigen Verlaufscharakter, den man in der betreffenden Kostenstelle beurteilen muß. Zur Gemeinkostenauflösung gibt es verschiedene Verfahren, die hier nur erwähnt werden können:

− die rechnerische Methode,
− die graphische Methode und
− die buchtechnisch-statistische Methode.

Als Ausgangsbasis kann die traditionelle Kostenarten-Kostenstellenrechnung dienen. Bei der Fixkostendeckungsrechnung gibt es jedoch keine Schlüsselgemeinkosten, d.h. es werden keine Kosten auf die Kostenstellen durch Schlüsselung verteilt. Fixkosten bleiben, wo sie entstehen. Entstehen sie auf einzelnen Kostenstellen, wie z. B. kalkulatorische Zinsen für betriebsnotwendige Anlagen, so sind es Stellenfixkosten. Entstehen sie nur für einen Bereich, wie die Kosten der Leitung, dann sind es Bereichsfixkosten. Die Fixkosten werden nicht künstlich mengenproportional aufgeteilt, um sie wie Einzelkosten und variable Gemeinkosten einzelnen Kostenträgereinheiten zuzurechnen. Es gibt aber auch **Erzeugnisfixkosten.** Wurde z. B. eine Fertigungsanlage – z. B. eine Fertigungsstraße – nur für ein Produkt eingerichtet, so sind die Fixkosten dieser Anlage Erzeugnisfixkosten. Sie entstehen nur **für eine Produktart,** aber unabhängig davon, ob viel oder nichts auf der Anlage gefertigt wird. Auch sie werden nicht proportionalisiert den Kostenträgereinheiten zugerechnet.

Die Fixkosten einer für mehrere Produkte tätigen Kostenstelle werden mit den Fixkostensummen der anderen Kostenstellen eines Produktgruppenbereichs zu je einem Block **Stellenfixkosten der Produktgruppe A,** der Produktgruppe B, der Produktgruppe C usw. zusammengefaßt.

Sind die Fixkosten nicht einzelnen Kostenstellen, sondern nur einem Produktgruppenbereich zurechenbar, wie z. B. die Fixkosten eines innerbetrieblichen Transportsystems, das nur für bestimmte Produktgruppen tätig und damit als Block diesen zurechenbar ist, so sind es **Bereichsfixkosten.** Die Fixkosten der nächsten, alles umfassenden Stufe, der Unternehmensleitung, sind dann **Unternehmensfixkosten,** wie z. B. die Kosten der Direktion und die Werkschutzkosten.

Während die variablen Kosten direkt den Kostenträgern zugerechnet werden, erscheinen die Fixkosten nunmehr als **Fixkostenblöcke** zusammengefaßt: als Erzeugnisfixkosten, Kostenstellenfixkosten, Bereichsfixkosten und Unternehmensfixkosten.

Die Fixkostendeckungsrechnung geht nicht vom Kostenverursachungs-, sondern vom **Kostentragfähigkeitsprinzip** aus. Sie fragt nicht, welche Kosten die Kostenträger tragen müssen, sondern welche Kosten sie tragen können. Zuerst wird ermittelt, welche Erlöse für die Produkte erzielbar sind, dann werden ihre variablen Kosten abgezogen. Der verbleibende Erlösteil ist der Fixkostendeckungsbeitrag.

Das Prinzip der Fixkostendeckungsrechnung wird durch das folgende Kalkulationsschema gekennzeichnet:

Umsatzerlöse	
– Einzelkosten	} Variable
– variable Gemeinkosten	} Kosten
= Fixkostendeckungsbeitrag	

Da das Gliederungsschema von erreichbaren Umsatzerlösen ausgeht, ist es keine Zielsetzungsrechnung, sondern eine Kontroll- oder Informationsrechnung, eine Form der Nachkalkulation.

Die Fixkostendeckungsrechnung muß für jede Produktart des Produktionsprogramms durchgeführt werden.

Nachdem für jedes Produkt errechnet ist, welchen Fixkostendeckungsbeitrag es beim Verkauf erbringt, nimmt man in das Produktionsprogramm **zuerst das Produkt mit dem höchsten Fixkostendeckungsbeitrag in der absetzbaren Menge** auf, danach das Produkt mit dem nächstfolgenden Deckungsbeitrag in der absetzbaren Menge und so weiter, bis die verfügbare Fertigungskapazität ausgenutzt ist bzw. bis kein weiteres Produkt bei Fertigung mit der Restkapazität einen Fixkostendeckungsbeitrag erbringt.

Auf diese Weise wird der durch Unterbeschäftigung der Unternehmung ungedeckte Fixkostenrest so weit wie möglich reduziert und der Verlust entsprechend verringert. Übersteigt der gesamte Fixkostendeckungsbeitrag der abgesetzten Menge die Fixkosten, dann wird ein Gewinn erzielt.

Die zur Vollkostendeckung erforderliche Absatzmenge eines Erzeugnisses wird wie folgt ermittelt (vorausgesetzt, daß die variablen Kosten proportional zur erzeugten Menge verlaufen):

$$\frac{\text{Fixkosten } (K_f)}{\text{Deckungsbeitrag pro Stück } (e - k_v)} = \text{Grenzmenge } (M_{min.})$$

e   = Erlös je Einheit (Marktpreis)
k_v = variable Kosten je Einheit

Zahlenbeispiel:
K_f = 100.000,– DM (im Jahr)
k_v =   75,– DM (je Einheit)
e   =   200,– DM (Erlös je Einheit)

$$M_{min.} = \frac{100.000,-}{200,- - 75,-} = \frac{100.000,-}{125,-} = \underline{\underline{800 \text{ Stück}}}$$

Erst ein über die Grenzmenge hinausgehender Absatz würde Gewinn erbringen.

Die Produkte erscheinen bei der Ordnung nach ihrem Fixkostendeckungsbeitrag in völlig veränderter Bedeutung für die Unternehmung. Dadurch kann die Programmpolitik so verbessert werden, daß sie die Unternehmung wirtschaftlich stabilisiert.

Es versteht sich, daß **auf lange Sicht eine Teilkostendeckung nicht ausreicht** und notfalls durch Kapazitätsanpassung an veränderte Markterfordernisse wieder eine Phase der Vollkostendeckung erreicht werden muß.

Die **Teilkostenkalkulation** bietet insbesondere bei Unterbeschäftigung Entscheidungsgrundlagen, die sich aus der traditionellen Vollkostenrechnung nicht ergeben. Eine Vollkostenkalkulation ist aber für den Normalfall unentbehrlich. In der Praxis werden daher beide Verfahren zugleich, manchmal in Kombination angewendet.

6.4 Die Auswertung

6.4.1 Grundlagen

Die Auswertungsabteilung des kaufmännischen Rechnungswesens befaßt sich mit allen zahlenmäßig erfaßten innerbetrieblichen Sachverhalten. Sie wertet die Zahlen der Geschäftsbuchführung ebenso aus wie die kürzerfristig und damit wesentlich häufiger anfallenden Zahlen der Kostenrechnung.

Als Bezugsgrößen dienen dabei die geplanten Sollzahlen aller Bereiche und Kostenstellen, die von der Personalabteilung gemeldeten Beschäftigtenzahlen, aber auch externe Zahlen, wie die Richtzahlen (Branchendurchschnittszahlen) aus der monatlichen oder quartalsweisen Statistik von Fachverbänden.

Im Industriebetrieb hat die Kostenkontrolle den größten Anteil an der Auswertungsarbeit. Sie hat die Aufgabe, die Wirtschaftlichkeit der Leistungserstellung zu überwachen.

Spezielle Kostenvergleichsrechnungen werden dagegen in den spezialisierten Dienststellen vorgenommen; auf der Beschaffungsseite, um die Produktionsfaktoren nicht zu teuer einzukaufen, in der Produktion, um den organisatorischen Aufbau und die Abläufe rationell einzurichten, um die Produkte kostengünstig zu gestalten (Normteile verwenden) und den Herstellungsprozeß zu optimieren.

Die Qualität der Kostenvergleiche hängt weitgehend davon ab, ob Sollvorgaben auf der Basis von Plankosten vorliegen und ob die Aufgliederung der Gemeinkosten in fixe und variable eine aussagekräftige Kosten-/Leistungsanalyse ermöglicht.

6.4.2 Kostenkontrolle

Die laufende Kostenkontrolle, die mindestens monatlich erfolgen muß, ist primäre Aufgabe der Auswertung. Soll/Ist-Vergleiche mit Hilfe der Stellenkostenbögen und ihrer Zusammenfassungen in Bereichskostenbögen und im Betriebsabrechnungsbogen sind die wichtigsten Grundlagen, wie oben im einzelnen ausgeführt wurde. Es werden aber auch Zeitvergleiche vorgenommen und fallweise, wo dies möglich ist, Betriebsvergleiche. Ergänzt werden diese stellenbezogenen Kostenvergleiche durch kostenträgerbezogene Vergleiche auf der Grundlage der periodischen Betriebsergebnisrechnung und bedarfsweise auf der Grundlage der Kalkulation.

Soll/Ist-Vergleiche bestehen darin, daß einem geplanten Soll das erreichte Ist gegenübergestellt wird.

Zeitvergleiche bestehen nicht im Vergleich von Zeiten, sondern von Zahlen eines Zeitraumes (Monat, Quartal, Jahr) mit den entsprechenden Zahlen eines vergleichbaren Zeitraumes oder von vergleichbaren Zahlen verschiedener Zeitpunkte.

Betriebsvergleiche beziehen sich auf Unternehmungen, vergleichbare Werke, Abteilungen, Arbeitsplätze, je nach dem Zweck der Untersuchung. So kann man z.B. die Zahl der Beschäftigten in der Autoindustrie mit der Zahl der Beschäftigten in der Elektroindustrie vergleichen. Man kann aber auch die Produktivität vergleichbarer Arbeitsplätze im selben Betrieb vergleichen.

Die Aufgabe der Kostenkontrolle besteht darin, Unwirtschaftlichkeiten schnellstmöglich am Ort der Entstehung festzustellen, um sie unverzüglich beheben zu lassen. Da stets nur Vergangenheitszahlen erfaßt und ausgewertet werden können, kommt es darauf an, den Erfassungszeitraum kurz zu halten und so schnell wie möglich nach seinem Ende die Zahlen greifbar zu haben. In der Industrie hat sich der Monat als kurzer Abrechnungszeitraum durchgesetzt. In den ersten vier Tagen des Folgemonats sollen die Soll/Ist-Vergleiche mit Ausweis der Abweichungen vorliegen. Wo es möglich ist, ohne großen Aufwand Soll- und Istzahlen in Zehntagesabständen oder wöchentlich aufzurechnen, sollte die dekadische bzw. wöchentliche Wirtschaftlichkeitskontrolle der Kosten durchgeführt werden. Nach Abschluß eines Abrechnungszeitraumes kann man nicht mehr in Abläufe eingreifen, die bereits abgeschlossen sind.

Zur Leistungserstellung sind die Kernfunktionen Beschaffung, Produktion, Absatz und die Verwaltung notwendig, aber auch Ergänzungsfunktionen wie Forschung und Entwicklung, je nach Branche und Größe der Unternehmung. Die Kostenkontrolle umfaßt deshalb die Kontrolle der Wirtschaftlichkeit der Betriebsgebarung aller Büros, Werkstätten, Prüffelder, Labors usw., kurz aller Stellen, die zusammen am Prozeß der Leistungserstellung mitwirken.

Die Wirtschaftlichkeitskontrolle setzt zahlenmäßig faßbare Vorstellungen von wirtschaftlicher Leistungserstellung voraus: Planzahlen, die Maßstabcharakter haben für einen wirtschaftlichen Leistungsvollzug.

Die Kostenkontrolle erfordert die Vorgabe geplanter Kosten für jede Stelle und für jedes Produkt, die Sollkosten. Haben diese Sollkosten den Charakter von Plankosten, sind sie also ein Wirtschaftlichkeitsmaßstab, dann können die entstehenden tatsächlichen Kosten, die Istkosten, durch Soll/Ist-Vergleiche auf ihre Wirtschaftlichkeit überprüft werden.

Werden als Sollkosten keine Plankosten, sondern nur Durchschnittskosten eines längeren Zeitraumes als Normalkosten oder nur Istkosten der letzten Abrechnungsperiode vorgegeben, dann ist die Qualität der Wirtschaftlichkeitskontrolle entsprechend fragwürdig.

Erfolgt die Wirtschaftlichkeitskontrolle monatlich, dekadisch oder wöchentlich und werden die Istkosten den Sollkosten in einer Liste gegenübergestellt, dann folgt der wichtigste Teil der Kostenkontrolle, die **Abweichungsanalyse.**

Für **Einzelkosten** wird sie durch die Nachkalkulation vorgenommen. Mehrkosten gegenüber den vorkalkulierten und vorgegebenen Einzelkosten können schon bei der Entstehung in der Kontierung der Belege durch Angabe der entsprechenden Mehraufwandskostenart in Verbindung mit dem Fertigungsauftrag gekennzeichnet werden. Das führt zur gesonderten Buchung dieser Mehrkosten.

Um die Abweichungsanalyse bei den **Gemeinkosten** zu rationalisieren, sind die monatlichen Stellenkostenblätter so zu gestalten, daß für jede Kostenart die Istabweichung gegenüber dem Soll übersichtlich ausgewiesen wird. Man muß dann nicht alle Zahlen vergleichen. Es genügt, monatlich z.B. alle ausgewiesenen Abweichungen von mehr als 30 DM zu überprüfen. Nennenswerte Abweichungen einzelner Kostenpositionen werden anhand der Belege analysiert. Die Ursache der Abweichung wird mit dem Veranlasser der Kosten besprochen, mit dem Ziel, sie zu beheben.

Da sich nicht Prozentsätze, sondern nur die Abweichungsbeträge auf das Ergebnis auswirken, reicht es für den Soll/Ist-Vergleich aus, die Abweichungen vom Soll in absoluten Beträgen auszuweisen. Dennoch wird zumeist auch ein Abweichungsprozentsatz ausgewiesen, wie es das folgende Beispiel zeigt:

Stellenkostenblatt								
Werk: Bereich: Kostenstelle:					Monat:			
Nr.	Kostenart Bezeichnung	Letzter Monat				Im Geschäftsjahr aufgelaufen			
		Soll	Ist	Abw.	Abw.%	Soll	Ist	Abw.	Abw.%
1111	Gehälter	12100	11855	−245	−2	55900	55755	−145	−0
1211	Schreiblöhne	4800	4793	−7	−0	22700	20462	−2238	−10
4100	Büromaterial	1200	1289	89	7	4800	4232	−568	−12
4910	Zeichenmaterial	300	328	28	10	2300	2415	115	5
7110	Reisespesen	5000	5514	514	10	20000	20310	310	2
8001	Soziale Aufwendung	10400	9811	−589	−6	48400	48058	−342	−1
	Summe	33800	33590	−210	−1	154100	151232	2868	−2

Abb. 43: Stellenkostenbogen aus der Kfz.-Industrie zur Abweichungsanalyse mit Soll/Ist-Vergleichen (stark gekürzt)

Bei der **Abweichungsanalyse** zieht man hauptsächlich drei Abweichungsursachen in Betracht:

1. Preisabweichungen,
2. Mengenabweichungen und
3. Beschäftigungsabweichungen.

Liegt die Ursache von **Preisabweichungen** in Preissteigerungen der Ist-Kosten, dann ist der Kostenstellenleiter dafür nicht verantwortlich. Einkauf, Produktgestaltung oder auch die Soll-Vergabe müssen überprüft werden. Arbeitet man mit internen Verrechnungspreisen, so werden die Einkaufspreisdifferenzen ohnehin in der Abgrenzungsrechnung abgefangen und wirken sich nicht in der Kostenrechnung aus. Sie beeinträchtigt dann nicht die Wirtschaftlichkeitskontrolle der Leistungserstellung.

Sind **Mengenabweichungen** der Grund für eine Abweichung der Ist-Kosten, dann muß der Kostenstellenleiter Stellung nehmen. Dazu braucht er Informationen.

Diese erhält man in Form der genannten Stellenkosten- und Bereichskostenbögen durch Aufgliederung des BAB. Sie geben den Abteilungsleitern und den Kostenstellenleitern Übersicht über die Kosten, die sie verantworten sollen.

Das Stellenkostenblatt ist das wichtigste Instrument der Wirtschaftlichkeitskontrolle. Deshalb sollte monatlich in der ersten Woche jedem Kostenstellenleiter eine Ausfertigung seines Stellenkostenblattes für den abgelaufenen Monat vorliegen, ebenso, wie diese Bögen der Auswertungsstelle vorliegen, damit nennenswerte Abweichungen vom Soll sofort geklärt und Unwirtschaftlichkeiten behoben werden können. Deshalb muß das Stellenkostenblatt die Kostenstellengemeinkosten „monatlich", „aufgelaufen" und die „Abweichung vom Soll" ausweisen.

Liegt die Ursache für eine Gemeinkostenunterdeckung in einer **verringerten Kapazitätsausnutzung,** so kann die Ursache in Absatzschwierigkeiten bestimmter Produktarten liegen. Eine „Erfolgsquellenanalyse" nach Produktgruppen und Produktarten ist erforderlich. Für sie stellt die Kostenstellenrechnung nur die kostenseitigen Grundlagen zur Verfügung. Durchgeführt wird sie im letzten Teil der Betriebsabrechnung, der Kostenträgerzeitrechnung.

Die Verantwortung für Beschäftigungsabweichungen trägt die Unternehmensleitung, nicht der Kostenstellenleiter.

Als Mittel der Verdeutlichung verwendet die Auswertung in der laufenden Berichterstattung vor allem Soll/Ist- und Zeitvergleiche. Diese können nicht nur in Tabellenform, sondern insbesondere bei Zusammenfassungen auch als graphische Darstellungen vorgelegt werden.

6.4.3 Unternehmenskennzahlen als Maßstäbe

In der Unternehmung sind für **Entscheidungsvorbereitungen, Zielsetzungen und die Überprüfung der Zielerreichung Zahlen die Grundlage.** Die meisten dieser Zahlen sind absolute Zahlen. Sie zeigen die Größe eines Sachverhalts in Geldeinheiten, z.T. auch in Mengeneinheiten.

Aus den absoluten Zahlen werden **Meßzahlen als Vergleichsmaßstäbe** abgeleitet. In den meisten Fällen verwendet man Verhältniszahlen, aber auch Index- oder Gliederungszahlen.

Aussagekraft entsteht erst durch beide zusammen, durch die absolute Zahl und die Meßzahl. Ein Beispiel: Eine Überschreitung einer Kostenplanung um 1.000 DM ist relativ gering, wenn 100.000 DM veranschlagt waren. Auch eine Überschreitung der geplanten Kosten um 100% ist gering, wenn 5 DM geplant waren. Doch ist der absoluten Zahl einer Kostenüberschreitung das entscheidende Gewicht beizulegen, denn das angestrebte Jahresergebnis, der Gewinn, wird nicht um den Prozentsatz, sondern durch den DM-Betrag vermindert.

Das gibt Anlaß, die Vielzahl kleiner Betragsabweichungen bei zu hohem Abweichungsprozentsatz (z.B: über 10%), nennenswerte Abweichungsbeträge (z.B. über 100 DM/Monat) aber auch bei prozentual geringerer Abweichung zu analysieren.

Von den drei wichtigen Gruppen von Meßzahlen, die sich auf

- Produktivität,
- Wirtschaftlichkeit und
- Rentabilität

beziehen, interessiert die Produktivität vornehmlich den Techniker. Das Verhältnis der Ausbringungsmenge zum Einsatzfaktor zeigt die technische Ergiebigkeit und damit, welche Anlage die höhere Produktivität hat.

Den Kaufmann interessierten hauptsächlich die Werte der Güter, also etwa der Wert einer Leistung im Verhältnis zu ihren Kosten. Bewertet man die Leistung mit den Kosten ihrer Herstellung, dann ergibt das Wertverhältnis Leistung zu Kosten stets 1. Diese Rechnung sagt nichts über die Wirtschaftlichkeit der Leistungserstellung aus. Bewertet man die Leistung dagegen mit dem betriebswirtschaftlichen Hauptwert, dem Marktpreis, dann sollte sich aus dem Wertverhältnis von Leistung zu Kosten in aller Regel eine Zahl über 1 ergeben, denn man wird eine Leistung normalerweise nur erbringen, wenn der Marktpreis über den Kosten liegt.

$$\text{Wirtschaftlichkeit} = \frac{\text{Marktpreis der Leistung (DM)}}{\text{Kosten der Leistung (DM)}}; \quad \text{Ziel: } > 1.$$

Bei der Beurteilung der Wirtschaftlichkeit geht es nicht um die kaufmännische Rechnungslegung, bei der nach dem Prinzip der Vorsicht nur der Kostenwert der Leistung angesetzt werden darf, solange eine Ware nicht verkauft ist. Hier geht es um eine betriebswirtschaftliche Beurteilung der Wirtschaftlichkeit. Deshalb ist der betriebswirtschaftliche Hauptwert, der Marktpreis, heranzuziehen. Wenn er nicht feststellbar ist, muß er geschätzt werden (Hilfswert).

Grundsätzliche Ausführungen wurden hierzu in Abschnitt 3.5, „Leitung und Kontrolle", gemacht. Im folgenden werden einige Beispiele für Meßzahlen genannt, die in jedem Betrieb leicht zu ermitteln sind.

Meßzahlen zur Beschäftigung und Kostenstruktur

$$\frac{\text{Monatsleistung zu HK}}{\text{Zahl der Beschäftigten}} = \text{Durchschnittsleistung je Kopf i. Monat}$$

Die Zahl der Beschäftigten kann auch untergliedert werden in produktiv Tätige und Übrige.

$$\frac{\text{Gesamtkosten des Monats}}{\text{Gesamtkosten des Vorjahres : 12}} = \text{Veränderungsfaktor der Kosten}$$

$$\frac{\text{Gesamtkosten (DM)}}{\text{Zahl der Fertigungsstunden}} = \text{Durchschn. Kosten der Fertigungsstunde}$$

$$\frac{\text{Geleistete Fertigungsstunden x 100}}{\text{Planmäßige Fertigungsstunden}} = \text{Beschäftigungsgrad in \%}$$

$$\frac{\text{Materialkosten}}{\text{Gesamtkosten}} \text{ x 100} = \dots\dots \%$$

$$\frac{\text{Fertigungslöhne}}{\text{Gesamtkosten}} \text{ x 100} = \dots\dots \%$$

$$\frac{\text{Fertigungslöhne}}{\text{Herstellkosten}} \text{ x 100} = \dots\dots \%$$

$$\frac{\text{Betriebsertrag}}{\text{Herstellkosten}} \text{ x 100} = \dots\dots \%$$

Meßzahlen zu Auftrags- und Lagerbeständen

Eine wichtige Meßzahl kann der **Auftragsbestand** sein. Er wird in Monaten oder Wochen angegeben. Die Zeit ergibt sich aus dem Umsatzwert der noch nicht in Arbeit genommenen Aufträge, geteilt durch die erreichbare monatliche bzw. wöchentliche Umsatzleistung.

$$\frac{\text{Noch unbearbeiteter Auftragswert}}{\text{Monatsumsatz (bzw. Wochenumsatz)}} = \text{Auftragsbestand in Monaten (Wochen)}$$

Nimmt die Reichweite des Auftragsbestandes ungewöhnlich ab, so sind erforderliche Maßnahmen zu ergreifen (Werbung, Programmumstellung, Angebotspreise überprüfen, Kundendienst verbessern usw.).

Für eine kurzfristige Durchschnittsermittlung eines Lagerbestandes gilt:

$$\frac{\text{Anfangsbestand + Endbestand}}{2} = \text{Durchschnittl. Lagerbestand (DM)}$$

Einen Jahresdurchschnittsbestand ermittelt man genauer mit der Formel:

$$\frac{\text{Jahresanfangsbestand + 12 x Monatsendbestand}}{13} = \text{Durchschnittsbestand (Jahr)}$$

$$\frac{\text{Materialverbrauch im Jahr}}{\text{Durchschnittsbestand}} = \text{Umschlagshäufigkeit des Lagerbestands}$$

Die Lagerbestandsmeßzahlen lassen Ausmaß und Entwicklung der Kapitalbindung und der Kapitalkosten des Lagers erkennen.

Finanzwirtschaftliche Meßzahlen

Eine wichtige Relation ist die Anlagendeckung.

$$\frac{\text{Eigenkapital} + \text{langfrist. Fremdkapital}}{\text{Anlagevermögen}} = \text{Anlagendeckung durch langfristige Mittel}$$

Eine Unterschreitung der 100%-Deckung kann existenzgefährdend sein. Genau genommen muß auch der Teil der Bestände des Umlaufvermögens, der nie unterschritten wird (Eiserner Bestand), mit langfristig verfügbaren Mitteln finanziert sein.

$$\frac{\text{Eigenkapital x 100}}{\text{Bilanzsumme}} = \text{Eigenkapitalquote in } \%$$

Eine ungewollt sinkende Eigenkapitalquote deutet auf den Niedergang des Unternehmens hin. Planmäßig kann sie zeitweilig bei Kapazitätserweiterung o. ä. auftreten.

Eine weitere wichtige Meßzahl ist der Liquiditätsgrad. Er gibt die Deckung kurzfristiger Verbindlichkeiten durch liquide Mittel und kurzfristige Forderungen an:

$$\frac{\text{Liqu. Mittel} + \text{kurzfrist. Forderungen}}{\text{Kurzfristige Verbindlichkeiten}} = \text{Liquiditätsgrad}$$

Auch als **Gliederungszahlen** können Meßzahlen Aufschlüsse geben.

Sie gliedern eine Menge in Anteile. Beispiele:

$$\frac{\text{Fertigungslöhne des Monats}}{\text{Lohnsumme des Monats}} = \underline{\hspace{5cm}}$$

$$\frac{\text{Monatsumsatz an Ventilatoren}}{\text{Gesamtumsatz des Monats}} = \underline{\hspace{5cm}}$$

$$\frac{\text{Beschäftigte in der Verwaltung}}{\text{Beschäftigte insgesamt}} = \underline{\hspace{5cm}}$$

Eine häufig zur Orientierung verwendete **absolute Zahl** ist der **Cash flow**, der Geldzufluß. In seiner einfachsten Form besteht er aus dem Gewinn einer Abrechnungsperiode zuzüglich der mit den (kostendeckenden) Erlösen in der Periode zugeflossenen Abschreibungsgegenwerte. Da die zum Ersatz der abgeschriebenen Anlagenabnutzung eingenommenen Mittel nicht sofort wieder investiert werden, stehen sie in der Zwischenzeit zusammen mit dem Gewinn als liquide Mittel zur Verfügung, sei es für die Rücklagenbildung, für Investitionen, zur Schuldentilgung oder zur Gewinnausschüttung.

In jeder Branche, sei es das Bank-, das Gaststätten- oder das Hotelgewerbe, die Touristik, das Friseur- oder ein anderes Handwerk, kann man Kennzahlen anwenden, um Sachverhalte und ihre Entwicklung zu verdeutlichen. Die hier gegebenen Beispiele sollen anregen, für den eigenen Bedarf sinnvolle Kennzahlen zu bilden, die, monatlich verglichen, als Entscheidungshilfe dienen oder auch hinsichtlich unerwünschter Entwicklungen ein Frühwarnsystem bilden.

6.5 Die Planungsrechnung

6.5.1 Überblick

Bei dem Begriff **Planungsrechnung** denkt man zuerst an die Verfahren der kurzfristigen, d.h. jährlichen laufenden Planung, obgleich auch die Verfahren der besonderen Planung dazu gehören.

Wie schon erwähnt, macht in der Marktwirtschaft jedes Wirtschaftssubjekt (jeder private Haushalt, jeder öffentliche Haushalt, jede Unternehmung) seinen eigenen, unabhängigen Wirtschaftsplan. Die betriebliche Planung erfolgt, wie die Organisation, im Interesse größtmöglichen Unternehmenserfolges, natürlich im geltenden rechtlichen Ordnungsrahmen, und hängt im einzelnen von den unternehmerischen Zielsetzungen ab. Die folgenden Ausführungen bieten deshalb nur einen Leitfaden, der nicht befolgt werden muß.

Während Aufbau- und Ablaufplan der Organisationsabteilung als Rahmen statischen Charakter haben (sie sollen möglichst lange unverändert anwendbar sein), sind die Pläne der Planungsabteilung **dynamisch.** Sie beziehen die Zeit mit ein, bis zu der ein Planziel erreicht sein soll.

Die Planung besteht aus verrichtungs- oder objektbezogenen Plänen, die Teilpläne und zusammenfassende Pläne sein können. Ihre Aufgabe ist es, globale Vorgaben zu konkretisieren.

Die Pläne sollen zusammen eine „**integrierte Gesamtplanung**" der Unternehmung ergeben. Das ist praktisch nur selten anzutreffen und kann im wechselhaften Wirtschaftsgeschehen je nach Branche und Fertigungstyp zahlreiche Abweichungen oder aufwendige Planungsänderungen mit sich bringen.

Bei der in der laufenden Unternehmung jährlich wiederkehrenden Planung werden alle Pläne nach dem letzten Kenntnisstand und letztgültiger Zielsetzung aktualisiert. Von der groben langfristigen Planung, die ein weiteres Jahr in die Zukunft ausgedehnt wird, kommt das nächstliegende Geschäftsjahr in die genauere, mittelfristige Planung und aus dieser das erste Geschäftsjahr in die kurzfristige Planung, die Jahresplanung für das nächste Geschäftsjahr.

Die laufende Planung unterliegt in der Regel strenger Systematik. Grundsätzlich geht die **Planung retrograd** (rückwärts) vonstatten.

Man beginnt mit der **Absatzplanung.** Das Produktionsprogramm wird nach Produktarten und Produktmengen geplant. Dabei sind durch eine Vorkalkulation die erwarteten Selbstkosten der Produkte ihren nach Marktanalysen zu erwartenden Preisen gegenüberzustellen; die Absatzplanung ist daraufhin zu optimieren. Jedes Unternehmen muß laufend den Markt beobachten, ob Anpassungen des Produktionsprogramms ratsam sind. Anlaß zu Anpassungen können Konkurrenzprodukte oder eigene Ideen sein. Ständiges Ziel ist es, die Kundenwünsche besser oder billiger zu erfüllen, damit man nicht unerwartet von einem Konkurrenten verdrängt wird, der die Produkte günstiger anbieten kann.

Danach wird die **Fertigung** geplant: Seriengrößen, Maschinenbelegung, Durchlaufzeiten, benötigte Mitarbeiter. Absatzplanung und Produktionsplanung müssen abgestimmt (koordiniert) werden. Daraus können sich Erkenntnisse für kurz- oder mittelfristig erforderliche Investitionen ergeben, wenn die Produktion den Wünschen der Absatzplanung nicht genügen kann. Möglichkeiten der Verfahrensverbesserung oder Verbesserung des Produktionsprogramms sind zu erwägen.

In der Fertigung sind die **Durchlaufzeiten** des Materials **möglichst kurz** zu halten. Ebenso wie in den Vorratslägern und den Lägern der unfertigen und der fertigen Erzeugnisse führt die Kapitalbindung bei langen Materialdurchlaufzeiten in der Produktion zu finanziellen Belastungen, die den Erfolg mindern.

Nach diesen Abstimmungen wird für das nächste Geschäftsjahr die endgültige **Planung der Beschaffung** der Produktionsfaktoren vorgenommen:

- Personalplanung,
- Betriebsmittelplanung und
- Werkstoffplanung.

Daneben erfolgt die

- Finanzplanung.

Ausgehend von der Produktionsplanung ist die **Beschaffung der Produktionsfaktoren** – Personal, Betriebsmittel, Werkstoffe – mengenmäßig und terminlich zu planen. Für die Werkstoffe (Roh-, Hilfs- und Betriebsstoffe) ist eine möglichst kurzzeitige Lagerung zu planen, um die Kapitalbindung zu reduzieren. Wo möglich, ist hand to mouth buying (von der Hand in den Mund kaufen) anzustreben, um die Lagerkosten zu senken.

Aufgabe der **Einkaufsabteilung** ist es, durch **ständige Preis- und Qualitätsvergleiche** am Beschaffungsmarkt die nötigen Betriebsmittel und Werkstoffe zu niedrigstmöglichen Preisen zu beschaffen. Jede verschenkte Mark mindert das Jahresergebnis. Eine Preisdatei für alle vom Betrieb benötigten Artikel ist unbedingte Voraussetzung rationellen Einkaufs. Verträge mit Lieferanten dürfen nicht die Möglichkeit beeinträchtigen, auch bei der Konkurrenz zu kaufen oder auf billigere Anbieter umzusteigen.

Schließlich muß die **Finanzierung** geplant werden. Die **laufende Finanzplanung** bezieht sich auf die normale Abwicklung des Leistungsprozesses (gesamte Betriebstätigkeit) einschließlich der Leistungsverwertung (Verkauf, Absatz). Sie muß eine zeitgenaue Planung der benötigten Geldmittel zur Materialbeschaffung, Bezahlung von Löhnen, Fremdleistungen, Steuern und des sonstigen Aufwands sowie für eine Liquiditätsreserve und andererseits zeitgenau deren Quellen, die Umsatzerlöse und nur notfalls kurzfristige Kredite enthalten.

Als Beispiel sei hier näher auf die **laufende Finanzplanung** eingegangen. Sie muß die ständige Zahlungsfähigkeit der Unternehmung nach innen für Löhne und Gehälter und nach außen für die Bezahlung von Lieferantenrechnungen, Steuern usw. überwachen und nötige Finanzdispositionen veranlassen.

Die Finanzplanung besteht aus drei zusammenhängenden Teilen:

1. dem **Finanzgrundplan,** in dem die zu erwartenden Ausgaben und die zu erwartenden Einnahmen gegenübergestellt werden,

2. dem **Kreditplan,** der die finanzwirtschaftlichen Zahlungsvorgänge enthält,

3. dem **Zahlungsmittelplan,** aus dem sich der jeweils freie Zahlungsmittelbestand ergibt.

Muster:

1. Finanzgrundplan

Datum: 1.1.   2.1   3.1.   usw.

Ausgaben

Rohstoffe . . . .

Hilfsstoffe . . . .

Betriebsstoffe . . . .

Löhne und Gehälter . . . .

Übriger leistungsbedingter Aufwand . . . .

Neutraler (= sonstiger) Aufwand . . . .

Summe Ausgaben

Einnahmen

Umsatzerlöse . . . .

Neutrale (sonstige) Erlöse . . . .

Summe Einnahmen . . . .

− Summe Ausgaben . . . .

= + Überdeckung oder − Unterdeckung

2. Kreditplan

Anfangsbestand

Kurzfristiger Kredit (30 Tage) . . . .

Mittelfristiger Kredit (bis 1 Jahr) . . . .

Längerfristiger Kredit . . . .

+Neuverschuldung (Einnahmen) . . . .

Summe Verschuldung . . . .

− Tilgung (Ausgaben)

= Schuldenstand

3. Zahlungsmittelplan

Anfangsbestand (Kasse, Giro) . . . .

+ Über- oder Unterdeckung . . . .

lt. Finanzgrundplan . . . .

+ Neuverschuldung lt. Kreditplan . . . .

− Kredittilgung . . . .

= Zahlungsmittelendbestand

+ verfügbare Kredite (Kreditrahmen

  − in Anspruch genommener Betrag) . . . .

= Verfügbare Zahlungsmittel

Abb. 44: Finanzplanung

Dieses Grundmuster muß für die praktische Anwendung tabellenartig aufgefächert werden. Die Gliederung ist je nach Bedarf weiter zu unterteilen. Rechts von dieser Gliederung ist für jeden (Arbeits-)Tag eine Spalte mit Planzahlen (Soll) und eine Leerspalte für die anfallenden Ist-Zahlen vorzusehen. Während des Geschäftsjahres muß diese laufende Finanzplanung laufend überarbeitet werden. Die Sollzahlen der noch nicht erreichten Tage sind stets nach neuestem Stand zu korrigieren. Nur so kann ständige Liquidität gewährleistet werden, ohne daß für unnötig hohe Kreditinanspruchnahme Zinsen gezahlt werden müssen.

Die **besondere Finanzplanung** befaßt sich mit allen Finanzierungsaufgaben, die nicht unmittelbar die normale Leistungserstellung und deren Verwertung betreffen. Dabei kann es um Sonderfälle, wie die Finanzierung von Beteiligungen an anderen Unternehmungen, gehen oder um die Wahrnehmung einmaliger Geschäfte; in der Regel geht es aber um Investitionsvorhaben (Bau- und Einrichtungsvorhaben), die jährlich im Zuge der Weiterentwicklung der Unternehmung anstehen. Die Deckung des Finanzbedarfs für diese Vorhaben sollte möglichst durch Selbstfinanzierung aus Gewinnen vorgenommen werden. Investitionen, um Gewinnmöglichkeiten wahrzunehmen, rechtfertigen es jedoch auch, Fremdkapital zur Finanzierung in Anspruch zu nehmen, besonders, wenn sich dadurch die Eigenkapitalrentabilität steigern läßt.

6.5.2 Grundwissen für die Kostenplanung

6.5.2.1 Der Begriff Beschäftigungsgrad

Ehe Einzelheiten, insbesondere der Kostenplanung, erörtert werden, muß auf den elementaren Zusammenhang von Beschäftigungsgrad und Ergebnis eingegangen werden. Es ist allgemein bekannt, daß Unterbeschäftigung zu Problemen führt; nicht nur zu sozialen Problemen für die Arbeitnehmer, sondern auch zu wirtschaftlichen Problemen für die Unternehmung.

Um den Zusammenhang zwischen Beschäftigungsgrad und Ergebnis zu verdeutlichen, muß zunächst der mißverständliche Begriff „Beschäftigung" erläutert werden.

Mit „Beschäftigung" ist die Nutzung der verfügbaren Produktionskapazität gemeint.

Würde man die technische Produktionskapazität einer Unternehmung ständig zu hundert Prozent nutzen, dann wäre ein unverhältnismäßig hoher Verschleiß die Folge; Wartungszeiten kämen zu kurz; selbst kleine Ausfälle würden die Produktion erheblich stören.

In der Regel wird deshalb eine geringere als die technisch mögliche Maximalausnutzung der Kapazität, nämlich die **wirtschaftlich optimale Kapazitätsausnutzung** angestrebt, so daß das wirtschaftliche Optimum der Kapazitätsausnutzung als Vollbeschäftigung gilt.

Angenommen, die hundertprozentige Ausnutzung der technischen Kapazität einer Maschine ermöglicht es, stündlich 100.000 Schrauben herzustellen. Für die Lebensdauer der Anlage, zur Ausschußminderung und aus weiteren Gründen liege die wirtschaftlich optimale Kapazitätsausnutzung bei 80% der technischen Kapazität. Dann ist ein Kapazitätsausnutzungsgrad von 80% als Vollbeschäftigung zu bezeichnen.

Auch als Planbeschäftigung für die Kosten- und Leistungsplanung wird man die optimale Kapazitätsausnutzung ansetzen.

Den jeweiligen (Ist-)Beschäftigungsgrad ergibt die Formel:

$$\text{Beschäftigungsgrad} = \frac{\text{Istbeschäftigung} \times 100}{\text{Vollbeschäftigung}} = n\,\%$$

Ist die Vollbeschäftigung Planziel der bevorstehenden Planperiode, dann gilt auch:

$$\text{Beschäftigungsgrad} = \frac{\text{Istbeschäftigung} \times 100}{\text{Planbeschäftigung}} = n\,\%$$

Der Vollbeschäftigung (= Planbeschäftigung) entspricht dann im obigen Beispiel die Herstellung von stündlich 80.000 Schrauben.

Da Vollbeschäftigung nicht hundertprozentige Kapazitätsausnutzung bedeutet, können Beschäftigungsgrade von über 100 % vorkommen. Werden z.B. im obigen Falle 90.000 Stück pro Stunde hergestellt, dann liegt ein Beschäftigungsgrad von

$$\frac{90.000 \times 100}{80.000} = 112,5\,\% \text{ vor.}$$

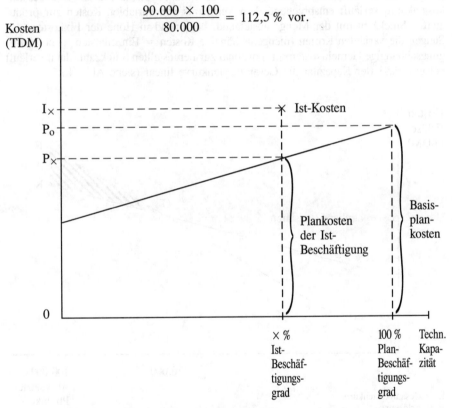

P_0 = Basisplankosten (Plankosten des Plan-Beschäftigungsgrades)

$P_\times$ = Plankosten für den Ist-Beschäftigungsgrad (Soll-Kosten)

$I_\times$ = Ist-Kosten, die beim Ist-Beschäftigungsgrad tatsächlich entstanden sind

$I_\times - P_\times$ = Verbrauchsabweichung (hier Mehrverbrauch)

Abb. 45: Basisplankosten, Plankosten und Ist-Kosten

6.5.2.2 Gesamtkostenkurve und Erlöskurve

Die folgenden Überlegungen gehen davon aus, daß die im Betrieb herstellbare Menge eines Produktes durchweg zu einem bestimmten Stückpreis absetzbar ist. Sie wird auf einer maschinellen Anlage — die naturgemäß eine begrenzte technische Kapazität hat — hergestellt.

Die Erlöskurve (E) ist das Produkt aus Stückpreis (e) mal Stückzahl (m). Sie verläuft, bei Null beginnend, zur Menge proportional, daher also linear: $E = e \cdot m$.

Eine graphische Gegenüberstellung der Erlöskurve und der Gesamtkostenkurve zeigt als Differenz das Ergebnis für jede im Rahmen der gegebenen Kapazität herstellbare Produktmenge.

Die Gesamtkostenkurve enthält Fixkosten. Sie hat also schon bei der Produktionsmenge Null die Höhe der Fixkosten. Und sie enthält variable Kosten. Die Gesamtkostenkurve verläuft entsprechend dem Verhältnis von variablen Kosten zur produzierten Stückzahl mit der Menge ansteigend, beginnend in Höhe der Fixkosten.

Steigen die variablen Kosten (mengenabhängige Kosten = Einzelkosten + beschäftigungsabhängige Gemeinkosten) proportional zur hergestellten Stückzahl, dann verläuft bei unveränderter Kapazität die Gesamtkostenkurve linear (siehe Abb. 46).

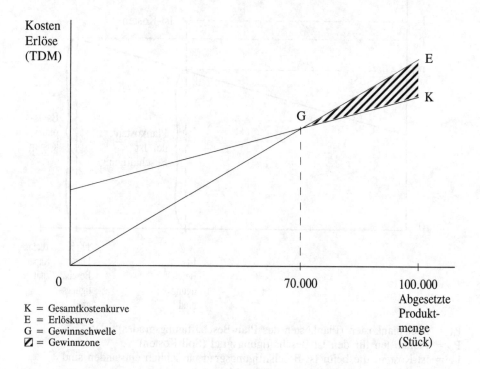

K = Gesamtkostenkurve
E = Erlöskurve
G = Gewinnschwelle
◪ = Gewinnzone

Abb. 46: Die Gewinnschwelle

Die Darstellung zeigt, daß eine geringe Umsatzmenge die Erlöskurve nicht über die Gesamtkostenkurve steigen läßt. Über die variablen Kosten hinaus müssen die Fixkosten gedeckt werden, ehe man am Punkt G (hier bei der Menge von 70.000 Stück) aus der Verlustzone über die Gewinnschwelle in die Gewinnzone kommt. Die **Gewinnschwelle** wird zumeist **Break-even-point** genannt.

Der Systemdarstellung liegt die Gesamtkostenformel

zugrunde:

Gesamtkosten = Gesamtfixkosten + gesamte variable Kosten

$$K = K_f + K_v.$$

Während die Fixkosten für die unterschiedlichen Beschäftigungsgrade einer unveränderten Kapazität Monat für Monat unverändert fest sind, verändern sich die als produktionsmengenproportional angenommenen variablen Gesamtkosten K_v mit der gefertigten Menge. Um die Kosten einer Menge rechnerisch bestimmen zu können, schreibt man für K_v besser $k_v \times m$, wobei k_v die variablen Kosten je Produkteinheit und m die Menge bezeichnet.

Die Gleichung lautet dann: $K = K_f + k_v \times m$.

Bei der Menge, bei der sich die lineare Erlöskurve und die lineare Gesamtkostenkurve schneiden, beginnt der Betrieb Gewinn zu erzielen. Der Break-even-point liegt also bei der Menge, bei der sich

$$E = e \times m \text{ und}$$
$$K = K_f + k_v \times m$$

schneiden. Beide Funktionen haben hier die gleiche Größe:

$$e \times m = K_f + k_v \times m.$$

Löst man die Gleichung nach m auf, dann erhält man für die Gewinnschwellenmenge (m_G) bei linearer Erlös- und linearer Gesamtkostenkurve folgenden Ausdruck:

$$m_G = \frac{K_f}{e - k_v}$$

Unterstellt man, wie in der Darstellung 46, daß die variablen Kosten durchweg mengenproportional anfallen, dann führt das zu dem Schluß, daß stets die höchstmögliche Beschäftigung, nämlich die hundertprozentige Kapazitätsausnutzung den größten Gewinn erbringt.

Empirische Kostenaufnahmen haben jedoch gezeigt, daß die variablen Kosten in unterschiedlichem Maße auch unterproportional (degressiv) oder überproportional (progressiv) zur Erzeugnismenge anfallen können.

Einen Gesamtkostenverlauf mit teils proportionalem, teils unter- und teils überproportionalem Verlauf der variablen Kosten zeigt die Kurve in Abb. 47. Sie verläuft spiegelbildlich s-förmig.

Während im Beispiel die Fixkosten beschäftigungsunabhängig bei jeder Produktmenge die gleiche Höhe haben (in der Abbildung 200 TDM), steigen die variablen Kosten im unteren Beschäftigungsbereich proportional (linear) zur produzierten Menge an. Das heißt, jede zusätzliche Produkteinheit verursacht so viel variable Kosten wie die vorangehende. Im weiteren Kurvenverlauf nehmen die variablen Kosten langsamer zu als die produzierte Menge. Die Kurve krümmt sich nach rechts. Die Kapazität läßt hier in einem gewissen Bereich eine Produktionsmengensteigerung zu, ohne daß für einige fertigungsbedingte Kostenarten die Kosten in gleichem Maße steigen. So steigen z.B. die Energiekosten einer laufenden Maschine prozentual geringer als ihre Kapazitätsausnutzung.

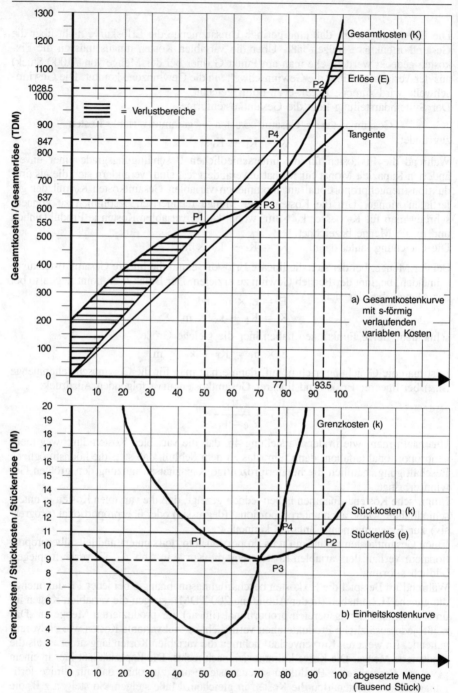

Abb. 47: Kosten- und Erlöskurven in bezug zum Beschäftigungsgrad

Dieselbe Maschine kann aber bei weiter steigender Produktionsmenge je bearbeitete Mengeneinheit überproportional steigende Kosten mit sich bringen, wenn ihre Nutzung die Grenzen der Kapazität erreicht. Wird die Beschäftigung wegen guter Auftragslage oder aus anderen Gründen so gesteigert, daß Überstundenlöhne, Leistungsprämien und überdurchschnittliche Instandhaltungskosten hinzukommen, dann steigen die variablen Kosten im Verhältnis zur gleichmäßig steigenden Produktmenge drastisch überproportional (Linkskrümmung der Kurve).

Die Erlöskurve (E) ist mengenproportional als Produkt aus Stückerlös (hier 11,− DM) mal Menge eingezeichnet. Die Differenz zwischen Gesamtkostenkurve und Erlöskurve kann als Ergebnis für jeden Beschäftigungsgrad abgelesen werden.

Im unteren Teil der Abbildung 47 ist die Veränderung der Kosten **je Einheit** und der stets gleiche Erlös für die verschiedenen Beschäftigungsgrade dargestellt. Die auf die einzelne Produkteinheit bezogenen Werte ergeben sich Punkt für Punkt durch Division der im oberen Teil dargestellten Gesamterlös- und Gesamtkostenkurve durch die jeweils dazugehörige Stückzahl. Daraus ergibt sich die Durchschnittskosten- und die Erlöskurve für eine Produkteinheit. Die Abbildung zeigt, wie sich im gewählten Beispiel die Durchschnittskosten für die Herstellung einer Produkteinheit durch unterschiedliche Kapazitätsausnutzung ändern.

Die Tabelle, Abb. 48, gibt in ihren Spalten 3 und 6 dasselbe in Zahlen wieder.

	Stück Menge m	Umsatzerlös (E) DM 11 DM/Stück	Gesamtkosten (K) Statist. ermittelt	Grenzkosten (k') DM* $K_m - K_{m-1}$	Ergebnis DM Sp. 2 − 3	Stückkosten (k) DM Sp. 3 : 1
	1	2	3	4	5	6
	0	−	200.000	10,00	− 200.000	−
	10.000	110.000	300.000	8,50	− 190.000	30,00
	20.000	220.000	385.000	7,00	− 165.000	19,25
	30.000	330.000	455.000	5,50	− 125.000	15,17
	40.000	440.000	510.000	4,00	− 70.000	12,75
P1	50.000	550.000	550.000	3,50	± 0	11,00
	60.000	660.000	585.000	5,20	+ 75.000	9,75
P3	70.000	770.000	637.000	9,54	+ 133.000	9,10
P4	77.000	847.000	703.780	11,09	143.220	9,14
	78.000	858.000	714.870	13,37	143.130	9,17
	80.000	880.000	741.600	18,09	+ 138.400	9,27
	90.000	990.000	922.500	30,29	+ 67.500	10,25
P2	93.500	1.028.500	1.028.500	37,15	± 0	11,00
	100.000	1.100.000	1.270.000		− 170.000	12,70

* Die Grenzkosten werden näherungsweise errechnet aus der Gesamtkostendifferenz zwischen je zwei Mengenstufen und Teilung des Betrages durch die Stückzahl der Stufe. Sie sind sehr verschieden bei unterschiedlicher Stufengröße. Je kleiner die Stufen, desto genauer kann P4 ermittelt werden.

Abb. 48: Auswertungstabelle

6.5.2.3 Vier „kritische Punkte"

Kostenkurven und Erlöskurven zeigen als Differenz das Ergebnis für jeden beliebigen Beschäftigungsgrad. Eine Reihe von Punkten auf den Kostenkurven (Wendepunkte und Schnittpunkte mit anderen Kurven) geben nützliche Hinweise für die Planung. Hier werden vier „kritische Punkte", wie sie auch genannt werden, erörtert, weil sie für die Planung des Beschäftigungsgrades besonders wichtig sind.

Im Gegensatz zur vereinfachten Darstellung mit durchgehend linearen Kostenkurven, verlaufen im **Break-even-point** (P 1) die variablen Gesamtkosten unterproportional, steigen bald aber zunehmend an, so daß sich eine linsenförmige Gewinnzone, die „Gewinnlinse", bildet, an deren Ende der zweite Schnittpunkt (P 2) der Gesamtkostenkurve mit der Erlöskurve, die Gewinngrenze, liegt.

Die Stückerlöskurve (e) gibt in Abb. 47 b an, daß unabhängig von der umgesetzten Menge je Produkteinheit 11,– DM erzielt werden. Die (lineare) Stückerlöskurve schneidet die Stückkostenkurve bei denselben Erzeugnismengen, bei denen die Gesamterlöskurve (E) die Gesamtkostenkurve (K) schneidet.

P 1: In der graphischen Darstellung (Abb. 47 a) liegt bei 50.000 Stück der erste Schnittpunkt der Erlöskurve mit der Kostenkurve; Erlös und Kosten sind hier gleich (Ergebnis = 0). Hier befindet sich der Break-even-point, die Gewinnschwelle. Die Gewinnzone beginnt.

P 2: Bei 93.500 Stück, am zweiten Schnittpunkt von Erlös- und Kostenkurve, liegt die Gewinngrenze (Ergebnis auch hier = 0).

Sowohl aus der **Gesamtkostenkurve** als auch aus der **Einheitskostenkurve** ergibt sich, daß die Gewinnzone bei einer Fertigung von 50.000 Stück beginnt und bei 93.500 Stück durch Kostenanstieg endet. Bei beiden Mengen sind die Gesamtkosten gleich den Erlösen und die Stückkosten gleich dem erzielbaren Stückpreis (11,– DM).

Rechts vom tiefsten Punkt der Stückkostenkurve steigen die Gesamtkosten prozentual stärker an als die erzeugte Menge zunimmt. Sie steigen überproportional (progressiv). Selbstverständlich wird man stets einen Beschäftigungsgrad anstreben, der in der Gewinnzone liegt. Aber welchen?

P 3: Die Stückkostenkurve k (Durchschnittskostenkurve!) hat hier den Minimalkostenpunkt (= optimaler Kostenpunkt auf der Gesamtkostenkurve). Aus der **Stückkostenkurve** geht hervor, daß bei einer Fertigung von 70.000 Stück dieser Minimalkostenpunkt mit den niedrigsten Stückkosten (9,10 DM) erreicht wird.

Auf der **Gesamtkostenkurve** findet man den optimalen Kostenpunkt, indem man vom Nullpunkt des Koordinatensystems eine Tangente (T) an die Gesamtkostenkurve legt. Da am Minimalkostenpunkt der Unterschied zwischen Stückkosten und Stückpreis am größten ist, kann man annehmen, daß die Produktmenge dieses Punktes auch das Gewinnmaximum erbringt. Das ist nicht so, denn eine geringfügig größere Menge kann zwar nur mit progressiv zunehmenden Stückkosten gefertigt werden, sie bringt aber, wenn auch abnehmend, zusätzlichen Gewinn. Das Gewinnmaximum wird durch diejenige Produktionsmenge erreicht, bei der der senkrechte (!) Abstand zwischen Gesamtkosten- und Erlöskurve am größten ist.

P4: Dieser Maximalgewinnpunkt kann auf verschiedene Weise ermittelt werden: entweder graphisch durch schrittweise Analyse des Bereichs oberhalb des Minimalkostenpunktes P 3 oder man ermittelt diesen Punkt rechnerisch mit Hilfe der „Grenzkosten".

Grenzkosten sind der Kostenzuwachs, der durch Herstellung einer weiteren Produkteinheit entsteht. Sie werden näherungsweise ermittelt, indem man die Gesamtkostendifferenz zwischen zwei jeweils geringfügig unterschiedlichen Fertigungsmengen errechnet und diesen Betrag durch den Mengenunterschied teilt.
Die **Grenzkostenkurve** schneidet die Stückkostenkurve (k) im Minimalkostenpunkt (P 3). Bei weiterer Erhöhung der Produktionsmenge ist der Kostenzuwachs pro Stück größer als die durchschnittlichen Stückkosten. Das bedeutet, daß der Kostenzuwachs für jede weitere Produkteinheit von dieser Menge an die durchschnittlichen Stückkosten erhöht. Der Gesamtgewinn nimmt aber noch zu.
Danach schneidet die **Grenzkostenkurve** im Punkt P 4 die **Stückerlöskurve** (e). Dieser Schnittpunkt gibt die Menge an, die den höchsten Gesamtgewinn erbringt. Das heißt, **bei der Menge, bei der die Grenzkosten gleich dem Grenzerlös** (= erzielbarer Stückpreis) **sind, liegt der Maximalgewinnpunkt.**
Bei weiterer Erhöhung der Produktionsmenge über P 4 hinaus ist der Kostenzuwachs pro Stück größer als der Stückerlös, so daß trotz Mehrumsatzes der Gesamtgewinn sinkt, bis er an der Gewinngrenze (P 2) = 0 ist.
Die Ermittlung der Gewinngrenze (P 2) ist von geringerer praktischer Bedeutung, da bereits von der gewinnmaximalen Menge an jede Mehrproduktion den Gewinn mindert.
Aus den Kostenkurven und ihren Beziehungen zum Beschäftigungsgrad erkennt man, daß bei Konkurrenz am Absatzmarkt Gewinnmaximierung kaum durch hohe Preise zu erreichen ist. Sie könnten durch konkurrierende Unternehmen unterboten werden. Man muß vielmehr versuchen, die günstigste Gewinnlage dadurch zu erreichen, daß man den Beschäftigungsgrad etwas oberhalb der Minimalkostenkombination der Produktionsfaktoren hält.
In der Praxis geben die Gefahren der Überbeschäftigung häufig Anlaß, die Planbeschäftigung nicht zu hoch anzusetzen. Der Grund ist die Kostenremanenz.

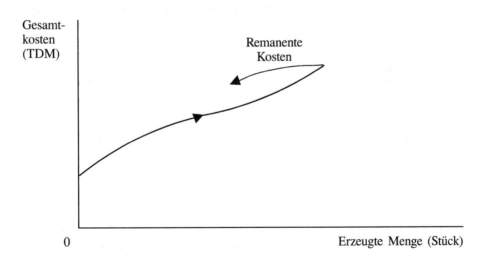

Abb. 49: Kostenremanenz bei Beschäftigungsrückgang

Kosten, die einmal veranlaßt sind, lassen sich bei Produktionseinschränkungen nicht so schnell abbauen, wie sie zugenommen haben; sie verharren, vor allem infolge vertraglicher Bindungen, auf wirtschaftlich unvertretbarer Höhe und verschlechtern das Ergebnis. Bestellte Waren treffen noch ein, obgleich sie nicht mehr benötigt werden. Sie binden Kapital, kosten Zinsen und müssen evtl. mit Verlust verwertet werden. Arbeitskräfte, die man bei Hochbeschäftigung zusätzlich einstellte, können nicht sofort entlassen werden. Die Kosten sind remanent, d.h. sie bleiben zurück und folgen dem Produktionsrückgang nicht sogleich.

Sicherheitshalber strebt man deshalb als **Planbeschäftigung** nicht den Maximalgewinnpunkt an, sondern den **Bereich zwischen dem optimalen Kostenpunkt (P 3) und dem Maximalgewinnpunkt (P 4).** Mit dem Ziel der Gewinnmaximierung ist im Rahmen einer gegebenen Produktionskapazität unter praktischen Gesichtspunkten ein Beschäftigungsgrad in diesem Bereich einzuhalten. Man kann ihn als die **optimale Zone** bezeichnen.

6.5.3 Kostenplanung

6.5.3.1 Ist-, Normal- und Plankosten

Von den verschiedenen Planungsgebieten – Absatz-, Produktions- oder Beschaffungsplanung – kann hier keines speziell behandelt werden. Die Bedeutung des Rechnungswesens im Betrieb gibt jedoch Anlaß, eine Planungsaufgabe, die sich auf alle Stellen der Unternehmung mit dem Ziel der Wirtschaftlichkeitskontrolle bezieht, in Grundzügen darzulegen – die Kostenplanung.

Es ist davon auszugehen, daß für jede als selbständige Kostenstelle geführte Organisationseinheit einer Unternehmung ein Stellenkostenbogen geführt wird. Wie bekannt, (s. z. B. Abb. 43) ist darin in einer Vorspalte jede die Kostenstelle belastende Kostenart aufgeführt. Monatlich werden bei der Betriebsabrechnung die Gemeinkostenbeträge eingesetzt, die von der Kostenstelle getragen werden müssen, bis sie von dort den Kostenträgern zugerechnet werden.

Diese Gemeinkostenbeträge werden stets als **Istkosten** bezeichnet. Diese Istkosten können dem durch Marktpreise bestimmten Aufwand (z.B. für Büromaterial) entsprechen, oder es sind Kostenwerte, die in der Abgrenzungsrechnung von Marktpreisschwankungen bereinigt wurden, um im Betriebsbereich Verbrauchsmengenänderungen besser erkennen zu können und mit festen innerbetrieblichen Verrechnungspreisen die Abrechnung zu vereinfachen.

Von der anderen Seite, der **Kostenplanung,** kommen die **Soll-Vorgaben.** Sie haben erheblichen Einfluß auf die Gestaltung der Stellenkostenbögen.

Nimmt die Kostenplanung eine Aufgliederung der Gemeinkostenbeträge in fixe und variable Kosten vor, dann muß der Stellenkostenbogen für jeden Monat eine Fixkostenspalte und eine Spalte für die variablen Kostenteile erhalten. Nur die Spalte für die variablen Kosten ist zu teilen in eine Soll- und eine Ist-Spalte, weil Abweichungen zwangsläufig variable Kosten sind. Der monatliche Planfixkostenbetrag einer Kostenart ist rechnerisch bestimmt. Die variablen Istkosten sind mit den geplanten variablen Sollkosten zu vergleichen. Die Abweichungen können auch hier prozentual und absolut ausgewiesen werden:

Werk: Bereich:	Stellenkostenbogen Kostenstelle:	Monat:			19 . . .	
Kostenarten	Fixkosten	Variable Kosten			Abweichung	
Nr.	Benennung	Ist = Soll	Soll	Ist	Betrag	%

Abb. 50: Kopfzeile eines Stellenkostenbogens mit aufgelösten Gemeinkosten (Abb. ohne Spalten „Aufgelaufen")

Für den Kostenstellenleiter hat die Auflösung der Kostenarten zusätzliche Vorteile. Er sieht, welche Kosten ihm als Fixkosten belastet werden. Gegen manche wird er längerfristig durch Rationalisierungsvorschläge angehen können (z.B. Raum abgeben, den er nicht benötigt). Er sieht daneben die variablen Gemeinkosten, die er unmittelbar durch wirtschaftliches Verhalten beeinflussen kann.

Nicht jede Kostenrechnung (Betriebsabrechnung und Kalkulation) mit geplanten Kosten ist eine Plankostenrechnung. Es kommt darauf an, wie die Kosten geplant werden.

Werden lediglich die **Istkosten** des letzten Jahres, eventuell unter Berücksichtigung absehbarer Veränderungen, fortgeschrieben als Soll-Vorgabe für die künftigen Istkosten, dann zeigt der Soll/Ist-Vergleich, ob man besser oder schlechter als im Vorjahr liegt. Vielleicht vergleicht man Schlendrian mit Schlendrian (Schmalenbach). Eine Vorkalkulation mit Sollkosten dieser Art ist ungenau; die erforderliche Nachkalkulation kommt spät.

Sollkosten, die als längerfristiger Durchschnitt von Istkosten der Vergangenheit, etwa der letzten drei bis fünf Jahre gebildet sind, werden **Normalkosten** genannt. Auch sie enthalten keine Zielsetzung im Sinne hoher Wirtschaftlichkeit. Auch sie können aus unwirtschaftlichen Verhältnissen abgeleitet sein. Dennoch wurde die Normalkostenrechnung als großer Fortschritt angesehen. Sie ermöglicht eine vereinfachte Betriebsabrechnung durch stabile innerbetriebliche Verrechnungspreise für den Gutsverbrauch und durch Normalzuschlagsätze; außerdem sind mit ihrer Hilfe Normalkalkulationen möglich, die bei Preisänderungen bestimmter Materialgruppen oder Löhne durch Indexrechnung einigermaßen zutreffende aktuelle Vorkalkulationen ergeben.

Plankosten sollen auf technisch-wissenschaftlicher Basis ermittelt werden und als wirtschaftliche Zielsetzung vertretbar sein. Nach Möglichkeit sollen die Mengen und die Preise gesondert geplant werden. Danach sind Plankosten = Planmenge × Planpreis. Eine fallweise sinnvolle Ableitung aus Vergangenheitszahlen ist jedoch nicht ausgeschlossen.

Die Plankostenrechnung ermöglicht:
1. eine objektive Wirtschaftlichkeitskontrolle,
2. eine verfeinerte Wirtschaftlichkeitskontrolle durch eine differenzierte Abweichungsanalyse der Istkosten,
3. eine vereinfachte Betriebsabrechnung durch die Anwendung von innerbetrieblichen Planverrechnungspreisen, von Planzuschlagsätzen und von Planverrechnungssätzen sowie
4. eine Plankostenkalkulation, die schnell durchführbar ist.

Der entscheidende Unterschied zur Normalkostenrechnung liegt in der auf eine wirtschaftliche Zielsetzung ausgerichteten Planung der einzelnen Kostenarten.

Je nach Ausgestaltung können durch eine für unterschiedliche Beschäftigungsgrade vorbereitete sogenannte **flexible Plankostenrechnung**
- die Preisabweichungen und
- die Mengenabweichungen

der Istkosten getrennt festgestellt und die Mengenabweichungen aufgegliedert werden. Die **Mindestgliederung der Mengenabweichungen** zeigt getrennt
- die »Verbrauchsabweichungen« (Mehrverbrauch = Unwirtschaftlichkeit) und
- die »Beschäftigungsabweichungen« (durch Abweichen von der geplanten Beschäftigung).

Verbrauchsabweichungen muß in der Regel der Kostenstellenleiter, Beschäftigungsabweichungen die Geschäftsführung verantworten.

6.5.3.2 Stufenpläne

Jedes Wirtschaftssubjekt hat seinen eigenen Wirtschaftsplan. Im Einpersonenhaushalt kann man diesen Plan sehr schnell ändern. Es soll Konsumenten geben, die einen Lampenschirm kaufen wollen, aber mit einer Sesselgarnitur zurückkommen. Weniger sprunghaft wird man im Betrieb die Planung ändern. Zwar gibt es auch hier Situationen, in denen man schnell den ursprünglichen Handlungsplan ändert; wenn sich nämlich die Marktdaten ändern. Bekommt man z. B. ein ungewöhnlich preisgünstiges Materialangebot, so wird man zugreifen, also einen spekulativen Einkauf machen, wenn die relative Ersparnis nicht durch die entstehenden Lager- und Zinskosten (für das gebundene Kapital) aufgefressen wird. Das Abweichen von der eigenen Planung setzt demnach gute Marktkenntnisse voraus. Je ungewisser die Zukunft ist, desto sorgfältiger muß man planen und dem Plan folgen. Ändern sich die Ausgangsdaten (der Datenkranz), so wird man die Planung dem anpassen.

Der dynamischen Entwicklung der Wirtschaft, auf Dauer bedingt durch die zunehmend schnelle technische Entwicklung, muß die Planung als Führungsinstrument entsprechen. Möglichkeiten dazu bieten **Plankorrekturen,** die in der Regel zu spät kommen, oder **Alternativpläne.**

Der folgende Stufenplan (ohne Aufteilung in fixe und variable Kosten) zeigt Plankosten der Kostenstelle Schleiferei für drei verschiedene Beschäftigungsgrade. Die Basisplankosten sind bei 3.500 Stunden angesetzt (Beschäftigungsgrad 100 %).

Die letzte Zeile enthält die Stundensätze, die zum Optimum hin langsamer sinken (11,34 − 1,40 = 9,94; 9,94 − 0,81 = 9,13 DM), bei gleichmäßig steigendem Beschäftigungsgrad (1.750 → 2.625 → 3.500 Stunden).

Der hohe Stundensatz bei 50 % Beschäftigungsgrad ist durch Leerkosten bedingt. Der Stundensatz kann daher keine Kalkulationsgrundlage sein. Für die Sollvorgabe müssen jedoch die in dieser Spalte angegebenen Plankosten eingesetzt werden, denn für die Istkosten sind sie bei diesem Beschäftigungsgrad der Vergleichsmaßstab.

Jede Unternehmung und jede Produktionskapazität hat eine andere Kostenstruktur und einen anderen Verlauf der Kostenkurven bei Änderung der Kapazitätsausnutzung. Bei der Kostenplanung müssen die individuellen Kostenverläufe ermittelt werden. Dabei trifft man auch auf stufenförmige Kostenverläufe, wie sie bei Kapazitätserhöhung oder Kapazitätsabbau auftreten. Wenn Kostensprünge auf Kapazitätsänderungen zurückzuführen sind, werden sie als „sprungfixe Kosten" bezeichnet. Sind sie auf veränderte

Ausnutzung der vorhandenen Kapazität zurückzuführen, etwa durch Zuschalten oder Abschalten einer vorhandenen Produktionseinrichtung, dann liegen „sprungvariable Kosten" vor. Bei der kostenstellenweisen Gemeinkostenauflösung der einzelnen Kostenarten wird der individuelle Gesamtkostenverlauf deutlich, wenn man die Gemeinkostenauflösung für verschiedene Beschäftigungsgrade vornimmt und die Planungsstufen in Stufenplänen zusammenfaßt.

Eine möglichst richtige Gemeinkostenauflösung in fixe und variable Anteile ist Voraussetzung nicht nur für eine Fixkostendeckungsrechnung, sondern auch für die Ermittlung des Break-even-points, der Gewinnschwelle, des optimalen Kostenpunktes (Minimalkostenpunkt) wie des Maximalgewinnpunktes und somit für die Planung des optimalen Beschäftigungsgrades.

Z.	Kostenstelle: Schleiferei (Planproduktion 3500 Std.)			
	Kostenart	50 % 1750 Std.	75 % 2625 Std.	100 % 3500 Std.
1	Direkte Löhne	5250,–	7875,–	10500,–
2	Hilfslöhne	1961,–	2558,–	2770,–
3	Lohnzuschläge	1100,–	1550,–	2000,–
4	Hilfs- u. Betriebsmaterial	1200,–	1440,–	1700,–
5	Wasser, Kraft, Licht	322,–	411,–	500,–
6	Maschinen- u. Werkzeugersatz	950,–	1420,–	1900,–
7	Reparaturen	240,–	320,–	400,–
8	Diverse Stellenkosten	170,–	200,–	230,–
9	Sozialleistungen	2100,–	2800,–	3500,–
10	Sozialeinrichtungen	255,–	345,–	420,–
11	Gehälter	1900,–	1900,–	1900,–
12	Hausverwaltung	1920,–	1920,–	1920,–
13	Zinsen	600,–	600,–	600,–
14	Abschreibungen	480,–	640,–	800,–
15	Betriebsleitung	1400,–	2100,–	2800,–
16	Summe:	19848,–	26079,–	31940,–
17	Stellensätze je Stunde	11,34 DM	9,94 DM	9,13 DM

Abb.51: Stufenplan

7 Exkurs über Begriffe

In der Praxis wie in der Wissenschaft gibt es einen modisch bedingten Gebrauch von Begriffen. Das trifft auch auf die Wirtschaft zu. Neue Schlagworte bedeuten jedoch nur selten etwas inhaltlich Neues, und fremdsprachige Begriffe führen selten zu besserem Verständnis.

Da es nicht Ziel der vorliegenden Ausführungen ist, den Nichtfachmann zu beeindrucken, wurde kein modernes Schlagwort als Titel eines Kapitels verwendet. Anglismen wurden zur Verständlichmachung vermieden.

Deshalb wird im folgenden eine kleine Auswahl aktueller Begriffe in alphabetischer Abfolge kurz definiert. Es sind Begriffe, die hier und da angewendet werden und manchem zu Fragen Anlaß geben.

Controlling

Das englische Tätigkeitswort „to control" umfaßt mehr als das deutsche Wort „kontrollieren". Es bedeutet im kaufmännischen Sprachgebrauch etwa „unter Kontrolle haben", „leiten". Dem „Controller" unterstehen das kaufmännische Rechnungswesen und die Finanzabteilung. Er muß die finanzielle Seite der Unternehmung insgesamt überwachen und die finanzwirtschaftliche und kostenwirtschaftliche Gestaltung in der Unternehmensleitung verantworten. In manchen amerikanischen Unternehmungen gibt es den Controller im Vorstand der Unternehmung. In deutschen Unternehmungen wird üblicherweise die Verantwortung für die Wirtschaftlichkeit der Produktion dem technischen Direktor und die Verantwortung für die Finanzgebarung einem Finanzdirektor (oder dem Kaufmännischen Direktor) übertragen. Dem Rechnungswesen obliegen die objektive Zahlenerfassung, Auswertung und das Berichtswesen als Orientierungsgrundlage für die verantwortlichen Vorstandmitglieder.

Der Begriff Controlling wird inzwischen auch für andere Teilgebiete verwendet (siehe „Personal-Controlling"). Da man den Begriff Controlling inhaltlich erweitern kann, was je nach Bedarf geschieht, kann man die Inhalte des Controlling gegebenenfalls mit denen der obersten Unternehmensleitung gleichsetzen.

Diversifikation

Betätigung in verschiedenen (diversen) Branchen, um das Risiko, das in einer einseitig auf eine Branche fixierten Wirtschaftätigkeit liegt, zu verteilen. Typisch: Mischkonzern.

Entscheidungsorientierte Betriebswirtschaftslehre

Sie löste die mathematische Orientierung (siehe auch Operations Research) in der Betriebswirtschaftslehre ab. Da die Unternehmensführung immer sehr stark rechnerisch bestimmt ist und stets Entscheidungen erforderte, haben beide modernen Begriffe vor allen Dingen Schwerpunkte betont.

Franchising

Übernahme eines Verkaufskonzepts mit bekanntem Namen, Warenzeichen und Geschäftsaufmachung vom Hersteller, der dafür die Ausstattung und die Markenware liefert. Der selbständig bleibende Einzelhändler zahlt eine Franchise-Gebühr an den Lizenzgeber.

Garantie

Gesetzlich vorgeschriebene Haftung gegenüber dem Kunden für Qualität bzw. Funktion des verkauften Produktes. Die gesetzliche Garantiezeit beträgt sechs Monate.

Gewährleistung
Freiwillig zugesagte, zeitlich oder sachlich über die Garantie hinausgehende Haftung.

Incoterms
International Commercial Terms heißen die erstmals 1936 von der Internationalen Handelskammer (Paris) zusammengestellten, im internationalen Handel gebräuchlichen und rechtlich verbindlichen Vertragsformeln für die Kosten- und Haftungszuweisung an Verkäufer oder Käufer. Beispiele für derartige Liefer- bzw. Preisvereinbarungen: ab Werk, ab Schiff, ab Kai, c. & f., cif, cifci, fas, frei Waggon, fob, frachtfrei.
- Lieferung cifci bedeutet: cost, insurance, freight, commission, interest (Kosten, Versicherung, Fracht, Provision, Zinsen) trägt der Verkäufer bis zum Bestimmungshafen;
- fas bedeutet: free alongside ship, d. h. freie Lieferung bis an das Frachtschiff;
- fob bedeutet: free on board, was besagt, daß der Preis für Lieferung bis an Bord des Frachtschiffes gilt, der Verkäufer also auch die Verladekosten trägt.

Über die Vielzahl der Incoterms geben die Industrie- und Handelskammern Auskunft.

Know how
„Wissen wie", Spezialwissen auf einem bestimmten Sachgebiet.

Marketing
Ungenauer Begriff. Im weitesten Sinne ist damit die Führung einer Unternehmung vom Markte her gemeint, das heißt: Marktforschung und Ausrichtung des Sortiments, der Produktion, der Absatzwege und der Absatzmittel an den Markterfordernissen.

Merchandising
Produktgestaltung und Produktdarbietung (z. B. in Aufstellern) unter Beachtung der Verbrauchergewohnheiten. Als Grundlage dienen vor allem Marktforschungsergebnisse.

Operations Research
Mathematische Entscheidungsvorbereitung. Die einfachste Form ist das Durchrechnen verschiedener Möglichkeiten und ihr Ergebnisvergleich. Die Unternehmungsleitung kann anders entscheiden, als das mathematische Modell es empfiehlt. Sie wird es tun, wenn sie veränderliche Faktoren berücksichtigt, die im mathematischen Modell unbeachtet blieben.

P. o. s.
„Point of sale", Verkaufspunkt, -ort, -raum.

Personal-Controlling
Umfassende Leitungsverantwortung für die personelle Ausstattung einer Unternehmung. Umfaßt die Personalplanung und die Leitung des Personalwesens im Sinne der Verantwortlichkeit für die lang-, mittel- und kurzfristige Planung, für die Aus- und Weiterbildung eigenen Personals sowie für die Beschaffung externen Personals mit dem Ziel der termingerechten Bereitstellung der jeweils betriebsnotwendigen Arbeitskräfte. Vergleiche auch „Controlling".

Rabatt
Preisnachlaß, der wirtschaftlich begründet ist. Beispiele: Mengenrabatt bei Abnahme größerer Mengen, weil dadurch Rationalisierung möglich wird. Treuerabatt für Kunden, die den Lieferanten vertraglich (zeitlich begrenzt, auch auf bestimmte Waren begrenzt) zu ihrem Hauslieferanten bestimmen. Das Rabattgesetz vom 25. 11. 1933 mit seinen Änderungen ist zu beachten.

Skonti
Mehrzahl von Skonto. Siehe Stichwortverzeichnis.

Valuta
Italienisch, der Wert, abgeleitet vom lateinischen valor. Im kaufmännischen Bereich ist es ein Begriff mit vielfältiger Bedeutung.
In Staatshandelsländern wurden mangels frei tauschbarer Währungen Verrechnungseinheiten als Valuta-Einheiten, z. B. die deutschen als Valuta-Mark, bezeichnet.
In der Marktwirtschaft wird der Begriff Valuta hauptsächlich im Bankwesen und im (Groß-)Handel verwendet. Im Bankwesen werden Geldeinheiten ausländischer Währung, also Devisen, auch als Valuta bezeichnet. Valutageschäfte sind z. B. Zinseinnahmen in Fremdwährungen. Im Großhandel bezeichnet der Begriff Valuta in Verbindung mit einer Terminangabe in der Regel den Tag einer hinausgeschobenen Zahlungsfälligkeit. Von diesem Tag der „Wertstellung" an rechnet, je nach vertraglicher Vereinbarung, die Möglichkeit des Skontoabzuges bei vorzeitiger Bezahlung und umgekehrt bei späterer Bezahlung die Frist, für die Verzugszinsen zu zahlen sind. Es empfiehlt sich, bei einer Valuta-Angabe die Präzisierung der Bedeutung dieser Angabe im Vertrag zu verlangen.

VV-Wesen
Das Verbesserungs-Vorschlags-Wesen ist in modernen Unternehmungen planmäßig geregelt. Mitarbeitern stehen je nach betrieblicher Regelung für Verbesserungsvorschläge entsprechend ihrem wirtschaftlichen Nutzen Geld- oder Sachprämien zu.

Zahlungsziel
Fälligkeitstermin für die Bezahlung einer Lieferung oder Leistung. Bei vorzeitiger Zahlung gewährt der Lieferant dem Käufer zumeist Skonto (Zinsabzug). Bei Zahlung nach dem Zahlungsziel kann der Lieferant Verzugszinsen verlangen.

Zins
Zins ist der auf ein Jahr bezogene Preis für Leihkapital, ausgedrückt als ein Prozentsatz vom Kapital.

Hinsichtlich weiterer Begriffe wird auf das Stichwortverzeichnis verwiesen.

# Stichwortverzeichnis
Zahlen = Seitenzahlen; (A) = Abbildung

Einheitskostenrechnung   174
Einkreissystem   147, 153
Einzelfertigung   58
Einzelkosten   154f., 159, 169
Einzelunternehmer   81ff., 121
Einzelunternehmung   99, 113, 136, 140
Elektronische Datenverarbeitung   50, 66, 153
Ergebnis   150, 204, 209
– neutrales   151
Erlöse   145
Erlöskurve   206ff., 208 (A)
ERP   109, 121
Ersparnis   25f.
Erträge   143ff., 147f., 150
– neutrale   148f.
Erzeugnisfixkosten   193
EStG   124f.
Europäische Freihandelszone   109
Europäische Gemeinschaft   107
Europarat   107

F

Faktorkombination   47
Fertigung   57
Fertigungsaufträge   158f.
Fertigungsgemeinkosten   175
Fertigungskosten   166, 175
Fertigungstypen   57
Finanzbuchhaltung   63
Finanzgrundplan   202f.
Finanzierung   116
– besondere   118
– laufende   118
Finanzierungsarten   113 (A)
Finanzierungsgrundsätze   117
Finanzierungshilfen   121f.
Finanzierungsmittel   112
Finanzierungsplanung   120
Finanzplan   203
Finanzplanung   50, 70, 203 (A)
– besondere   204

– laufende   202
Firma   78, 81, 85f., 89, 91, 93, 99
Fixkosten   190ff., 206f., 213
Fixkostendeckungsbeitrag   193f.
Fixkostendeckungsrechnung   190, 192
Fließfertigung   58
Franchising   216
Fremdfinanzierung   113, 117f., 123
Fremdkapital   112ff., 118
Führungsentscheidungen   55 (A)
Führungsphilosophie   44
Funktionsbereiche   160
Funktionsgliederungsprinzip   48, 54
Funktionsmeister-System   52ff., 54 (A)
Fusion   103

G

Garantie   216
GATT   110
GbR   84
Gebrauchsgüter   19
Gebühren   27
Geld   29f.
Geldmarkt   114
Geldschöpfung   30, 32
Geldwertstabilität   31
Gemeinkosten   154ff., 159, 161ff., 191
– echte   175
– unechte   175
– variable   213
Gemeinkostenauflösung   192, 215
Gemeinkostenaufträge   158
Gemeinkostenzuschlagsatz   175, 179f.
Gemeinschaftskontenrahmen   136f., 137 (A)
Genossenschaft   93f., 140
Geringwertige Wirtschaftsgüter   141
Gesamtkostenkurve   192 (A), 206f., 208 (A), 209f.
Gesamtkostenverfahren   134, 169f., 170 (A)
Gesamtschuldner   85f.
Geschäftsbuchführung   124, 129f., 137, 147

221